普通高等教育"十四五"规划教材

21世纪职业教育规划教材·文秘系列

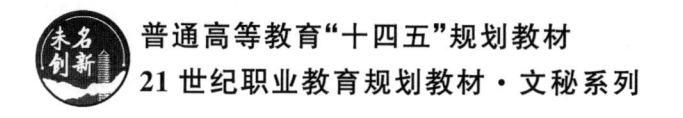

秘书理论与实务

（第四版）

主　编　孟庆荣　陈万金
副主编　任小平　王乌兰

北京大学出版社

PEKING UNIVERSITY PRESS

图书在版编目(CIP)数据

秘书理论与实务 / 孟庆荣，陈万金主编. -- 4版. 北京：北京大学出版社，2025.5. --（21世纪职业教育规划教材）. -- ISBN 978-7-301-35628-9

Ⅰ. C931.46

中国国家版本馆 CIP 数据核字第 2024GP5732 号

书　　名	秘书理论与实务（第四版）
	MISHU LILUN YU SHIWU（DI-SI BAN）
著作责任者	孟庆荣　陈万金　主编
策划编辑	温丹丹
责任编辑	李　玥　李　晨
标准书号	ISBN 978-7-301-35628-9
出版发行	北京大学出版社
地　　址	北京市海淀区成府路 205 号　100871
网　　址	http://www.pup.cn　新浪微博：@北京大学出版社
电子邮箱	编辑部 zyjy@pup.cn　总编室 zpup@pup.cn
电　　话	邮购部 010-62752015　发行部 010-62750672　编辑部 010-62704142
印刷者	北京飞达印刷有限责任公司
经销者	新华书店
	787 毫米 × 1092 毫米　16 开本　17 印张　422 千字
	2009 年 8 月第 1 版　2013 年 7 月第 2 版　2017 年 3 月第 3 版
	2025 年 5 月第 4 版　2025 年 5 月第 1 次印刷
定　　价	49.00 元

未经许可，不得以任何方式复制或抄袭本书之部分或全部内容。
版权所有，侵权必究
举报电话：010-62752024　电子邮箱：fd@pup.cn
图书如有印装质量问题，请与出版部联系，电话：010-62756370

第四版前言

"秘书理论与实务"是专为文秘专业的学生开设的一门课程,开设本门课程的核心目标是增强学生的岗位专业能力,提升学生办会、办文、办事的水平。鉴于该课程具有很强的实践导向性,教学内容与教学方法的革新必须与当前教育改革的目标紧密相连。审视当前企事业单位的招聘反馈,我们不难发现一个普遍的现象:众多文秘专业毕业生的写作能力仍有待提高,并且不少毕业生在实践技能上也有所欠缺。

随着社会需求的不断变化,课程改革也必须紧跟时代的步伐,培养具备创新能力、实践应用能力及专业技能的人才已成为时代的迫切需求。具体而言,课程在设计上应当更加注重对学生职业能力的培养,确保教学内容既具有理论深度,又紧密贴合实际工作需要,以增强课程的针对性和实用性。面对经济社会发展中涌现出的系统性、复杂性、交叉性及综合性难题,新时代的人才不仅需要具备扎实的理论知识基础,还需要具备解决实际问题的能力。

随着经济社会的快速发展,政府机关与各企事业单位的各类业务活动愈发复杂多变,这对秘书从业人员的职业岗位能力提出了更高的要求。与此同时,社会对秘书从业人员的能力要求呈现出了综合性与多样性的特征。一位优秀的秘书从业人员应当能够精准地传达信息,高效地协调资源,确保组织内部沟通顺畅。鉴于此,在高等教育的教学实践中,我们必须紧跟时代的步伐,着重培养学生的职业素养、实践能力和就业竞争力,并对课程体系进行全面而深入的改革。

鉴于当前的时代背景对秘书从业人员的职业能力提出了更高的要求,本教材的编写紧密围绕秘书工作的核心规律和特点,致力于培养具备卓越实践能力的秘书人才。编者对《秘书理论与实务(第三版)》的内容进行了修订与优化。在本书的编写过程中,编者秉持着为学生未来职业生涯奠定坚实基础的原则,既注重理论体系的完备性,又强调内容的实用性和针对性。本教材内容全面,涵盖秘书实务概述、会议与活动管理、事务管理、文书拟写与处理、文书管理、档案管理与信息管理等方面。书中包含了大量的经典例文和拟写任务,以提高学生的实操能力。与此同时,编者还编写了秘书理论与实务拓展练习题,以帮助学生更好地巩固相关知识点。我们坚信,本教材的编写不仅能够为学生的专业学习提供有力的支持,还能够帮助他们在踏入社会、步入职场后更好地适应岗位需求。

本书主要由辽宁经济职业技术学院孟庆荣教授和广州城建职业学院陈万金教授负责内容设计、内容编写和统稿工作。辽宁经济职业技术学院任小平副教授、广东青年政治学院王乌兰副教授、辽宁经济职业技术学院张金玉老师和广州南洋理工职业学院高敏老师也参与了本书内容的编写、教学课件的制作与修改工作。

本书可作为高职院校文秘专业及相关专业的教材，也可作为秘书从业人员、企事业单位管理人员的参考用书。受水平和时间所限，书中难免有不足之处，敬请读者批评指正。

编　者

2025 年 3 月

本教材配有教学课件及教案，如有老师需要，可扫描右边的二维码关注北京大学出版社微信公众号"北大出版社创新大学堂"（zyjy-pku）索取。

· 课件申请
· 样书申请
· 教学服务
· 编读往来

目　　录

第一章　秘书实务概述 …………………………………………………………（1）
　第一节　秘书实务的内容和程序 ………………………………………………（1）
　第二节　秘书实务的性质和特点 ………………………………………………（2）
　第三节　秘书实务的规律和操作规范 …………………………………………（5）

第二章　会议与活动管理 …………………………………………………………（7）
　第一节　会前筹备 ………………………………………………………………（7）
　　项目一　确定会议名称、拟定会议议题 ……………………………………（7）
　　项目二　会议筹备小组分工 …………………………………………………（11）
　　项目三　选择会址 ……………………………………………………………（11）
　　项目四　拟定会议议程和会议日程 …………………………………………（12）
　　项目五　制作会议证件和会议指示标识 ……………………………………（14）
　　项目六　确定参会人员名单、制发会议通知 ………………………………（15）
　　项目七　准备会议资料、准备会议用品和设备 ……………………………（17）
　　项目八　编制会议经费预算 …………………………………………………（18）
　　项目九　会场布局及会场布置 ………………………………………………（19）
　　项目十　制订会议筹备方案 …………………………………………………（20）
　　项目十一　制订会议应急方案 ………………………………………………（21）
　　项目十二　检查会议筹备情况 ………………………………………………（23）
　第二节　会中服务 ………………………………………………………………（25）
　　项目一　会议接站与报到工作 ………………………………………………（25）
　　项目二　做会议记录 …………………………………………………………（27）
　　项目三　编写会议简报 ………………………………………………………（31）
　　项目四　突发事件处理 ………………………………………………………（33）
　　项目五　活动安排和其他辅助工作 …………………………………………（35）
　第三节　会后工作 ………………………………………………………………（36）
　　项目一　会后收尾工作 ………………………………………………………（36）
　　项目二　会议经费结算 ………………………………………………………（37）
　　项目三　整理会议文件 ………………………………………………………（38）
　　项目四　会议总结与效果评估 ………………………………………………（40）
　第四节　商务活动的组织 ………………………………………………………（43）
　　项目一　安排商务庆典活动 …………………………………………………（43）
　　项目二　安排开放参观活动 …………………………………………………（47）

項目三　安排商務談判 ⋯⋯⋯⋯⋯⋯⋯⋯⋯⋯⋯⋯⋯⋯⋯⋯⋯⋯⋯⋯⋯⋯⋯⋯ (50)
項目四　安排簽字儀式 ⋯⋯⋯⋯⋯⋯⋯⋯⋯⋯⋯⋯⋯⋯⋯⋯⋯⋯⋯⋯⋯⋯⋯⋯ (63)
項目五　安排商務旅行 ⋯⋯⋯⋯⋯⋯⋯⋯⋯⋯⋯⋯⋯⋯⋯⋯⋯⋯⋯⋯⋯⋯⋯⋯ (66)

第三章　事務管理 ⋯⋯⋯⋯⋯⋯⋯⋯⋯⋯⋯⋯⋯⋯⋯⋯⋯⋯⋯⋯⋯⋯⋯⋯⋯⋯⋯⋯⋯⋯⋯⋯ (71)

第一節　日常來訪接待 ⋯⋯⋯⋯⋯⋯⋯⋯⋯⋯⋯⋯⋯⋯⋯⋯⋯⋯⋯⋯⋯⋯⋯⋯⋯⋯⋯ (71)

項目一　職業著裝 ⋯⋯⋯⋯⋯⋯⋯⋯⋯⋯⋯⋯⋯⋯⋯⋯⋯⋯⋯⋯⋯⋯⋯⋯⋯⋯ (71)
項目二　儀態要求 ⋯⋯⋯⋯⋯⋯⋯⋯⋯⋯⋯⋯⋯⋯⋯⋯⋯⋯⋯⋯⋯⋯⋯⋯⋯⋯ (74)
項目三　接打電話 ⋯⋯⋯⋯⋯⋯⋯⋯⋯⋯⋯⋯⋯⋯⋯⋯⋯⋯⋯⋯⋯⋯⋯⋯⋯⋯ (77)
項目四　接待工作 ⋯⋯⋯⋯⋯⋯⋯⋯⋯⋯⋯⋯⋯⋯⋯⋯⋯⋯⋯⋯⋯⋯⋯⋯⋯⋯ (79)
項目五　接待計劃的制訂 ⋯⋯⋯⋯⋯⋯⋯⋯⋯⋯⋯⋯⋯⋯⋯⋯⋯⋯⋯⋯⋯⋯⋯ (83)
項目六　涉外接待 ⋯⋯⋯⋯⋯⋯⋯⋯⋯⋯⋯⋯⋯⋯⋯⋯⋯⋯⋯⋯⋯⋯⋯⋯⋯⋯ (85)
項目七　中餐宴請禮儀 ⋯⋯⋯⋯⋯⋯⋯⋯⋯⋯⋯⋯⋯⋯⋯⋯⋯⋯⋯⋯⋯⋯⋯⋯ (91)
項目八　涉外宴請 ⋯⋯⋯⋯⋯⋯⋯⋯⋯⋯⋯⋯⋯⋯⋯⋯⋯⋯⋯⋯⋯⋯⋯⋯⋯⋯ (94)
項目九　饋贈禮品 ⋯⋯⋯⋯⋯⋯⋯⋯⋯⋯⋯⋯⋯⋯⋯⋯⋯⋯⋯⋯⋯⋯⋯⋯⋯⋯ (99)
項目十　國際禮儀 ⋯⋯⋯⋯⋯⋯⋯⋯⋯⋯⋯⋯⋯⋯⋯⋯⋯⋯⋯⋯⋯⋯⋯⋯⋯ (101)
項目十一　乘車禮儀 ⋯⋯⋯⋯⋯⋯⋯⋯⋯⋯⋯⋯⋯⋯⋯⋯⋯⋯⋯⋯⋯⋯⋯⋯ (102)

第二節　辦公室環境管理 ⋯⋯⋯⋯⋯⋯⋯⋯⋯⋯⋯⋯⋯⋯⋯⋯⋯⋯⋯⋯⋯⋯⋯⋯⋯ (104)

項目一　辦公室環境的構成 ⋯⋯⋯⋯⋯⋯⋯⋯⋯⋯⋯⋯⋯⋯⋯⋯⋯⋯⋯⋯⋯ (104)
項目二　辦公室外部環境 ⋯⋯⋯⋯⋯⋯⋯⋯⋯⋯⋯⋯⋯⋯⋯⋯⋯⋯⋯⋯⋯⋯ (106)
項目三　辦公室的布置 ⋯⋯⋯⋯⋯⋯⋯⋯⋯⋯⋯⋯⋯⋯⋯⋯⋯⋯⋯⋯⋯⋯⋯ (107)
項目四　辦公室的布局 ⋯⋯⋯⋯⋯⋯⋯⋯⋯⋯⋯⋯⋯⋯⋯⋯⋯⋯⋯⋯⋯⋯⋯ (109)
項目五　辦公模式 ⋯⋯⋯⋯⋯⋯⋯⋯⋯⋯⋯⋯⋯⋯⋯⋯⋯⋯⋯⋯⋯⋯⋯⋯⋯ (111)
項目六　辦公環境安全檢查 ⋯⋯⋯⋯⋯⋯⋯⋯⋯⋯⋯⋯⋯⋯⋯⋯⋯⋯⋯⋯⋯ (114)

第三節　辦公室日常事務管理 ⋯⋯⋯⋯⋯⋯⋯⋯⋯⋯⋯⋯⋯⋯⋯⋯⋯⋯⋯⋯⋯⋯ (115)

項目一　辦公室日常事務 ⋯⋯⋯⋯⋯⋯⋯⋯⋯⋯⋯⋯⋯⋯⋯⋯⋯⋯⋯⋯⋯⋯ (115)
項目二　會議室登記和用車登記 ⋯⋯⋯⋯⋯⋯⋯⋯⋯⋯⋯⋯⋯⋯⋯⋯⋯⋯⋯ (116)
項目三　時間管理 ⋯⋯⋯⋯⋯⋯⋯⋯⋯⋯⋯⋯⋯⋯⋯⋯⋯⋯⋯⋯⋯⋯⋯⋯⋯ (117)
項目四　領導臨時交辦的事項 ⋯⋯⋯⋯⋯⋯⋯⋯⋯⋯⋯⋯⋯⋯⋯⋯⋯⋯⋯⋯ (120)
項目五　文字記錄 ⋯⋯⋯⋯⋯⋯⋯⋯⋯⋯⋯⋯⋯⋯⋯⋯⋯⋯⋯⋯⋯⋯⋯⋯⋯ (121)
項目六　收發郵件 ⋯⋯⋯⋯⋯⋯⋯⋯⋯⋯⋯⋯⋯⋯⋯⋯⋯⋯⋯⋯⋯⋯⋯⋯⋯ (122)
項目七　印章管理 ⋯⋯⋯⋯⋯⋯⋯⋯⋯⋯⋯⋯⋯⋯⋯⋯⋯⋯⋯⋯⋯⋯⋯⋯⋯ (125)
項目八　介紹信 ⋯⋯⋯⋯⋯⋯⋯⋯⋯⋯⋯⋯⋯⋯⋯⋯⋯⋯⋯⋯⋯⋯⋯⋯⋯⋯ (126)
項目九　值班工作 ⋯⋯⋯⋯⋯⋯⋯⋯⋯⋯⋯⋯⋯⋯⋯⋯⋯⋯⋯⋯⋯⋯⋯⋯⋯ (128)
項目十　備用金的管理 ⋯⋯⋯⋯⋯⋯⋯⋯⋯⋯⋯⋯⋯⋯⋯⋯⋯⋯⋯⋯⋯⋯⋯ (130)
項目十一　突發事件 ⋯⋯⋯⋯⋯⋯⋯⋯⋯⋯⋯⋯⋯⋯⋯⋯⋯⋯⋯⋯⋯⋯⋯⋯ (131)
項目十二　督查工作 ⋯⋯⋯⋯⋯⋯⋯⋯⋯⋯⋯⋯⋯⋯⋯⋯⋯⋯⋯⋯⋯⋯⋯⋯ (133)
項目十三　保密工作 ⋯⋯⋯⋯⋯⋯⋯⋯⋯⋯⋯⋯⋯⋯⋯⋯⋯⋯⋯⋯⋯⋯⋯⋯ (137)
項目十四　工作計劃 ⋯⋯⋯⋯⋯⋯⋯⋯⋯⋯⋯⋯⋯⋯⋯⋯⋯⋯⋯⋯⋯⋯⋯⋯ (138)
項目十五　團隊管理 ⋯⋯⋯⋯⋯⋯⋯⋯⋯⋯⋯⋯⋯⋯⋯⋯⋯⋯⋯⋯⋯⋯⋯⋯ (140)

项目十六　随从工作 …………………………………………………… (141)
　　　项目十七　调查研究 …………………………………………………… (142)
　第四节　办公用品和设备的使用与管理 ……………………………………… (145)
　　　项目一　办公用品与设备的订购、接收和管理 ……………………… (145)
　　　项目二　办公用品与设备的采购和发放 ……………………………… (147)

第四章　文书拟写与处理 ………………………………………………………… (149)
　第一节　文书的拟写、审核与签发 …………………………………………… (149)
　　　项目一　党政机关公文的拟写 ………………………………………… (149)
　　　项目二　经济文书的拟写 ……………………………………………… (173)
　　　项目三　礼仪文书的拟写 ……………………………………………… (191)
　　　项目四　事务文书的拟写 ……………………………………………… (196)
　第二节　审核与签发 …………………………………………………………… (217)
　　　项目一　公文的审核 …………………………………………………… (217)
　　　项目二　公文的签发 …………………………………………………… (218)
　第三节　公文办理 ……………………………………………………………… (219)
　　　项目一　收文办理 ……………………………………………………… (219)
　　　项目二　发文办理 ……………………………………………………… (222)
　　　项目三　整理立卷、归档 ……………………………………………… (225)
　　　项目四　公文管理 ……………………………………………………… (226)

第五章　文书管理、档案管理与信息管理 ……………………………………… (229)
　第一节　文书管理 ……………………………………………………………… (229)
　　　项目一　文书管理的基本知识 ………………………………………… (229)
　　　项目二　文书的立卷工作 ……………………………………………… (230)
　第二节　档案管理 ……………………………………………………………… (231)
　　　项目一　档案的基本知识 ……………………………………………… (231)
　　　项目二　档案的分类和检索 …………………………………………… (231)
　　　项目三　档案鉴定 ……………………………………………………… (233)
　　　项目四　档案的利用、保存和管理 …………………………………… (234)
　第三节　信息管理 ……………………………………………………………… (235)
　　　项目一　信息和信息工作 ……………………………………………… (235)
　　　项目二　信息的收集、筛选和分类 …………………………………… (236)
　　　项目三　信息的校核、传递和存储 …………………………………… (238)
　　　项目四　信息的开发、利用和反馈 …………………………………… (240)
　　　项目五　信息决策服务和信息工作制度 ……………………………… (241)

第六章　秘书理论与实务拓展练习题 …………………………………………… (243)
参考文献 …………………………………………………………………………… (261)

第一章　秘书实务概述

第一节　秘书实务的内容和程序

一、秘书实务的定义

秘书是领导的助手和参谋,是为领导创造最佳决策环境的人之一。秘书部门是党政机关、企事业单位和社会团体的办事机构,在保障组织顺畅运转方面扮演着重要角色。秘书和秘书部门的地位与作用决定了秘书实务是为领导决策提供最佳服务的辅助管理工作。

秘书实务是指秘书在职业活动中所从事的一系列具体工作。秘书需要掌握和运用各种技能、方法,并明确自己应该做哪些事情、应该怎么做、做到什么程度。

二、秘书实务的内容

根据目前秘书工作的实际情况,秘书实务可分为办文、办会、办事三大板块。

秘书的办文工作主要包括为领导撰写文稿、处理日常往来文件、收集和管理单位资料与档案等。

秘书的办会工作主要包括会前的会议筹备工作、会中的服务工作、会后的收尾和善后工作等。

秘书的办事工作主要是指与日常事务管理有关的工作,包括日程安排、通信联络、人员接待、值班、突发事件处理、调查研究、信息整理、工作协调、网站管理、谈判和公关等。

本书将着重阐述各类秘书工作的内容、要求、规范、程序及注意事项等。

三、秘书实务的程序

在日常工作中,秘书需要完成领导交办的各项工作和任务。为了圆满完成各项工作和任务,秘书应当事先制订周密、详尽的工作计划。

完整的工作计划应当包括预期目标、工作步骤、时间安排、计划在工作中运用的方法等。

秘书和秘书部门在制订计划和执行计划的过程中需要遵循"5W1H"原则。"5W1H"包括：Why（为什么做）、What（做什么）、Who（谁去做）、Where（在什么地方做）、When（什么时间做）、How（怎样去做）。

一般来说，秘书工作包括以下三个阶段。

（1）计划制订阶段。秘书部门负责人需要确定初步目标，制订工作计划或者分配工作任务，明确部门内各成员的作用和相互关系，明确各成员的具体任务，让各成员能够清楚为了实现目标自己要做些什么。

（2）计划实施阶段。秘书部门负责人应根据计划和目标要求，为部门内各成员提供相应的权限和工作条件，使其能够独立自主地完成任务。秘书部门负责人应督促各成员严格执行既定计划，并为成员提供一定的指导和帮助。

（3）评估阶段。在任务完成后，秘书部门负责人应及时根据各成员的完成情况给出相应的工作评价，并给予相应的鼓励。

秘书应在各阶段严格要求自己，明确角色定位和工作要求。细微的差错往往能影响大局，因此，秘书不能降低自己的工作标准。

第二节　秘书实务的性质和特点

一、秘书实务的性质

（一）辅助性

辅助性是秘书实务的最本质的属性。原因在于：第一，秘书工作主要是围绕着领导与部门工作展开的，服务于领导与部门工作；第二，秘书的职责是辅助领导工作，秘书没有决策权，秘书的主要任务是为领导提供相关资料、情报以及建议和意见，协助领导的组织和管理。

（二）服从性

在不违反原则的情况下，秘书应当服从领导的指挥，按领导的意图办事。虽然秘书与领导在人格上是平等的，但由于工作分工的不同，领导与秘书在组织上处于上下级关系。因此，秘书要准确认识自己的职业角色，根据领导的意图和要求调整自己的行为，严格按照领导的意图办事。

（三）服务性

秘书实务的辅助性决定了秘书实务的服务性。为领导与部门服务是秘书工作的出发点与落脚点，也是秘书的首要任务。领导机关和领导是组织的核心，领导机关与领导的管理工作通常涉及整个组织，所以秘书在为领导机关和领导提供服务的同时，还应当为整个组织提供服务。秘书实务的服务性要求秘书具备强烈的服务意识。秘书应在工作中化被动为主动，积极、高效地做好各项工作。

二、秘书实务的特点

（一）综合性与专业性相统一

秘书实务具有较强的综合性。第一，秘书工作涉及的范围和内容十分广泛。从工作内容上看，秘书不仅要起草文件、收集信息、开展调研，还要负责接待工作、进行会务安排，并处理不属于秘书部门职责范围内的事务。第二，领导工作的全局性也决定了秘书实务的综合性。任何一级领导都需要总揽全局、预测发展、统筹规划、综合协调；作为各级领导的参谋和助手，秘书必须具有全局观念，站在领导的角度思考问题，站在领导的角度观察、分析和处理问题，做到"不在其位、当谋其政"。秘书必须具有较广的知识面，成为"通才"和"杂家"，协助领导驾驭全局。同时，秘书必须具有较强的整合能力和综合协调能力。

秘书实务也有很强的专业性。当今社会对秘书工作的专业要求越来越高，秘书必须具有较高的政策素养、写作水平，有较强的参谋能力、调研能力、信息处理能力和办事能力，熟悉文书、档案、保密、信访、会务、通信、礼仪等方面的知识。秘书工作是一项特殊的工作，秘书必须接受正规的专业培训并参加有关考试。秘书实务的专业性还体现在不同行业的秘书必须熟悉所在行业的专业知识。例如，党委秘书要掌握党务知识，行政秘书要掌握行政管理知识，企业秘书要掌握企业管理知识。秘书对行业知识越精通，工作起来就越得心应手；正所谓"隔行如隔山"，秘书如果不了解所在行业的专业知识，就无法做好秘书工作，无法发挥参谋的作用。

秘书如果想要做好秘书工作，就必须把握好综合性与专业性的辩证关系。综合性是秘书实务的主要特点，专业性则是秘书实务的次要特点，二者相互渗透、相辅相成。秘书的专业知识越丰富、越全面，其总揽全局的综合能力也就越强；秘书的综合能力越强，秘书对全局的了解越透彻，其对专业知识的了解就越深入。这就要求秘书处理好"博"与"专"的关系。秘书既要有较为广博的知识面，力求成为"通才"，又要精通秘书业务，力求成为"秘书专家"。

（二）被动性与主动性相统一

由于秘书实务具有辅助性，因此，其不可避免地具有一定的被动性。这种被动性主要表现为以下两个方面。第一，作为领导的参谋和助手，在不违反原则的情况下，秘书必须按领导的意图办事，不能自行其是。尽管秘书可以向领导提出不同的意见和建议，但其在行动上必须坚决服从领导，不能我行我素。第二，秘书部门是各级部门沟通交流的枢纽，随机性的工作较多，这些工作是秘书事先难以预料到的。虽然秘书通常有自己的计划和安排，但其工作往往变动性大、随机性强，秘书需要临时处理很多紧急事件。从这个意义上来说，秘书实务具有被动性。

随着社会的发展和技术的进步，领导的决策也向着科学化决策的方向发展，这是社会发展的必然趋势。作为领导的助手和参谋，秘书必须在实务工作中捕捉最重要的信息，从而协助领导开展工作。秘书尽管在工作中会受到领导意图的制约，但仍然有发挥主观能动性的空间。秘书要善于领会领导的意图，紧紧围绕工作重点开展工作，主动寻找出击的方向；要有超前意识，增强工作的计划性；要勤动脑、多思考，积极主动地向领导提出工作建议；要在纷繁的信息中筛选出重要信息并提供给领导,使之成为领导作出决策的重要依据;要能及时收集、分析和反馈信息,帮助领导纠正工作上的偏差。所以,在新形势下,秘书不要被"秘书工作被动论"这种传统观念束缚,要树立积极的工作观念,做好本职工作。

秘书要处理好被动性和主动性的关系。在实际工作中,秘书既要领会领导的意图,执行领导的指示,又要充分发挥主观能动性,力求将被动化为主动。

（三）机要性与群众性相统一

秘书实务具有很强的机要性,这是因为秘书部门是联系各级领导的综合办事部门。秘书在领导身边工作,必然会接触到各种机密,特别是党政机关的秘书。因此,党政机关的秘书在被任用前通常要接受政治审查,在被任用后要接受保密教育。各企事业单位的秘书同样要注意对本单位的商业秘密等加以保密,否则将给单位带来不可弥补的损失。

秘书部门是信息汇集的中心,是联系各部门的桥梁和纽带,因此,秘书实务又具有广泛的群众性。许多文件的拟制、决策的实施都涉及群众的切身利益,所以秘书必须广泛听取群众的意见,倾听群众的呼声,以纠正可能出现的偏差,防止矛盾的激化。同时,秘书在与投资者、客户、消费者打交道时,也要广泛了解、听取他们的意见和建议,为领导作出决策提供依据。

秘书如果在实际工作中只注重机要性,而忽视了群众性,把自己完全封闭起来,就会割断领导与群众的联系。反之,秘书如果在实际工作中只注重群众性,而忽视了机要性,就会在开展公务接待等相关工作时丧失警惕性,将机密泄露出去,给单位带来损失。因此,秘书在实际工作中必须妥善处理好机要性与群众性的关系;既要坚持密切联系群众,又要时刻注意保守机密。如果二者发生冲突,秘书应将保密工作放在首位。

（四）经常性与临时性相统一

秘书实务既包括常规性工作,也包括临时性工作。常规性工作包括:办文、办会、办事等工作,年初的计划工作及年中和年终的总结工作,重大节日领导安排的工作等。这些工作都是秘书事先能预见到的有计划性的工作。秘书部门内部通常分工明确,秘书只要各司其职、按章办事,就能保证部门工作的正常运转。如果秘书能做好常规性工作,领导的整体工作效率将得以提升。但是,秘书在实际工作中经常会遇到一些事先未预料到的临时性工作,而且秘书必须立即处理这些工作。例如,临时受命调查某一事件,为临时召开的会议准备资料,向突然到来的视察员提供相关资料等。在应对临时性工作时,秘书要做到反应迅速、善于应变、沉着冷静。处理临时性工作还要求秘书有效率意识和吃苦精神。总之,临时性工作是对秘书综合素质与能力的全面检验。

秘书既要完成常规性工作,又要应对突如其来的临时性工作,这是很不容易的。实际上,两者之间是有内在联系的。秘书如果在常规性工作的处理上富有经验,对各类问题的解决手段了如指掌,即使遇到难度较大的临时性工作,也能从容应对。处理临时性工作能够有效锻炼和提高秘书的工作能力,也有助于其做好常规性工作。

第三节 秘书实务的规律和操作规范

不同类型的工作具有不同的规律与操作规范,秘书实务也不例外。秘书的职业特点决定了秘书实务具有独特的规律与工作方法。

一、秘书实务的规律

秘书在实际工作中要遵循一系列具有普遍性和稳定性的规律,这些规律反映了秘书工作的本质特点。

(一)不同行业的秘书工作有各自的特殊规律

随着社会生产力的不断提高,社会分工越来越细,秘书工作开始向着职业化的方向发展。秘书已成为一种从业人数众多、涉及各个领域的职业。秘书职业有其特定的从业要求和工作内容,专门的职业教育体系和职业管理规范也日趋完善。实际上,不同行业的秘书工作具有不同的特点。例如,一名行政机关的秘书和一名企业的秘书的工作性质和内容有着很大的差别,他们的工作也有各自的特殊规律。

(二)不同工作范畴的秘书工作有各自的特殊规律

不同工作范畴的秘书工作之所以有各自的特殊规律,是因为它们在工作性质、任务要求、操作流程等方面存在差异。例如,办会工作涉及会议的筹备、组织、执行等多个环节,需要秘书具备较强的组织协调能力和严谨的工作态度;办事工作主要涉及日常行政事务的处理,如文件流转、档案管理、来访接待等,秘书需要遵循一定的规章制度和业务规范,并具备良好的服务意识和服务态度;办文工作主要涉及文书的起草、审核、修改和发布等环节,需要秘书具备较强的语言表达能力和较高的写作水平。

(三)常规性工作的规范化、程序化

一般来说,在秘书工作中,大量工作是反复出现的常规性工作,如文件处理、会务工作、信访工作、接待工作等。在不同的行业系统、不同的单位,秘书工作中的常规性工作存在差异,但在同一行业系统,秘书工作中的常规性工作是较为相似的。

常规性工作的规范化、程序化是提升工作效率、确保工作质量的重要途径。秘书应当逐一梳理出常规性工作(如文件处理、会议组织、日常事务管理)的详细工作流程,确保每一步都有章可循。同时,秘书可利用办公自动化系统、文档管理系统等信息化工具,实现秘书工作的规范化和标准化。这些工具可以大大提高文件流转、会议安排、任务分配等工作的效率,减少人为错误,确保工作的准确性和规范性。

二、秘书实务的操作规范

(一)对完成实训任务的要求

本书根据秘书实务的内容设置实训任务。学生应在掌握理论知识的基础上完成各项任务,并在完成任务的过程中巩固相应的知识。

有些实训任务比较重,学生可以分组协作完成。在一般情况下,3~4人为一组,每组推举1名组长,每个组员可根据不同实训任务的具体要求扮演不同的角色,并完成该角色应当完成的秘书工作。

(二)对实训场地的要求

实务训练最好能够在60平方米左右的实训室进行。实训室在布置上应模拟现代企业的办公模式,相关人员应用隔板将实训室隔成若干个小型办公室。每个办公室作为单位的一个部门,每个部门要有1台能够上网的电脑,每2个办公室要有1部电话和1部传真机,整个实训室要有2台复印机、2台扫描仪。

(三)考核方式

秘书实务考核主要考查的是学生的任务完成情况。在不同的实训项目中,学生应按要求完成相应的任务,进行成果汇报。汇报时,每个小组推举1名主要发言人,主要发言人发言后,其他成员可作补充。发言结束后,小组成员先进行自评,接着各小组相互点评,最后教师结合学生的任务完成情况进行点评。任务完成后,学生应上交与任务有关的材料,教师根据学生的表现和汇报情况对每位学生的成绩进行评定。

思考与实训题

1. 秘书工作分为哪几个阶段?
2. 秘书工作的性质是怎样的?
3. 怎样理解秘书应当成为"通才"和"杂家"?
4. 请举例说明不同行业的秘书工作都有哪些特点。

第二章　会议与活动管理

第一节　会前筹备

理论知识

项目一　确定会议名称、拟定会议议题

一、会议的基本概念

在了解如何确定会议名称、拟定会议议题之前,我们必须对会议的基本概念有所了解。

（一）会议的概念

《现代汉语词典（第7版）》对"会议"一词的解释为："有组织有领导地商议事情的集会",如"全体会议""厂务会议""工作会议";"一种经常商讨并处理重要事务的常设机构或组织",如"中国人民政治协商会议""部长会议"。

（二）会议的构成要素

会议的构成要素即会议的组成要素。任何会议都是由一定的要素构成的,缺少某些主要要素,会议就无法顺利召开。

一般来说,会议的构成要素包括会议名称、会议议题、时间、地点、组织者、主持人、参会人员、日程等。

（三）会议的分类

根据不同的标准,会议可划分为不同的类型。

（1）根据参会人数划分,会议可分为特大型会议、大型会议、中型会议、小型会议。特大型会议是指参会人数大于等于1万人的会议,大型会议是指参会人数大于等于1000人、小于1万人的会议,中型会议是指参会人数大于等于100人、小于1000人的会议,小型会议是指参会人数大于等于3人、小于100人的会议。

(2) 根据会议时间的固定性划分,会议可分为定期会议和不定期会议。

(3) 根据会议的组织类型划分,会议可分为内部会议和外部会议。

(4) 根据会议所采用的技术手段划分,会议可分为常规会议、广播会议、电话会议、电视会议和网络会议。

(四) 会议的作用

会议在现代社会中扮演着至关重要的角色。在会议上,人们可以通过讲话、报告、发言、讨论等形式交流工作情况、沟通信息,较快地了解全局。其主要作用可概括为以下四个方面。

(1) 传达领导的意图。

(2) 收集信息,为领导作出决策提供必要的依据。

(3) 加强组织内部各部门、各成员之间的联系和沟通。

(4) 提高工作效率,推动工作的开展。

(五) 会议的流程

会议工作一般由三个部分组成,包括会前准备、会中服务、会后收尾三个阶段。

(1) 会前准备阶段的工作内容包括:拟定会议议题,确定会议名称,确定会议场地,确定会议议程和日程,确定参会人员名单,撰写并发布会议通知,安排食宿,准备会议资料、会议用具,编制会议经费预算,布置会场,检查设备。

(2) 会中服务阶段的工作内容包括:接站、会议签到、做会议记录、收集会议信息、对外宣传、编写会议简报、传达会议信息、维持会场秩序。

(3) 会后收尾阶段的工作内容包括:引导参会人员安全、有序地离开会场,清理会场,归还会场用品,撰写会议纪要,进行会议总结与评估,整理会议文件,核算会议成本。

二、确定会议名称

确定会议名称是一项十分重要的工作。会议名称应准确反映会议的主题、目的和性质。会议名称不宜太长,但也不能过分简化;不能使用口语,应当使用规范的书面语。会议名称应当体现会议的类型。上文已对会议的分类进行了说明,此处不再赘述。

(一) 确定会议名称的方法

会议名称的构成方式包括以下几种。

(1) 会议名称由单位、会议内容、会议类型构成。例如,"华荣公司第二次职工代表大会"。

(2) 会议名称由时间、会议内容、会议类型构成。例如,"20××年总结表彰大会"。

(3) 会议名称由单位、时间、会议内容和会议类型构成。例如,"华荣公司20××年产品销售定价听证会"。

有的会议名称是固定的,有的会议名称是不固定的,秘书应根据会议议题或主题来确定会议名称;有的会议名称还包括范围等要素,如"天地公司20××年全体员工总结大会"。

(二) 确定会议名称的注意事项

在确定会议名称时,秘书应按照会议策划的意图构思会议名称。秘书需要注意以下几个方面。

（1）会议名称要与会议内容相符。会议名称一般由名词性复合词组构成。秘书可按照"届数＋辐射范围＋主题＋会议类型"的形式来构思会议名称。例如，"第五届中国钢铁金融衍生品国际大会"。

（2）会议名称要遵循行业惯例或国际惯例。在构思会议辐射范围的用词时，所选的词或词组可体现国别，如"中国""印度"；所选的词也可体现某一区域，如"亚太""东欧"。

（3）秘书应根据实际情况明确会议类型。例如，"大会"一般强调的是参会人数较多；"论坛"强调会议的开放性、议题的包容性、研讨的平等性；"高峰论坛"的会议层次较高，出席者往往是高级官员、业界专家、知名学者。

（4）会议名称的最终确定权归领导所有，秘书在拟定好会议名称之后要报请领导批准，领导审核通过后，会议名称才能正式确定下来。

三、确定会议主题

一般来说，秘书在确定会议主题前需要考虑以下几个方面。

（1）明确召开会议的目的。确定会议主题前，秘书应当明确会议的召开目的是什么；例如，是为了解决问题，还是为了分享信息，抑或是为了制订计划。

（2）分析参会人员需求。秘书应充分了解参会人员的背景、兴趣和关注点，并分析参会人员的主要需求。秘书可通过问卷调查、一对一交流等方式收集相关信息。这些信息往往是确定会议主题的重要依据。

（3）结合当前形势。秘书在确定会议主题时应充分考虑当前的市场环境、行业发展趋势、政策变化等因素，确保会议主题具有现实意义和前瞻性。

（4）明确表述主题。秘书需要用简洁明了的语言对会议主题加以概括，确保所有参会人员都能准确理解会议的召开目的。此外，会议主题应具有一定的吸引力和感染力，能够激发参会人员的兴趣和参与热情。

四、拟定会议议题

会议议题是会议所要讨论的主要内容。秘书应当在开会之前明确会议议题，并且将会议议题及时地传达给参会人员和会议筹备人员，以便参会人员和会议筹备人员做好相应的准备工作。

（一）会议议题的收集和整理

会议议题主要来源于以下三个方面。

（1）上级领导的指示和要求。会议议题可能来源于上级领导的指示、要求，这些议题通常涉及政策解读、目标设定、任务分配等重要内容。

（2）下级部门的提报事项。下级部门通常会在日常工作中遇到一些较为复杂的问题，参会人员需要在会议上讨论这些问题。

（3）秘书部门收集到的信息。秘书部门需要主动向各部门收集需要在会议上讨论和研究的事项。

秘书需要对收集到的会议议题进行整理，并向领导汇报，根据领导的建议对会议议题进行修改和完善，拟写会议议题初稿。

(二)会议议题的拟定原则

科学合理地拟定会议议题有助于会议的顺利开展。在拟定会议议题时,秘书应遵循必需原则、清晰原则、有限原则和相近原则。

(1)必需原则。秘书应考虑所拟定的议题有无在会议上讨论、研究的必要。

第一,秘书要分析议题的价值。议题的价值主要表现为议题所涉及的事项在实际工作中所处的地位。一般而言,影响全局工作的议题都是有价值的议题,都可以被纳入会议讨论的范畴。那些只对局部工作产生影响或涉及个人工作的议题属于价值不大的议题,不应被纳入会议讨论的范畴。

第二,秘书应考虑解决议题的可行性,分析议题的背景,思考本单位是否具备解决相关问题的条件。如果把情况不明、条件不成熟的议题作为会议议题进行讨论,可能就会出现"议而难决、决而难行"的情况。所以,在拟定会议议题时,秘书要对已提交的议题的各项情况进行分析,排除那些情况不明、条件不成熟的议题。

(2)清晰原则。会议议题的主旨一定要清晰,绝不能含糊不清,使人摸不着头脑。清晰的会议议题是形成明确决议的前提条件之一。如果某单位行政办公会议拟讨论下属部门提交的"关于请求解决经费问题"的议题,那么这个议题显然违反了清晰原则,因为在讨论该议题前,人们需要明确申请经费的目的、申请经费数额等内容;如果不将这些情况加以明确,是很难形成决议的。总而言之,阐明会议议题有助于提高会议效率、保证会议质量。

(3)有限原则。一次会议的议题数量必须是有限的。某些会议要求参会人员在会上讨论大量议题,这会导致议题无法被充分讨论、会期冗长、参会人员精力不集中。一般来说,成年人集中注意力的平均时间为45~60分钟,如果议题过多、会议时间过长,参会人员就无法集中精力。因此,会议时长最好不超过1小时。如果会议时长较长,会议组织者应安排休息时间。

总的来说,秘书必须根据会议时长对议题数量进行严格控制。一般来说,秘书在安排会议议程时要保证先议大事、要事、急事,并预留出充足的讨论时间。

(4)相近原则。在拟定会议议题时,秘书应分析议题之间的内在联系,尽量将那些内容相近、联系密切的议题安排在同一场会议上供参会人员讨论。这样做有助于提高工作效率,也有助于减少参会人员的数量,便于议题内容的保密。

五、安排会议议题的讨论顺序

一般来说,秘书可依据议题的重要性、议题涉及事项的紧急程度、领导意图和保密性确定议题的讨论顺序。需要注意的是,保密性强的议题应被安排在后面,便于部分无关的参会人员退席。

最重要的议题应被排在最前面。上午8点至中午11点30分、下午3点至5点30分是人们精力最旺盛、记忆力最佳的时间。所以,在安排会议议程时,秘书应将全体会议安排在上午,分组讨论可被安排在下午。

项目二　会议筹备小组分工

会议的筹备涉及多方面的工作，各项工作相互联系、彼此交叉，会议组织者必须进行统筹安排。仅凭一己之力是很难完成会议筹备工作的，所以会议组织者需要对任务进行分解，并成立会议筹备小组，小组成员应相互协作，共同完成会议的筹备工作。会议组织者需要在开展会议筹备工作的过程中完成以下任务。

一、了解会议筹备小组的分工原则

（1）对口原则。会议组织者应当让专业的人做专业的事，懂得知人善任。比如，销售部门的同事更擅长与经销商沟通，公关部门的同事在开展宣传工作方面更有经验。

（2）平均原则。每位小组成员的工作量应相对平均。

（3）明确原则。会议组织者应明确每位小组成员的工作职责，避免互相推卸责任的现象发生。

（4）精干原则。会议筹备小组人员不宜过多，以精干为要。

二、明确会议筹备小组的工作职责和工作内容

会议筹备小组的工作职责和工作内容一般包括：确定会议目标、会场、参会人员名单、会议日程，调配资源，协调后勤人员，编制预算等。

三、对会议筹备工作进行分工

会议筹备小组一般下设会务组、宣传组、活动组、后勤保卫组等。

（1）会务组。会务组主要负责编制会议预算、确定会场、安排参会人员食宿、制作各种证件、订购会议所需用品、做好各种协调工作。

（2）宣传组。宣传组主要负责起草工作报告、领导讲话稿等文件，承担会议记录、宣传、会议总结等工作。

（3）活动组。活动组主要负责会议期间各种活动的策划、组织和实施工作。

（4）后勤保障组。后勤保障组主要负责会议期间的后勤服务工作、医疗救护工作和安全保卫工作。

四、报请主管领导批准

确定了会议筹备小组的小组成员和工作职责后，领导应对筹备方案进行审核；筹备方案一经批准，会议组织者应组织召开会务工作会议，传达相关信息。

项目三　选择会址

会议组织者应选定一个合适的会址，保证会议的顺利进行。一般来说，选择会址包括确定会议所在地、选择会议场所这两项工作。

一、确定会议所在地

为国际性会议或全国性会议选择会址时,会议组织者要考虑政治、经济、文化等各项因素,一般应将会议所在地设在一线城市,如北京、上海、武汉、广州等地。

为专业性会议选择会址时,会议组织者应选择与会议所涉及的主题有关联性的城市,以便参会人员在当地进行考察。

二、选择会议场所

在选择具体会议场所时,会议组织者应考虑以下几个因素。

(1) 交通便利。会场位置应便于领导和参会人员前往。会议组织者应将会议场所设在距领导和参会人员的工作地点均较近的地方;若是在外地召开会议,会议组织者则要将会议场所设在大部分参会人员方便到达的地点。

(2) 会场的大小应与会议规模相匹配。一般来说,每位参会人员平均应有 2～3 平方米的活动空间。同时,如果会议时间较长,场地不妨大一些。

(3) 会场应配有会议所需的设备和用品。一般来说,会场应配备照明设备、录像设备、办公设备等。同时,会议组织者应根据会议的具体需求明确是否有必要租用特殊设备和用品,如演示板、电子白板、录音机、投影仪、麦克风等。

(4) 会场应不易受外界干扰。会议组织者在选择场地时应尽量避开闹市区,否则,室外的各种噪声、打进会场的电话、来访和参观等都会干扰会议的进行。

(5) 确保会场周围有停车场所和安全设施。

(6) 确保会场租借费用合理。

(7) 确保会场周围有餐饮区。

选好的会议场所经主管领导同意后,会议组织者应和承租方签订协议,并且与会场管理人员保持联系,在开会前落实会场的准备工作,确保会议能够顺利进行。如有特殊情况,会议组织者应立即向主管领导汇报,并协助领导解决问题。

项目四 拟定会议议程和会议日程

一、拟定会议议程

会议议程是秘书为了确保会议的顺利进行而编写的计划,便于参会人员了解会议的流程。秘书应根据会议议题,按照一定的原则和顺序编排会议议程。会议主持人要根据会议议程主持会议。会议议程通常涵盖会议议题、参会人员名单、会议时间、会议地点等内容。大中型会议的议程安排通常包括开幕式、领导和来宾致辞、主题报告、分组讨论、参观活动、会议总结、闭幕式等环节。

拟定会议议程是秘书的任务之一,秘书需要拟写会议议程草稿,经领导批准后分发给所有参会人员。

（一）拟定会议议程的原则

秘书在拟定会议议程时应遵守以下两个原则。

（1）根据轻重缓急安排议程。越重要的事项越应当被排在会议议程的前端，越不重要的事项越应当被排在会议议程的后端。这样一来，即使参会人员未在预定的时间内讨论完所有的议题，但较重要的议题已被讨论过。对于那些不重要的议题，相关人员可另择时间进行讨论。

（2）明确各议题的处理时间。秘书在拟定会议议程时应预估每个议题所需的讨论时间，并将相关信息写在会议议程中，以便参会人员准时参加会议。

（二）会议议程的内容

一般来说，会议议程由标题、题注、正文、落款和制定日期这五个部分组成。

（1）标题。标题通常由会议全称和"议程"二字组成。例如，"华荣公司20××年年终表彰大会议程"。

（2）题注。题注通常位于标题的下方，用于说明议程的法定性。题注通常能体现通过日期、会议名称等信息。例如，"2023年3月4日第十四届全国人民代表大会第一次会议预备会议通过"。一般来说，单位的会议议程可以没有题注。

（3）正文。会议议程的正文应体现会议议题和排列顺序，议题的前面应标明序号。

（4）落款。如果会议议程是由某部门或某单位拟定的，正文后应当标明相关部门或相关单位的名称。

（5）制定日期。会议议程的制定日期是指会议议程被正式确定并编制完成的日期，制定日期应被置于会议议程的显著位置。

（三）拟定会议议程的注意事项

（1）应提前向参会人员介绍召开会议的目的，并在参会人员的协助下开展调查、收集相关资料。

（2）应尽早评估会议议程的合理性，征求参会人员的意见。

（3）应根据会议议题安排会议议程。如果会议议程涉及不同主题，会议组织者可以安排多场会议同时进行。

（4）应标明各环节的具体时间，为中场休息、参会人员交谈预留出时间。

二、拟定会议日程

与会议议程相比，会议日程更侧重于会议的全部活动安排及作息时间安排，如开会时间、住宿安排、餐饮安排、参观安排等。参会人员可以通过会议日程了解参会期间每天的具体安排。在拟定会议日程时，秘书应当按照时间顺序对会议的主要活动（如开幕式、主题报告、小组讨论、闭幕式等）进行编排；可以根据会议需要安排适当的辅助活动，如茶歇、晚宴、参观活动、考察活动等。会议日程不应被安排得过于紧凑，秘书应留出机动时间，以应对可能出现的意外情况。秘书初步拟定好的会议日程应由主管领导进行审核。总而言之，会议日程的内容应当清晰、准确、合理，以提高会议工作的效率。

项目五　制作会议证件和会议指示标识

一、制作会议证件

（一）会议证件的类型

一般来说，会议证件常见于大中型重要会议；对于小型会议，会议组织者没有必要制发会议证件。对于一些普通的大型会议，会议组织者应为参会人员准备普通的类似于入场券的会议证件。常见的会议证件主要有来宾证、代表证、列席证、工作证、记者证等。

（1）来宾证。来宾证应被发放给主办方邀请的嘉宾。

（2）代表证。代表证是指证明某人代表某团体或机构参加会议、行使某项工作职责的证件。

（3）列席证。列席证是指某些不具备正式参会资格但被允许参会的人员所持有的证件。

（4）工作证。工作证是会议的工作人员所持有的证件。

（5）记者证。记者证是从事新闻采访工作的新闻工作者所持有的证件。

（二）会议证件的作用

（1）便于验证参会人员的身份。

（2）控制人员进出，确保会议安全。

（3）便于统计到会人数。

（三）制作会议证件的程序

会议证件的制作通常包括以下几个步骤。

（1）证件设计。制作者需要确定证件类型，设计证件模板（如证件的尺寸、颜色、图案），确定证件信息（如姓名、性别、单位、职务、照片、证件编号）。

制作者应当根据会议的主题选择合适的证件颜色。颜色应鲜明、醒目，但不宜过于花哨，以免影响证件的正式性和专业性。如果会议证件需要体现参会人员的照片，制作者应当要求参会人员提供符合要求的照片，如近期免冠照片等。照片应清晰、无遮挡。

（2）控制印制数量。制作者应根据会议的报名情况或参会名单统计需要制作的证件数量。制作者应确保证件数量满足参会人员的需求，但要避免因过量印制而造成浪费。

（3）盖章确认。在会议证件制作完成后，制作者应对证件信息进行审核，确保所有信息准确无误。审核无误后，制作者需要在证件上加盖会议主办方的公章或专用章，以体现证件的有效性。

（四）会议证件的样式

会议证件的样式通常包括以下几种。

（1）系带式。系带式会议证件可悬挂在参会人员的脖子上。

（2）夹子式。夹子式会议证件可夹在参会人员上衣的不同位置。

（3）粘贴式。粘贴式会议证件可粘贴在参会人员上衣的不同位置。

（五）制作会议证件的注意事项

（1）大中型重要会议的证件要设计得规范。会议证件要体现会议名称、参会人员姓名、参会人员称谓（如先生、女士）、参会人员身份（如职务、职称）等。

（2）对于重要会议或具有保密性质的会议，会议证件上应当粘贴参会人员本人的照片，并加盖印章。

（3）会议证件的设计应反映会议的特点，样式应美观大方。

（4）对于大中型重要会议，制作者应依据参会人员的类型（如正式代表、列席人员、新闻工作者、工作人员和服务人员）将会议证件设计为不同的颜色。

（5）会议组织者应根据会议类型确定发放地点、时间和会议证件的样式。一般情况下，工作人员应在会议接待区向参会人员发放会议证件。

二、制作会议指示标识

会议指示标识是指在会场和相关服务区域摆放或设置的标识，如接待处、签到处、贵宾室、饮水处、洗手间的标识。

（一）会议指示标识的类型

（1）指示牌。指示牌常用于大中型会议。一般来说，指示牌应被放置在参会人员进入会场的通道上，方便参会人员顺利找到会场。

（2）区域图或路线图。为方便参会人员了解会场布局或入座，区域图或路线图应被张贴于会场入口处。

（3）名签或台签。主席台或重要参会人员的座位前应摆放名签或台签，以标明参会人员的身份。

（二）会议指示标识的制作

一般情况下，会议组织者可安排内部人员制作简易的会议指示标识，也可委托专业的会议承办机构、图文制作公司根据会议组织者的要求制作会议指示标识。

项目六 确定参会人员名单、制发会议通知

一、确定参会人员名单

在会议的筹备工作中，确定参会人员名单是一项十分重要的工作。秘书应根据领导的指示和要求，在综合考虑各项情况后拟定参会人员名单，并请领导审定。

秘书在确定参会人员名单时要考虑以下几个方面。

（1）参会人员的职务或级别。

（2）参会人员的参会身份，如正式嘉宾、列席人员、旁听人员、特邀嘉宾等。

（3）参会人员的代表性。

（4）参加会议的总人数。

二、制发会议通知

(一) 会议通知的概念和作用

1. 会议通知的概念

会议通知是会议主办方向参会人员传递会议信息的重要载体,是会议组织者与参会人员沟通的重要渠道。

2. 会议通知的作用

(1) 确保参会人员了解会议的时间、地点、主题等信息。

(2) 便于会议组织者与参会人员沟通。

(二) 会议通知的类型

会议通知包括口头通知、电话(传真)通知、书面通知、电子邮件通知等。

(1) 口头通知。这种通知方式的主要优点是快捷、省事,适用于参会人员较少的小型会议。

(2) 电话(传真)通知。以这种方式传达会议通知时,秘书必须通过书面的形式对通知情况进行记录。

(3) 书面通知。这是一种传统的通知方式,适用于大型会议。由于书面通知的传递需要花费一定的时间,所以秘书要提前做好准备。

(4) 电子邮件通知。这种通知方式的主要优势是快捷、准确、低成本。目前,通过电子邮件传达会议通知的情况越来越多。

(三) 会议通知的写法和格式

会议通知一般包括以下五个部分。

(1) 标题。

① 重要会议的会议通知的标题格式通常为"会议主办方名称＋会议名称＋通知"。

② 事务性或行政性会议的会议通知的标题通常为"会议通知"或"通知"。

(2) 通知对象。通知对象可以是单位,也可以是个人。

(3) 正文。正文一般包括会议目的、会议主题、会议时间、报到时间、会议地点、报到地点、住宿地点、参会人员范围、会议议程、会议议题、费用、联系方式、报名方式、交通路线等内容。

(4) 落款。

(5) 回执。

(四) 制发会议通知的注意事项

(1) 秘书应在正式发送会议通知之前将会议通知交送领导审核,并根据领导确定的参会人员名单发送会议通知。

(2) 若发送的是书面通知,秘书应将地址、邮政编码等信息填写准确。

(3) 发送会议通知后,秘书应通过电话、口头询问、电子邮件等方式核实参会人员是否收到会议通知。

(4) 在会议召开之前,秘书最好能和所有参会人员进行联系,进一步确认其是否能够按时到会,以便安排食宿。

项目七　准备会议资料、准备会议用品和设备

一、准备会议资料

会议资料分为来宾资料、会务资料和沟通资料，秘书应提前做好充分的准备，按时分发、恰当使用会议资料。

（一）来宾资料

来宾资料是指需要在来宾报到时分发的资料。秘书应对相关资料进行整理，并用资料袋装好，以便来宾领取。资料袋中通常包括会议议程文件、会议日程手册、笔记本、笔等。

（二）会务资料

会务资料通常包括接站一览表、会议签到表、住宿登记表、用餐分组表、会议讨论分组表、乘车分组表、订票登记表等。

（三）沟通资料

沟通资料主要包括会议宣传资料、会议参考文件、与会议有关的协议和合同等资料。

如果有大会发言，秘书一定要把发言稿打印好，并事先分发给发言者。

在准备会议资料时，秘书应多准备一些，以备不时之需。

二、准备会议用品和设备

不同的会议需要不同的用品和设备，秘书要根据会议的具体情况进行准备，以避免会议因用品、设备不全而被迫中断。一般来说，如果会场有所变更，所需的用品和设备也会有所不同。秘书最好将会议用品和设备的准备工作与会议的日程安排结合起来，在安排会议日程表的同时将会议用品清单和设备清单也列出来。

（一）会议中常用的设备

会议中常用的设备包括笔记本电脑、电视机、投影仪、打印机、复印机、传真机、录音设备、摄像设备等。

（二）会议中常用的物品

会议中常用的物品包括一次性纸杯、电池、剪刀、纸张夹、裁纸刀、胶带、双面胶、订书机、尺子、订书钉、回形针、大头针、胶水、白板、白板笔、粉笔、信封、便笺、铅笔、签字笔、信纸等。

另外，一些会议可能会用到投票箱、旗帜、鲜花等物品。

（三）准备会议用品和设备的注意事项

在准备会议用品和设备时，秘书应注意以下事项。

（1）根据经费预算准备会议用品和设备。

（2）根据实用原则准备会议用品和设备，避免浪费。

（3）如果预算有限，可适当压缩纪念品、奖品或相关物品的支出。

（4）可将会议用品的准备工作与宣传工作相结合，如在发放的笔记本或资料袋上印刷会议主办方的名称及会议名称。

(5) 在会议正式开始前要检查会议用品是否齐全。如果需要用到黑板、白板,秘书应将粉笔、白板笔、指示棒、板擦等用品一起准备好。

(6) 应安排专人负责会议设备的调试、维修和保管。专门负责设备维护的工作人员应做好使用记录及维修记录,提前准备一些应急用品(如保险丝、电工盒等)。若租赁的设备较多,秘书应要求出租方提供应急维修人员的联系方式。

项目八　编制会议经费预算

一、编制会议经费预算的原则

秘书在编制会议经费预算时应当遵循以下几项原则。

(1) 严格遵循节俭办会的宗旨,根据实际需要科学合理地分配各项开支。

(2) 严格控制经费总量,所有开支都必须控制在一定范围内。

(3) 如果经费有限或经费不足,要确保将有限的经费花在重点环节上。

(4) 应严格审核与会议相关的每项开支,力求减少预算与实际支出之间的差距;能省则省,能减则减。

(5) 要充分考虑会议期间可能产生的费用,在编制会议经费预算时要留有余地。

二、会议经费预算的构成

(1) 场地费。场地费是指租借会场所产生的费用。

(2) 设备费。设备费是指购买或租借会议所需的各种设备(如视听设备、通信设备、印刷设备)所产生的费用。

(3) 会场装饰费。会场装饰费包括制作会标、会徽、标语所产生的费用,以及购买或租借花卉、彩旗等物品所产生的费用。

(4) 文具、资料费。文具、资料费是指制作各类文件资料和会议证件所产生的费用,以及购买文具所产生的费用。

(5) 交通费。交通费包括差旅费、接送费和在会议期间开展的参观活动所产生的交通费。如果参会人员的差旅费由参会人员自己负担,秘书不必将这部分费用列入预算。

(6) 食宿费。食宿费包括餐饮费和住宿费。如果参会人员的食宿费由参会人员自己负担,秘书不必将这部分费用列入预算。

(7) 人工费。人工费是指支付给报告人、演讲者、专家、临时借用人员的酬金。会务人员的工资一般不计算在内。

(8) 娱乐休闲费用。如果会议主办方安排了参观、游览等休闲活动,秘书还要将购买景点门票、演出门票所产生的费用列入预算。

三、会议经费的来源

会议经费的主要来源包括以下几种。

(1) 内部会议的会议经费一般属于行政经费,由会议主办方承担。

(2) 如果会议由多个单位共同举办,各单位应分摊会议经费。

（3）向参会人员收取会务费。
（4）通过向社会各界寻求赞助筹集会议经费。

项目九　会场布局及会场布置

一、租借会场

如果会场是租借来的，秘书要在开会之前亲自检查会场，了解会场的实际情况，如会场的布置情况、设备的调试情况，并进行详细的记录。

有些会议的参会人数不多，但会议的级别很高，所以会场不能显得太小。秘书应根据会议的主题、参会人数及会议需要用到的设备（如是否需要投影仪）来确定租借什么样的会场。

二、会场布局

秘书要根据会场大小和会议目的构思会场布局，选择适宜的桌椅摆放方式。如果召开的是单位内部定期举行的例会，参会人员基本上是固定的，秘书就没有必要准备签到名册，也不需要安排座位。只有当单位以外的人员参加会议时，秘书才需要预先准备签到名册，安排参会人员的座次。桌椅的摆放方式有以下几种。

（一）圆桌形布局

圆桌形布局的优点是所有的参会人员都能看到彼此的脸，大家能在自由的氛围中交流沟通，它适用于讨论会。如果没有圆桌，摆放长方形的桌子也是可以的。如果采用的是圆桌形布局，参会人数最好不要超过20人。

（二）口字形或E字形布局

如果参会人数较多，会务人员可以将桌子拼成口字形，或将桌子拼成E字形。

（三）C字形或V字形布局

C字形或V字形布局一般适用于介绍新产品或新技术的会议。在此类会议中，有关人员要利用多媒体设备进行讲解和说明，参会人员需要共同观看视频、幻灯片等。

（四）教室形布局

教室形布局一般适用于参会人数较多的会议。

三、会场布置

（一）会场的布置要求

会场应庄重、美观、舒适，体现出会议的主题和特色。秘书在布置会场时还要考虑会议的性质、规格、规模等要素。在进行会场布置时，秘书要考虑整个会场色调的选择、会场的装饰、会场内的座位安排。

（二）主席台的布置要求

（1）大型会议的会场应设有主席台（与代表席面对面），以展现会议的庄重，这也有利于主持人主持会议。主席台是整个会场的焦点，也是会场布置工作的重点。有的会议还设有讲台。一般来说，讲台应在主席台和代表席之间，并面向代表席，以便主席台成员主持会议。目前，大多数会议不设讲台，主席台成员可在自己的座位上讲话。中型会议的会场一般也设有主席台，但主席台离代表席较近一些。

(2) 主席台上必须放置名签，以便领导对号入座，避免领导上台之后互相谦让。

主席台的座次排列有单数与双数之分。如果主席台上的领导人数为单数，秘书应以主要领导为中心，然后按职务高低先左（指主要领导的左手位）后右进行排列（如图2-1）；如果主席台上的领导人数为双数，秘书应先确定主要领导的位置，然后按职务高低先左后右进行排列（如图2-2）。按照我国的礼仪传统，中心人的左侧为上；若从台下观众的角度看，中心人的右侧为上。

图 2-1　领导人数为单数时主席台的座次

图 2-2　领导人数为双数时主席台的座次

项目十　制订会议筹备方案

会议筹备方案也称会议预案，是秘书在会议筹备过程中就会议准备工作的组织和实施情况形成的文字材料。

会议能否取得预期的效果与会前筹备工作的开展情况紧密相关。在会议筹备过程中，会议筹备方案的制订是一项重点工作。

一、制订会议筹备方案的作用

(1) 会议筹备方案是组织会议的依据，一次成功的会议离不开周密的筹备和部署，制订会议筹备方案可以使会议工作的组织和实施有据可依。

(2) 会议筹备方案能体现会议工作的全局。会议筹备方案应对会议的各项准备工作进行周密、详尽的部署和安排。会议组织者、工作人员及参会人员可以通过会议筹备方案了解会议工作的全局。

(3) 加强各会议筹备小组之间的沟通。会议的成功举办离不开各会议筹备小组的相互协作和沟通。制订会议筹备方案可以使各会议筹备小组了解彼此的工作任务和工作内容，进一步加强彼此之间的沟通与合作。

(4) 确保会议预期目标的实现。制订会议筹备方案能够使整个会议工作按照预期的安排和部署有条不紊地进行，有利于会议的组织与管理，也有利于会议预期目标的实现。

二、会议筹备方案的特点

(1) 全面性。会议筹备方案必须统筹兼顾会议组织与管理的方方面面。

(2) 具体性。会议筹备方案的制订者必须对会议筹备过程中的每个环节进行具体、详尽的安排，以便会议组织者、工作人员顺利地开展工作。

(3) 计划性。会议筹备方案的制订者必须根据会议筹备的过程和环节,有计划、有目的地对会务工作进行安排。

(4) 明确性。会议筹备方案应明确体现会议筹备过程中的每个环节的目标、工作人员的职责、整个会议应该达到什么样的效果等内容。

三、制订会议筹备方案的原则

(1) 明确期限原则。会议筹备方案必须明确体现每个环节、每项工作的完成期限。

(2) 明确事项原则。会议筹备方案必须明确每个环节的目标、工作人员和会议筹备小组的职责等内容。

(3) 针对性原则。并不是所有的会议筹备方案都是一样的,会议筹备方案的制订者必须根据会议的实际情况对会议筹备的环节和工作内容进行安排。

四、会议筹备方案的结构和内容

会议筹备方案属于计划性文书,由标题和正文组成。

(1) 标题。标题的形式通常为"会议名称＋筹备方案"。有些会议筹备方案需要报上级机关批准,这类会议筹备方案可能以请示的形式出现,也可能被放置在请示的附件中。

(2) 正文。会议筹备方案的正文应当涵盖以下内容。

① 会议主题和会议议题。
② 会议名称。
③ 会议议程和会议日程。
④ 会议时间和会议地点。
⑤ 会议所需的设备和用品。
⑥ 会议所需的文件和资料。
⑦ 参会人员的范围、人数及参会人员的编组。
⑧ 会议期间的食宿安排和车辆安排。
⑨ 会议经费预算。
⑩ 会议筹备小组的组成、人数及完成任务的期限。

项目十一　制订会议应急方案

会议应急方案是针对会议过程中可能发生的突发事件制订的处理方案。制订会议应急方案能够防患于未然,使会议能够有条不紊地进行。

一、制订会议应急方案的作用

(1) 尽早为会议过程中可能出现的突发事件做准备,防患于未然。
(2) 有利于提高会议的管理效率。
(3) 使会议组织者在突发事件出现时能够妥善处理相关问题,从容应对突发事件。

二、会议应急方案的特点

会议应急方案的特点为有的放矢、预防为主、留有余地。

三、会议应急方案的主要内容

会议应急方案应体现会议中可能会发生的问题与处理办法。

（1）人员问题。问题：发言人、演讲人、主要领导等不能到会，参会人员不能按时到会。处理办法：在会议筹备过程中，发言人、演讲人等要有备用人选，如果事先确定的人员不能到会，就应该立即通知其他人做好准备工作；如果一部分参会人员不能到会，应该考虑是否要调整会场或食宿安排，以保证会议的顺利召开。

（2）场地问题。问题：原来预订的场地有变化，场地不符合会议的要求，预订的宾馆房间不够用等。处理办法：如果使用的是单位内部的会议室，可以根据人员的数量及时调整；如果租用了外部的会议室，则应根据实际情况与对方管理人员协商；协调食宿问题时也应采取类似的办法。

（3）设备问题。问题：会场设备准备不足或设备在会议中途出现故障。处理办法：如果使用的是单位内部的会议室，应寻找其他可以使用的设备进行替代；如果租用了外部的会议室，则应和对方管理人员联系，请对方及时提供所需设备或者要求维修人员及时对出现故障的设备进行维修。

（4）资料问题。问题：会议资料或宣传资料准备不足。处理办法：随身携带会议所涉及的所有文件资料的原始稿件或存有电子文档的U盘，一旦出现状况可以及时进行补救。

（5）安全问题。问题：在会议过程中出现集体食物中毒的情况、个别参会人员突发疾病、发生火灾、出现交通事故等。处理办法：加强会前安全检查，明确会议筹备小组成员的分工；一旦出现意外情况，有关人员应立即联系相关部门。

（6）参会人员情绪问题。问题：参会人员对会议安排不满，对程序设置不满等。处理办法：广泛征求参会人员的意见，对合理的意见和建议予以采纳，在不影响会议整体安排的情况下对议程、日程等进行适当的调整。

（7）参会人员返程问题。问题：会议主办方预订的返程车票的时间和班次与参会人员的要求不符。处理办法：做好解释工作，能够调换的要立即进行调换；若不能调换，要做好参会人员的食宿安排工作。

（8）行为问题。问题：发言人在发言过程中言行不当，参会人员的言行不当。处理办法：在会前对发言人的文稿进行审核，了解发言人的思想动态，做好发言前的沟通工作；如果在会议过程中发言人或参会人员的言行过激且无法制止，可请其暂时离开会场。

四、会议应急方案的结构和内容

会议应急方案由标题和正文组成。

（1）标题。标题的形式通常为"会议名称＋应急方案"。

（2）正文。正文部分包括对会议过程中可能发生的情况的预测、预防措施和处理办法、责任部门和责任人等内容。

项目十二　检查会议筹备情况

在会议正式开始前,秘书应检查会前各项准备工作的完成情况,这是保证会议顺利进行的必不可少的环节。

一、检查会议筹备情况的作用

(1) 发现筹备过程中存在的一些问题,并及时纠正。
(2) 发现筹备方案中的一些不合理的环节,对筹备方案进行调整、改进。

二、检查内容

(1) 会议准备工作是否完成。
(2) 会议资料的准备情况。
(3) 会场的布置情况,包括会标、席位牌、设备等。
(4) 会议所需物品的准备情况。
(5) 会议工作人员(如接待人员)的安排情况。
(6) 会议期间的保卫、保密、值班工作的安排情况。

三、检查形式

(1) 主管领导听取会议筹备小组对会议筹备情况的汇报,根据汇报内容作出批示,会议筹备小组根据领导的批示进行整改。
(2) 会议筹备小组成员陪同主管领导对会场进行检查,发现问题立即解决。

四、检查程序

(1) 会议筹备小组成员应进行自查,若在自查过程中发现问题,应及时解决问题。对于难以解决的问题,会议筹备小组成员应立即请示相关领导,请领导作出指示。
(2) 检查人员应在明确检查路线和检查重点后进行检查。检查人员应对检查的情况进行登记,对于未达要求的项目,应提出整改意见。会议筹备小组成员应根据整改意见进行整改。

思考与实训题

1. 如何确定会议名称?
2. 拟定会议议题应遵循哪些原则?
3. 选择会场时需要考虑哪些因素?
4. 根据所给材料拟定会议议程和会议日程,材料中未提及的部分内容可自拟。
时间:20××年9月4日(星期×)上午9点30分
地点:××市生态环境局401会议室
参会人员:张××局长、负责相关工作的工作人员、蓝天公司参会代表、茵绿公司参会代表

会议主题：20××年××市环保工作会议

5. 请以学习小组为单位准备制作材料,为某次会议制作证件和指示标识。
6. 确定参会人员名单时应考虑哪些方面？
7. 请为某次会议编写会议通知,会议通知后应附有会议回执。
8. 会议资料大致有哪些？
9. 假设有50人参加某场国际商务会议,请根据表2-1所给出的内容编制会议经费预算。

表2-1 会议经费预算

项目	序号	具体项目	费用
酒店费用	1	房费	
	2	餐饮费	
	3	会场费	
	4	设备使用费	
	5	茶饮费	
	6	其他	
会务费用	7	接站交通费	
	8	送站交通费	
	9	资料袋	
	10	签字笔	
	11	笔记本	
	12	集体照打印费	
	13	资料复印费	
	14	礼品	
	15	水果	
	16	鲜花	
	17	条幅	
	18	其他	
考察费用	19	门票	
	20	食宿费	
	21	市内交通费	
	22	矿泉水	
	23	其他	
VIP接待费用	24	房费	
	25	交通费	
	26	餐饮费	
	27	礼品	
	28	其他	
总计			

10. 如果参会人数不超过20人,应如何摆放桌椅？
11. 会议筹备方案一般包括哪些内容？
12. 制订会议应急方案有什么作用？

第二节　会中服务

理论知识

项目一　会议接站与报到工作

一、接站工作

接站工作是会议工作的重要环节。一般而言，只有跨地区的会议才涉及接站工作。中型会议的参会人数较多，因此，秘书要充分重视接站工作并为接站工作做相应的准备。接站工作的步骤如下。

（一）组成接待小组并完善接站信息

对于参会人员比较多的会议，为保证接站时不出现问题，秘书应专门成立相应的接待小组，由专人负责，形成统一的指挥调度系统。秘书还要做好信息收集、车辆安排、人员分工等工作。

（1）完善接站信息。在完善接站信息时，秘书要根据参会人员的回执查找相应的飞机、火车、轮船抵达的准确时间，将其编制成表格；秘书还要整理参会人员的联络方式，编制参会人员接站安排表，注明姓名、单位、职务、联系方式、车次/航班、到达时间、随行人数、接站司机和车号、接站工作人员、接站领导、接站地点和时间。

（2）合理分配车辆。在安排车辆时，秘书要根据单位车辆的实际使用情况（包括车辆的外租情况）及参会人员的参会时间合理分配车辆。

（3）完善人员分工。在人员安排上，秘书要根据会议筹备小组的分工情况、参会人员到达的方式对人员分工进行必要的调整，以保证各项工作顺利进行。

（4）提供详细路线图。对于无须接站、自行参会的本地及外地参会人员，秘书要事先准备详细的报到路线图，将其提供给参会人员，或通过邮件、传真或打电话等方式告知参会人员具体路线。

（二）准备接站工具

秘书应安排好车辆，准备好参会人员接站安排表、手提式扩音器、工作证、胸卡、醒目的接站条幅或接站牌等接站标识。秘书还要准备一份电话号码簿，其中包含主要航空公司、出租车公司和与会议工作有关的单位的电话号码。

接站牌有两种类型：一种是为接待团体和一般客户准备的接站牌，另一种是为接待重要客户单独准备的接站牌。

在安排车辆时，秘书要根据参会人员的身份、职务级别的高低安排车辆。对于一般的参会人员，秘书可选择用商务车或面包车接站；对于重要的参会人员，秘书可选择用商务车接站,最好请领导参与接站。

（三）接站

接站时,秘书要注意以下几个方面。

（1）对于提前告知主办方接站的参会人员,主办方应主动到机场、车站、码头迎接。接站人员一般应在飞机、火车、轮船到达前15分钟赶到,避免让经过长途跋涉到达目的地的参会人员因等待而产生不快。接站人员应在出口处比较醒目的地方高举接站牌,等待参会人员到来,以便参会人员一出站就能看到接站牌。

（2）接站人员的服饰要整洁、大方,展现主办方的形象与风貌,接站人员的穿着不可过于随意。

（3）接到参会人员后,接站人员应首先核实参会人员的身份,以免接错。在确认了参会人员的身份以后,接站人员应指引或者带领参会人员在休息地点休息,或者指引、带领参会人员上车。

（4）接站人员应做些力所能及的事。与到站的参会人员进行简短的寒暄后,接站人员应主动帮参会人员把行李搬到车上;在接站过程中,接站人员可以选择合适的话题与参会人员进行交流。

（四）乘车返回

乘车返回时,秘书一定要安排好座次。

就双排五座汽车而言,一般情况下,由接待者亲自驾驶时,座位顺序应当依次是:副驾驶座、后排右座、后排左座、后排中座（如图2-3）。由专职司机驾驶时,座位顺序应当依次是:后排右座、后排左座、后排中座、副驾驶座（如图2-4）。

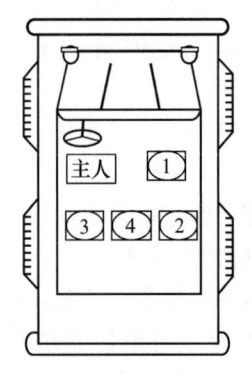

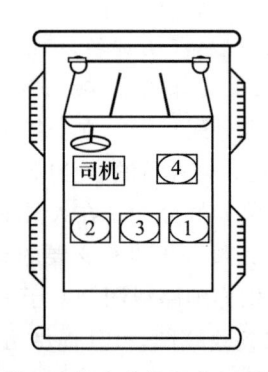

图 2-3　双排五座汽车座位顺序（接待者驾驶）　　图 2-4　双排五座汽车座位顺序（专职司机驾驶）

就三排七座汽车而言,一般情况下,由接待者亲自驾驶时,座位顺序应当依次是:副驾驶座、后排右座、后排左座、后排中座、中排右座、中排左座（如图2-5）。由专职司机驾驶时,座位顺序应当依次是:后排右座、后排左座、后排中座、中排右座、中排左座、副驾驶座（如图2-6）。

乘车返回时,秘书除了要安排好座位,还要在车上和参会人员寒暄,不能让参会人员感觉自己受到了冷落。

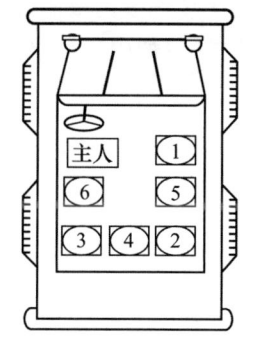

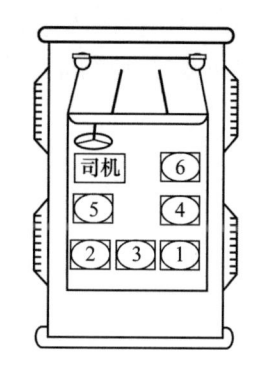

图 2-5　三排七座汽车座位顺序（接待者驾驶）　　图 2-6　三排七座汽车座位顺序（专职司机驾驶）

二、会议报到

在报到区欢迎参会人员并帮助他们报到是主办方礼貌待客的重要表现。参会人员一般以签到的方式进行报到。会议报到主要有以下几种形式。

（1）秘书点名，即秘书根据预先拟好的报到册点名，并做记号。会议报到册应包括序号、姓名、工作单位、职务、备注等项目。这种方式适用于单位内部的小型会议和工作例会，秘书对参会人员比较熟悉。

（2）本人签到，即参会人员本人签名报到，参会人员应使用签字笔或钢笔签名。这种方式适用于邀请性会议。

（3）凭证件报到，即参会人员需要在报到时出示证件，以便工作人员核实身份。这种方式适用于大中型会议。

（4）电子签到，即参会人员持磁卡出席会议。参会人员在进入会场时需要将磁卡插入专用签到机，签到结束后，与此相连的电脑能立即统计出出席人数和缺席人数。这种方式适用于参会人数较多的大中型会议。

项目二　做会议记录

会议记录是一种实用文体，是负责记录的人员对会议进行情况、会上发言和决定事项所做的记录，是会议情况的真实反映。

在会议召开期间，记录人员需要把会议的组织情况和会议讨论的具体内容记录下来。"记"与"录"略有区别。"记"包括详记与略记。略记需要记录人员记会议大要、会议上的重要言论或主要言论。详记则要求记录人员将会议的各项情况和讨论内容完整地记录下来。"录"包括笔录、录音和录像。对会议记录而言，录音、录像通常只是手段，记录人员最终还要将录下的内容转换成文字。记录人员在进行笔录时也常常要借助录音、录像设备，以保证记录下来的内容能最大限度地再现会议情境。

一、会议记录的内容和格式

会议记录一般包括两部分。前一部分记录的是会议的组织情况，记录人员要写明会议名称、会议时间、会议地点、出席人、缺席人、列席人、主持人、记录人等；后一部分记录的是会议的内容,记录人员要写明发言内容、决议内容、问题等,这是会议记录的核心部分。

若会议结束且记录完毕,记录人员要另起一行写"散会"二字;如中途休会,记录人员要写明"休会"二字。

（一）格式一

×××会议记录

会议名称：×××　　会议时间：20××年××月××日××时

会议地点：×××　　记录人：×××

出席人与列席人：×××、×××、×××、×××、×××

缺席人：×××、×××、×××、×××

出席人数：××

列席人数：××

缺席人数：××

会议主持人：×××

主要议题：××××××

发言记录：

×××××××××××××××××××××××××××××××。

……………

审阅人：×××（签名）

（二）格式二

××公司会议记录

会议时间：20××年××月××日××时

会议地点：×××

出席人：×××、×××、×××、×××、×××

缺席人：×××、×××、×××

出席人数：××

列席人数：××

缺席人数：××

会议主持人：×××（职务）

记录人：×××（职务）

会议内容记录：

×××：××××××××××××××××××××××××××。

> ×××：××××××××××。
> ……………
> 散会(会议于××时××分结束)
>
> 　　　　　　　　　　　　　　　　会议主持人：×××(签名)
> 　　　　　　　　　　　　　　　　记录人：×××(签名)
>
> (本会议记录共×页)

二、会议记录的基本要求

会议记录的要求是准确、真实、清楚、完整。记录人员应当有责任心，以严肃认真的态度记录发言人的发言。对于重要的语句，记录人员应记原话，不得随意取舍。对于会议的主要情况及发言的主要内容和意见，记录人员必须记录完整、不可遗漏。字迹应清晰、易认，不要过于潦草，记录人员不要使用自造的简称或文字。具体来说，会议记录的基本要求如下。

(1) 准确写明会议名称(要写全称)、会议时间、会议地点、会议性质。

(2) 详细记下会议主持人的姓名和出席人、列席人、缺席人的姓名和人数。如果召开的是群众性大会，记录人员只需要记下参会总人数，以及出席会议的较重要的领导的姓名。如果召开的是比较重要的会议，参会人员来自不同单位，秘书应准备签名簿，请参会人员写下姓名、单位、职务等信息。

(3) 忠实记录会议上的发言和有关动态。会议发言的内容是会议记录的重点。对于其他会议动态(如发言中的插话、笑声、掌声或会议临时中断)及重要的会场情况，记录人员也应予以记录。

发言记录可分为简易记录、摘要记录与详细记录。简易记录只需要记录人员记录会议概况、会议的议题和议程、会议的结果，记录人员不必记发言的内容和经过，这种记录方式适用于事务性会议。摘要记录只要求记录人员记录会议要点，即发言者讨论的主要问题、基本观点、重要事实、结论、参会人员对他人发言的态度等，记录人员不必"有闻必录"。摘要记录适用于大多数会议。对于某些特别重要的会议或重要人物的发言，记录人员需要记下全部内容，进行详细的记录。若有录音笔，记录人员可先录音，会后再整理出全文；若没有录音条件，秘书应安排速记人员进行记录；若没有速记人员，秘书可以多安排几个记得快的人进行记录，以便会后互相补充记录内容。

(4) 记录人员应记录会议的结果，如会议的决定、决议或表决情况。会议记录应忠于事实，不能夹杂记录人员的任何个人情感，记录人员不能有意增删发言内容。会议记录一般不宜公开发表，如需要发表，记录人员应征得发言者的同意。

此外，记录人员应在会议记录前做好相关准备工作，如熟悉会议情况和文件、熟悉参会人员、熟悉会议环境等。

三、会议记录的重点

会议记录应当重点体现以下几个方面。
(1) 会议中心议题及围绕中心议题开展的有关活动。
(2) 会议讨论、争论的焦点及各方的主要见解。
(3) 权威人士或代表人物的言论。
(4) 会议开始时的定调性言论和结束前的总结性言论。
(5) 议决的事项或议而未决的事项。
(6) 其他对会议产生较大影响的言论或活动。

四、会议记录的整理

整理会议记录应遵循以下原则。
(1) 忠于讲话人、发言人的原意。
(2) 体现讲话人、发言人的风格。
(3) 确保整理后的会议记录完整、全面,不仅要体现会议内容、讲话人的主要精神、关键言论,还要体现重要的会场动态(如表决等)。
(4) 整理时要做到层次分明、段落清楚、语句通顺,正确使用标点符号,避免出现错别字。
(5) 会议记录整理完成后,如果会议记录包含某人的讲话记录,应送讲话者本人、会议主持人或召集人审阅。
(6) 若根据录音记录稿整理会议记录,记录人员要注意辨别讲话人的声音,不可张冠李戴。

五、做会议记录的技巧

一般来说,做会议记录的技巧可总结为四点,即"一快""二要""三省""四代"。

"一快",即记得快。字要写得小一些、轻一点,记录人员可写连笔字。

"二要",即摘要而记。记录人员应围绕会议议题、会议主持人和主要领导发言的中心思想、参会人员的不同意见、有争议的问题、结论性意见、决定或决议来写会议记录。记录人员如果要记录一个人的发言,就要记其发言要点、主要论据和结论,论证过程可以不记。记录人员如果要记一句话,可以主要记这句话的中心词,修饰语一般可以不记。记录人员要注意上下句的连贯性、衔接性,一篇好的会议记录应当独立成篇。

"三省",即在记录中正确使用省略法。记录人员可使用简称、简化词语和统称;可省略词语中的某个字和句子中的附加成分,如将"但是"记为"但"。记录较长的成语、俗语、词组时,记录人员可用曲线代替被省略的后半部分;记录引文时,记录人员应先记下起止句或起止词,会后查补即可。

"四代",即用较为简便的写法代替复杂的写法。记录人员可用姓代替全名,可用笔画少、易写的同音字代替笔画多、难写的字,可用数字和国际上通用的符号代替文字,可用汉语拼音代替难写的字。在整理和印发会议记录时,记录人员应按要求完善会议记录。

项目三 编写会议简报

会议简报是简报的一种,是党政机关、企事业单位广泛使用的一种事务性文书。它是指相关人员在会议期间为反映会议进行情况(包括参会人员在讨论中提出的意见、建议及会议的决定事项)而编写的简明扼要的报告。会议简报可以是简要的情况报告、简要的工作报告或简要的消息报道。

编写会议简报便于领导了解情况,推动会议工作的深入开展;便于沟通情况,交流经验。由此可见,编写会议简报是十分重要的。

一、会议简报的特点

会议简报有些类似于新闻报道,具备"简""快""新""真"四个特点。

"简"是最重要的特点。会议简报应内容集中、篇幅短小。编写者应做到无关的内容不写,一般性的内容少写,针对性强的内容多写。

"快"是指会议简报的发布迅速、及时。编写者要尽快完成会议简报的编写,尽量让读者在第一时间了解最新的会议情况。

"新"是指会议简报的内容能给人带来新鲜感。会议简报如果只报道一些司空见惯的事情,就没有太大的价值和意义了。会议简报应报道新事物与新情况,反映新动向与新趋势,宣传新思想与新典型。

"真"是会议简报的本质特性,会议简报的内容应真实准确、反映事实。会议简报所反映的内容、涉及的情况必须具备真实性,时间、地点、人物、事件、原因、结果等要素都要真实准确,所有的数据都要准确无误。

此外,会议简报一般在指定范围内传播,不宜甚至不能公开传播,涉外机关和行政机关的会议简报更不能公开传播。有的会议简报往往是单独给某一级的领导看的,具有一定的保密性,秘书不能随意扩大传阅范围。

二、会议简报的写法

会议简报一般由会议秘书处或主持单位的相关人员编写。规模较大、时间较长的会议常要求相关人员编发多期会议简报,以起到及时交流情况、推动会议工作开展的作用。小型会议一般要求相关人员在会议结束后写一篇内容较为全面的总结性的会议简报。

会议简报通常由报头、报核(正文)、报尾三部分构成。图2-7是会议简报的简易结构。

(一) 报头

(1) 简报名称一般采用套红印刷的大号字体。编写者可根据具体情况在名称或期数下面注明"增刊"或"××专刊"字样。密级写在左上角,有的简报名称的左上角写有"内部文件"或"内部资料,注意保存"等字样。

(2) 期号写在简报名称的下一行,用括号括注。

(3) 编印单位与印发日期写在同一行,前者居左,后者居右。

(4) 应用一道横线将报头与报核隔开。

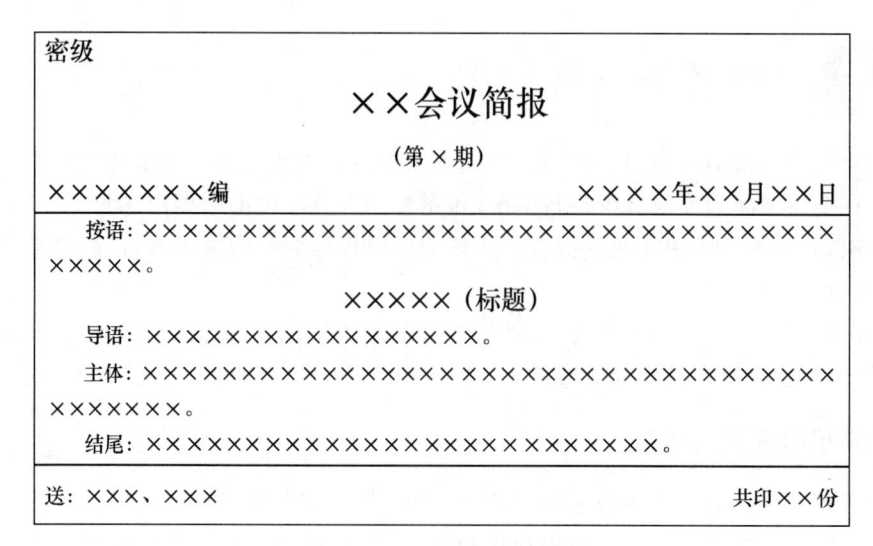

```
密级
                    ××会议简报
                      (第×期)
×××××××编                          ××××年××月××日
  按语:××××××××××××××××××××××××××××
×××××。
                    ×××××(标题)
  导语:×××××××××××××××。
  主体:××××××××××××××××××××××××××××
×××××××。
  结尾:×××××××××××××××××××××××。

送:×××、×××                              共印××份
```

图 2-7 会议简报的简易结构

（二）报核

报核通常包括一篇或几篇文章。会议简报的写法是多种多样的，因此它的形式也较为灵活。大多数的会议简报采用的是消息的写法，包括按语、标题、导语、主体、结尾等要素。除了消息以外，编写者也可采用别的文体，所以不是每篇会议简报都有这几项要素。

（1）按语是对整个会议情况的大致说明。

（2）报核的标题类似于新闻的标题，要揭示主题、简短醒目。标题应在报头横线之下居中书写，如果有需要，也可以使用副标题。一般来说，正标题是虚题，用于概括全文的中心思想或内容要点；副标题是实题，用于交代具体事件，起到补充说明的作用。

（3）编写导语时，编写者需要用一句或一段总结性的话概括全文的主旨，便于读者快速了解主要内容。导语的写法多种多样，有提问式、结论式、描写式、叙述式等。导语一般应体现人物、时间、地点、事件等要素。

（4）主体应涵盖典型的、有说服力的材料，让导语的内容具体化。写作时，编写者要注意合理地划分层次。一般来说，编写者可采用两种划分主体层次的方法。一种是以时间先后为序，根据事件的发生过程安排层次。这种写法多适用于报道典型事件或一次性全面报道某一会议的会议简报，其优点是时序清楚、一目了然。另一种是按事件之间的逻辑关系安排层次，编写者需要分析多个材料之间的主从关系、因果关系、递进关系。这种写法的优点是便于揭示、表现会议的主要特征，突出主要内容和中心思想。

（5）编写者应在结尾处总结全文内容、点明主旨，或指明事件的发展趋势，提出希望及今后的打算。报核是否加结尾要根据需要而定。如果简报的内容较多，篇幅较长，读者不易把握，编写者就应在结尾处概括一下内容；如果简报主题单一、篇幅较短，且主体部分已阐明相关内容，编写者就不必另写结尾。

（三）报尾

报尾常被置于简报最后一页下部，编写者需要用一条横线将报尾与报核隔开，横线下方的左侧应写明发送范围，右侧应写明印刷份数。

项目四　突发事件处理

一、突发事件概述

（一）突发事件与会议突发事件的定义

从广义上讲，突发事件可被理解为突然发生的事情。突发事件往往指那些发展速度很快、让人出乎意料的事件，或人们难以应对、必须采取一定的方法来处理的事件。

会议突发事件是指在会议召开期间突然发生的、可能对会议的正常进行或参会人员的安全产生影响的事件。

（二）突发事件的特点

（1）事件的突发性。突发事件的突发性是指人们无法确定突发事件是否发生，于什么时间、地点发生，以什么样的方式发生。

（2）危害的严重性。突发事件造成的损害可分为直接损害和间接损害。突发事件造成的损害不仅表现为人员的伤亡、财产的损失和环境的破坏，还表现为对社会心理和个人心理造成的冲击，这种冲击会渗透社会生活的各个层面。

（3）变化、发展的不确定性。突发事件发生后，事态的变化、发展趋势及事件所带来的影响的深度和广度不能被事先确定或预测。

（4）处置的紧迫性。突发事件的处置关系着社会、组织或个人的安危，相关人员应采取紧急措施，及时、有效地处理突发事件。随着突发事件的发展、演变，它所造成的损失可能会越来越大。因此，对突发事件的反应越快，决策越准确，突发事件所造成的损失就会越小。

（5）影响的广泛性。突发事件不仅会影响单位的正常运转，还会影响其社会形象。

二、突发事件的类型

发生于一般大中型会议的突发事件主要包括以下几个类型。

（一）紧急医疗事件

紧急医疗事件的发生频率与参会人员的平均年龄、活动范围有关。实际上，紧急医疗事件可能在任何时间发生。有些参会人员比其他人更容易受伤或生病。比较可能出现的病症是心脏病、卒中等。有些参会人员因饮食改变、喝酒、睡眠不足、疲劳、对环境不熟悉、孤独、远离亲人等原因而生病，这些参会人员应得到应有的照顾。

会议主办方可通过以下方式处理紧急医疗事件。

1. 构建紧急医疗系统

会议主办方可构建一个紧急医疗系统，提前与当地医院联络，一旦有病人发病，立即安排救护车将病人送到医院。会议主办方应安排医务人员在会议现场值守，医务人员可在会场和其他专业医师联络，询问其是否愿意在短时间内来到会场。大会手册及其他资料上应印有紧急事件联络人和联系方式。

2. 安排医务人员应对有关情况

如果会议在会议中心举行,会议主办方可要求会议中心安排一位医务人员在会场值守。有些会议中心有医务室和医务人员,会议主办方要先了解医务室的位置、医疗器械的种类。会议主办方可以评定会场的医疗器械与医务人员是否符合要求,如果人员不足,会议主办方可再安排一位医务人员值勤。医务室内至少要有轻巧的氧气筒、绷带、压舌板、消毒剂和阿司匹林。会议主办方可再准备一些医疗用品,但是一定要留意其有效期,专业的医疗用品就需要由医院提供了。

3. 借助酒店的紧急救护系统

大部分的酒店有自己的医务人员,但是会议主办方通常不能确定其医务人员是否可以处理紧急事件。大部分医务人员并不住在酒店,所以可能无法及时处理紧急事件,但是各个酒店应该都有紧急救护系统,这是会议主办方在选择会场时就应该考虑的。会议主办方要了解紧急救护负责人的有关信息,负责人有时是警卫室的工作人员,有时是会议工作人员。会议主办方要事先了解具体情况和细节,以保证发生紧急医疗事件时不会找错对象。

会议主办方如果同时在几个酒店举办会议,需要事先了解每个酒店的紧急服务,确定要找哪个负责人,留下他们的电话号码;如果发生紧急医疗事件,会议主办方一定要先通知负责人。很多单位会派员工接受心肺复苏培训,懂得心肺复苏术可挽救很多人的生命,因此每个单位都应该让员工学习心肺复苏术,以应对可能发生的紧急医疗事件。

(二) 卫生问题

卫生问题是会议主办方筹办国际会议时需要应对的一项重大挑战,包括饮食卫生与环境卫生两个方面。有能力承接国际会议的酒店一般都环境良好,因此环境卫生一般不会存在问题。饮食卫生是会议主办方需要应对的主要挑战,特别是上千人甚至上万人参加的大型国际会议。会议主办方要慎选餐饮合作对象,万一有人因食物不洁而腹泻或食物中毒,主办国家、主办城市的形象会受到影响。

(三) 火灾

每个参会人员都要掌握火灾逃生技能。会场的相关工作人员有责任告知参会人员逃生步骤和紧急逃生出口的位置。会议主办方在火灾的应对和预防工作中扮演着十分重要的角色。会议主办方可印制相关手册,放在资料袋中供参会人员参考。

(四) 签证问题

会议主办方通常会在会议通知中说明办理签证的有关要求,但是仍然会有一些国外参会人员忽略这方面的问题。对于重要的贵宾,会议主办方应向其强调签证问题的重要性。

(五) 盗窃

如果国外参会人员在会议召开期间遇到盗窃事件,其参会体验会受到影响,因此,在重要国际会议召开期间,会议主办方应要求地方政府加强警力,避免盗窃事件发生。同时,会议主办方也应当以书面的形式告知参会人员尽量少到人多的地方。如国外参会人员对夜市感兴趣,会议主办方应提醒其在去夜市的时候尽量不要带贵重物品或重要证件,如珠宝、护照等,当地人最好能陪同其前往。

三、处理突发事件的基本要求

处理突发事件的基本要求如下。

（1）尽快赶赴现场处理突发事件，详细了解事件发生的时间、地点、经过、人员伤亡情况和损失情况，及时报告领导。

（2）妥善处理善后工作。事件处理完毕后，相关人员应写下事件发生经过和处理过程，经领导审阅后归档。

（3）处理突发事件时既要果断，又要细致、稳妥。

项目五　活动安排和其他辅助工作

一、会议期间的活动安排

除了会议日程安排的内容外，会议主办方还可以安排一定的活动。例如，在会议召开期间组织参会人员进行项目考察、实地参观等。

秘书必须为活动的组织与实施做好相应的准备和服务工作，安排好车辆和食宿等，确保参会人员的安全。

安排活动时的注意事项有：不要因开展活动而延长会期，安排参观、考察等活动时要尽量避开节假日和其他高峰期。

二、会议期间的其他辅助工作

秘书应在正式开会之前的5分钟请参会人员入座，再请领导和其他主宾入场。如果没有领导的指示，秘书一般不能作为会议代表出席会议。在开会的时候，如果领导没有安排秘书做会议记录等具体工作，那么秘书就应坐在会议室的最后一排或在会场外等待吩咐。在会议期间，秘书的任务就是为保证会议的顺利进行做辅助工作，如转达电话内容、做会议记录、协助有关工作人员调整设备、为领导服务等。

秘书的主要工作涉及以下几个方面。

（一）转达电话内容

秘书应在开会前与领导商量好转达电话内容的具体方法。在开会的时候，如果不是特别紧急的电话，领导一般不在开会期间接听。秘书需要帮助领导将电话中传达的信息记录下来，在会后传达给领导。如果是比较紧急的电话，秘书应立即通知领导。

如果开会时还有其他单位的人在场，给领导传话时，秘书可使用便条传达信息，如"对不起，李总，北京的马总有急事找您"。秘书应简明扼要地把事情写在便条上面，把便条递给领导。

（二）服务工作

一些大中型会议的会场往往配有专门的工作人员，但秘书应当指导和协助工作人员做好以下工作。

（1）参会人员入场时的验证与收票工作。

（2）维持会场内的秩序。

(3) 为参会人员提供饮品或提供其他服务。

(4) 关注会场内各种设备的使用情况,维护场内设备。

（三）安保工作

会场内的安保工作主要包括以下几个方面。

(1) 防止与会议无关的人随便进入会场。

(2) 关注会场内的设备运行情况,消除火灾隐患,防止意外事件发生。

(3) 保证会场内人员的安全与健康,如果发现参会人员身体不适或突发疾病,要及时请医务人员进行急救或及时送医。

(4) 做好会议的保密工作,安排好保密文件的分发、收回及会议内容的保密工作。

（四）医疗卫生服务

大中型会议人员集中、活动频繁,秘书要安排好医疗卫生服务工作。大型会议的会务组一般都配有专门的医务人员。秘书要协助领导、医务人员协调好相关工作,确保参会人员的安全。同时,秘书要监督后勤保障组的各项工作,确保食品安全。

（五）照相服务

如果召开的是中型以上会议或纪念会、庆祝会,会议主办方往往要求参会人员集体拍照留念。秘书要选择高水平的摄影师,以免给参会人员留下遗憾;秘书要安排好参会人员的座次,背景的选择要充分体现会议的主题和特点。秘书还要协助摄影师做好其他辅助工作。

资源拓展：安排合影站位的原则

思考与实训题

1. 做好会议接站工作需要秘书做好哪些准备?
2. 请编制一份格式规范的会议记录模板。
3. 请为一场小型会议编写一份会议简报。
4. 处理会中突发事件的基本要求是什么?
5. 秘书在会议期间需要安排哪些活动?秘书需要做哪些服务工作?

第三节　会后工作

理论知识

项目一　会后收尾工作

会议结束并不意味着会务工作的完成,秘书要适时做好善后工作,让会议善始善终、圆满完成。引导参会人员安全并有序地离开会场、安排参会人员返程、清理会场、收回文件是会后收尾工作的重要组成部分。

一、引导参会人员离场

会议一结束,秘书就要与会务人员一同引导参会人员有秩序地离开会场。一般情况下,主席台上的领导离场后参会人员才离场。如果会场有多条离场通道,领导和参会人员可以从不同的通道离场。如果召开的是大型会议,秘书和会务人员还要注意在散会后引导车辆迅速、有序地离场,必要时可派专人指挥。

二、安排参会人员返程

会议结束后,参会人员要准备返程,秘书要提前摸清情况,了解参会人员什么时候走、怎么走。一般情况下,秘书在参会人员返程前后要完成以下几项工作。

(1) 进行会议费用的结算。会议结束时,秘书应协助参会人员对会务费用、住宿费用进行结算。

(2) 对于参加会议的外地人员或境外人员,秘书应事先做好登记。若有必要,秘书可帮助相关人员提前购买返程机票、船票、车票。秘书应按照事先的约定进行相关费用的结算。

(3) 做好送站工作。与接站工作相同,秘书要统计好参会人员乘坐的交通工具、返程时间、车次或班次,并制作表格,以便协调送站的车辆和时间。秘书要安排好车辆,将参会人员送至机场、码头或车站。地位较高者返程时,领导应亲自送别。

(4) 对于个别需要暂留的参会人员,秘书要妥善安排好他们的食宿。

三、清理会场、收回文件

会议结束后,各种供参会人员使用的物品往往都不在原有位置上,参会人员都离开会场后,秘书就要与会务人员一同完成会场的清理工作和文件的收回工作。

相关工作包括以下几个方面。

(1) 关闭会场的视听设备,按照会议物品清单对相关物品逐一进行核查,保证物归原位。

(2) 收回用于布置会场的物品,如横幅、会徽等。

(3) 退还租借的设备,如内部设备在会议过程中出现故障,应及时派人修理,保证设备能正常使用。

(4) 会议结束后,部分文件会被遗留在会场。如果文件具有保密性质,会议结束后,秘书要及时清点、收回,并仔细检查是否有文件被遗留在会场上,以免泄密。

项目二　会议经费结算

结算会议经费时,秘书需要在会议结束后对会议的经费使用情况进行梳理,结算与会议有关的费用。秘书的主要工作包括以下几个方面。

(一) 统计会议期间产生的费用

广义的会议成本包括时间成本、金钱成本和机会成本。会议期间发生的费用主要是指狭义的会议成本,主要包括会场租用及布置费、会议设备租用费、会议通信费、会议培训费、会议交通费、会议食宿费、会议资料费、会议宣传费、纪念品购置费等。

（二）确定结算会议经费的方法

1. 收费方法

在一些情况下，会议主办方承担全部会议费用，参会人员不需要支付任何费用。有时，会议主办方要求参会人员向会议主办方支付一些必要的费用，如资料费、培训费、住宿费、餐饮费等。如果会议主办方需要向参会人员收取相关费用，秘书应注意以下事项。

（1）应在会议通知中详细说明收费标准和收费方法。

（2）应注明参会人员可采用的支付方式。

（3）如参会人员用信用卡交费，应问清姓名、卡号等相关信息。

（4）开具发票的工作人员要事先向财务部门了解开票程序，不能出任何差错。工作人员如果无法为某些项目开具正式发票，应与会议组织者协商，开具收据或证明。

2. 结算要求

会议结束后，秘书应对会议期间发生的费用进行统计。会议主办方应根据相关规定将应当支付的费用及时支付给对方。需要支付的费用通常包括场地租借费、设备租借费、场地布置费、专家咨询费、餐饮费等。

（三）通知参会人员结算时间、地点

会议结束后，秘书部门应通知参会人员、参会部门、在会议中发生费用的个人和部门结算经费的时间和地点，以便相关人员和部门及时完成经费的结算。

（四）清点发票、核实发票信息

秘书要清点发票，核实发票上的内容是否正确。

（五）填写费用报销单

秘书及相关工作人员应根据实际情况填写费用报销单，费用报销单可以是单位内部自制的报销单。

（六）请经办人签字，并请主管领导审批

依据财务管理制度的规定，秘书及相关工作人员办理报销手续时，需要经办人在费用报销单上签字，并请主管领导审批。

（七）到财务部门报销

在编制预算时，秘书通常不确定具体费用，在这种情况下，秘书需要向财务部门预支一定的会议经费。在会议结束后，财务部门会根据实际费用"多退少补"，即秘书退回剩余的经费或者财务部门补给秘书超出预算的差额。

项目三　整理会议文件

一、会议文件的整理范围

（1）会前分发的文件。这类文件包括指导性文件、宣传交流性文件、参考说明性文件、会务管理性文件等。

（2）会中产生的文件。这类文件包括决定、决议、议案、提案、会议记录、会议简报等。

(3) 会后产生的文件。这类文件包括会议纪要、会议新闻报道等。

二、收集会议文件的要求

(1) 确定会议文件的收集范围。对于会前分发的保密文件,秘书要根据会议文件目录和发文登记簿进行检查和核对,以防止保密文件外传。

(2) 要及时收集具有保密性质的会议文件,确保在参会人员离会之前收齐会议文件。

(3) 根据实际情况选择收集会议文件的方式、方法。

(4) 与分发会议文件一样,收集会议文件也要遵守严格的登记程序。秘书应认真检查会议文件是否有缺件、缺页的情况,若出现问题应及时采取补救措施。

三、收集会议文件的注意事项

(1) 收集会议文件要落实到人。
(2) 收集会议文件应严格遵守相关规定。
(3) 在收集、整理会议文件的过程中要注意保密。
(4) 严格遵守档案制度。

四、会议文件的立卷归档

会议结束后,秘书要及时做好会议文件的立卷归档工作。

会议文件的立卷归档是指在会议结束后依据会议文件的内在联系将会议文件加以整理,分门别类地将会议文件归入档案。这是将会议文件转化为档案的重要步骤,是档案工作的基础。

1. 会议文件立卷归档的意义

(1) 明确会议文件之间的历史联系,便于查找、利用。
(2) 反映会议的真实情况。
(3) 确保会议文件的完整性与安全性。

2. 会议文件立卷归档的范围

(1) 会议正式文件,如决定、决议、计划、报告等。
(2) 会议参阅文件。
(3) 会议发言稿。
(4) 会议讲话记录。
(5) 其他有关材料。

3. 会议文件立卷归档涉及的具体工作

会议文件立卷归档涉及的具体工作包括:对收集的会议文件进行登记、甄别整理、分类归卷、排列卷内文件、确定卷内文件的编号和编目、填写相关表格、拟写案卷标题、填写案卷封面、将档案移交至档案室、清理并销毁不再利用的会议文件。

资源拓展

保管会议文件的方法

项目四　会议总结与效果评估

为总结会务工作经验，不断改进会议的组织服务工作，秘书应在会议结束后及时进行会议总结，对会议效果进行评估。

一、会议总结的目的

（1）检查会议目标的达成情况。
（2）检查各个会议筹备小组的执行情况。
（3）总结工作经验。
（4）激励员工提高工作水平。

二、会议总结的主要内容和方式

会议结束后，秘书要及时对会务工作进行认真的总结，既要总结经验、肯定成绩、表彰先进，也要发现问题、找出不足、分析原因，为以后的会务工作提供借鉴，不断提高办会水平。

（一）会议总结的主要内容

（1）会议准备工作的主要情况。
（2）各项会议工作的完成情况。
（3）各部门之间的协调情况及工作人员的工作状态。
（4）参会人员的满意度。
（5）会议目标的达成情况。
（6）需要改进的地方。

（二）会议总结的方式

（1）工作人员进行个人书面总结。
（2）各部门内部进行小组总结。
（3）领导组织有关人员进行总结。
（4）进行大会交流和总结。

三、对会议效果进行评估

想要做好会议的总结工作，秘书就要对会议效果进行评估。评估程序如下。

（一）明确会议评估对象

会议评估对象主要包括会议总体管理工作、会议主持人和会议工作人员三个方面。

（二）确定会议评估因素

（1）对会议总体管理工作的评估涉及会议工作的方方面面，包括会议目标、会议筹备方案、会场情况、日程安排、食宿安排、会议经费、会议文件和其他各项活动。秘书应根据会议的性质和类型决定评估的内容。

(2) 对会议主持人的评估主要侧重于对主持人的主持能力、修养、业务水平、工作作风、控制会议进程的能力的考核。秘书可请参会人员填写事先设计好的评估表。

(3) 对会议工作人员的评估主要涉及工作人员的行为表现、工作态度、业务水平和工作效果等因素。

(三) 设计评估表

设计评估表时,秘书应注意表格的长度、问题的相关性、提问的方式、填写的难易程度、分析数据的方式等。

(四) 分析数据,得出结论

秘书应根据会议的类型和分析的目的分析数据并得出结论,最终形成分析报告。参会人员较多时,秘书可借助相关软件分析数据,并以合理的方式呈现相关数据,如柱状图、饼状图、散点图等。

四、撰写总结报告

秘书在撰写会议的总结报告时,应将评估数据和分析结果写入总结报告中,并将总结报告递交给领导审核。撰写总结报告前,秘书要了解总结报告的格式、各部分的写作要领及写作的注意事项。

(一) 总结报告的格式

1. 总结报告的标题

总结报告的标题有多种形式,最常见的标题由单位名称、时间、主要内容、文种组成。有的标题不出现单位名称,有的标题只对会议内容予以概括,不体现"总结"字样,但人们一看内容就知道文种是总结报告。有的标题采用的是正副标题的形式,正标题点明文章的主旨或中心,副标题具体说明内容和文种。

2. 总结报告的正文

和其他应用文一样,总结报告的正文也分为开头、主体、结尾三个部分。

(1) 开头。总结报告的开头应阐述基本情况,包括单位名称、工作性质、主要任务、时代背景、指导思想、总结目的、主要内容提示等。开头部分要简明扼要,字数不可过多。

(2) 主体。这是总结报告的主要部分,包括成绩、做法、经验、教训、今后的打算等内容。主体部分篇幅长、内容多,写作者在写作时要做到层次分明、条理清楚。

主体部分的常见结构包括以下三种。

① 纵式结构。采用该结构时,写作者要按照实践活动的过程安排内容,把时间划分为几个阶段,按时间顺序分别叙述每个阶段的成绩、做法、经验、体会。采用这种写法能够清楚明白地展现活动的全过程。

② 横式结构。采用该结构时,写作者要按规律分门别类地安排内容,使各层之间呈现出相互并列的态势。这种写法的优点是各层次内容明确、重点突出。

③ 纵横式结构。采用该结构时,写作者要考虑时间的先后顺序,在文中体现活动的发展过程,还要注意内容之间的逻辑关系,从几个方面总结经验教训。写作者可以先采用纵式结构,写各个发展阶段的情况或问题;然后采用横式结构,总结经验或教训。

主体部分的外部形式包括贯通式、小标题式、序数式。

① 贯通式适用于篇幅短小、内容简单的总结报告。这种总结报告像一篇短文,不用通过外部标志来显示层次。

② 如果采用的是小标题式,写作者需要将主体部分分为若干层次,每层加一个能概括核心内容的小标题,使全文重点突出、条理清楚。

③ 如果采用的是序数式,写作者需要将主体分为若干层次,用序号对各层进行排列,使全文的层次一目了然。

(3) 结尾。写结尾部分时,写作者应在总结经验教训的基础上提出今后的工作方向、任务和改进措施,表明决心并展望未来。这部分内容要与开头相照应,篇幅不应过长。如果部分内容在主体部分已进行了说明,写作者就不必再将其写到结尾中。

(二) 撰写总结报告的注意事项

1. 要坚持实事求是的原则

实事求是、一切从实际出发是撰写总结报告的基本原则,但在实际的写作实践中,违反这一原则的情况却屡见不鲜。有人认为"三分工作七分吹",习惯于在总结报告中夸大成绩、隐瞒缺点,报喜不报忧。这种弄虚作假、浮夸邀功的坏作风对国家、单位、个人都没有任何益处,写作者应避免此类问题出现。

2. 要注意共性、把握个性

写作者很容易把总结报告写得千篇一律、缺乏个性。当然,总结报告不是文学作品,写作者不需要刻意追求个性化,但千篇一律的文章是缺乏特色的,也是不受人欢迎的。一篇好的总结报告应具有一定的特色,在内容上要有独到的见解、独到的体会,因此写作者要选取新颖的角度和材料。

3. 要详略得当、重点突出

有的写作者在写总结报告时总想把一切成绩都写进去,不肯舍弃所有的正面材料,使文章臃肿、拖沓、没有重点,不能给人留下深刻的印象。在材料的选择上,写作者不能求全贪多、主次不分,要根据实际情况和总结的目的,把那些既能显示工作特点又有一定普遍性的材料作为重点,将总结报告写得详细而具体。一般性的内容可略写或舍弃。

思考与实训题

1. 会议结束后,参会人员准备返程。一般情况下,秘书有哪几项工作要做?
2. 会议结束后,秘书要对会议经费进行结算。秘书要从哪几个方面开展这项工作?
3. 请上网查找一篇大型会议的新闻报道,根据报道撰写一篇会议纪要。
4. 秘书应如何收集、整理会议文件?
5. 秘书要做好会议的总结工作,就要对会议进行评估。会议评估包括哪些环节?

第四节　商务活动的组织

理论知识

项目一　安排商务庆典活动

商务庆典活动是指企业或组织为了提高知名度、招揽顾客、宣传企业或组织的形象、明确今后的发展目标、加强与公众的联系而举办的各种仪式或庆祝活动。

商务庆典活动形式多样，如开业庆典、周年庆典、颁奖庆典、开工庆典、竣工庆典等，开业庆典、周年庆典最为常见。各类商务庆典活动的组织与管理有所不同，但又有一定的相同点。

一、商务庆典活动的准备工作

（一）确定活动主题

不同的商务庆典活动有不同的主题，主办方应当根据举办商务庆典活动的具体目的及社会环境、人文环境等因素来确定活动的主题，然后围绕主题安排活动内容，活动内容要与主题相呼应。

（二）做好舆论宣传

举办各种商务庆典活动的目的是塑造企业或组织的良好形象，吸引社会各界的关注，获得公众的信任，所以舆论宣传的作用不能被忽视。

企业或组织可以选择有效的大众传播媒介，通过报纸、广播电台、电视台等媒介进行集中宣传，宣传内容一般包括商务庆典活动的举办日期、地点、主要活动等。

企业或组织还可以邀请记者在商务庆典活动举办期间进行现场采访，进行正面宣传。

（三）邀请来宾

1. 确定来宾名单

商务庆典活动的影响力的大小往往取决于来宾职位的高低与来宾数量的多少。一般来讲，邀请的来宾包括以下几类。

（1）上级领导。秘书应当邀请主管部门的领导及地方职能管理部门的领导，感谢他们对本企业或组织的关心和支持。

（2）社会名流。邀请社会名流参加商务庆典活动是为了更好地提高本企业或组织的知名度。

（3）记者。邀请记者对商务庆典活动进行报道和宣传有助于公众加深对本企业或组织的了解，扩大社会影响力。

（4）同行人士。邀请同行人士参加商务庆典活动有助于加强合作、拉近关系。

(5) 社区代表。邀请社区代表的目的是维护好本企业或组织与社区的关系,让更多的人关心、支持本企业或组织的发展。

(6) 员工代表。员工是企业或组织的主人,每项成就的取得都离不开员工的辛勤工作,邀请员工参加商务庆典活动会让员工更有归属感和荣誉感。

2. 及时发出邀请

确定好来宾名单并经领导审定后,秘书应印制精美、雅致的请柬,提前2周左右寄给被邀请者,以便被邀请者安排时间、按时参加活动。秘书应在活动举办前3天通过打电话的方式核实来宾名单有无变动,如果邀请的是贵宾,秘书宜在活动举办前再核实一次。

(四) 确定主持人和致辞人

主持人可以是相关领导,也可以是有一定影响力的广播电台、电视台或礼仪庆典公司的主持人。主持人应当仪表端庄、仪态大方、反应机敏、口才良好,并熟悉整个活动的程序。

除了主办方的领导需要担任致辞人外,秘书还要在来宾中选择致辞人,这类致辞人一般由来宾中地位较高者担任,秘书应事先和对方进行沟通。确定好致辞人后,秘书可为其准备好发言稿。

(五) 拟定庆典程序

商务庆典活动的内容和程序视具体情况而定。商务庆典活动一般包括如下环节。

(1) 主持人宣布活动开始。
(2) 升国旗、奏国歌或升公司旗、奏公司歌。
(3) 介绍领导、来宾。
(4) 主办方领导和来宾代表致辞。
(5) 剪彩、授奖、参观等。
(6) 酌情安排宴请或文艺演出。
(7) 留影、题字等。

(六) 安排剪彩仪式

如果举办的是公司成立仪式、商场开业仪式或大型工程奠基仪式、竣工仪式等商务庆典活动,主办方一般都需要安排剪彩仪式。安排剪彩仪式主要包括以下三个方面的工作。

1. 确定剪彩者

剪彩者一般由上级领导、合作伙伴或社会知名人士担任。根据惯例,剪彩者可以是一个人,也可以是几个人,但是不应当多于五个人。剪彩者名单一经确定,秘书应当尽早告知对方,让其早有准备。在一般情况下,秘书在确定剪彩者时必须尊重对方的意见;需要由几个人同时剪彩时,秘书应当分别告知每位剪彩者届时其将与何人同担此任。

2. 挑选助剪者

助剪者是指在剪彩过程中为剪彩者提供帮助的人员。主办方可挑选年轻、精干、容貌姣好的年轻女职员担任助剪者,也可以请礼仪庆典公司的专业人员担任助剪者。确定了助剪者并分配好任务后,助剪者要接受必要的培训,从而保证剪彩仪式的顺利进行。

3. 准备剪彩用品

剪彩用品主要有红色缎带、新剪刀、白色薄纱手套、托盘及红色地毯等。

(1) 红色缎带。按照传统做法,剪彩仪式应当使用新的红色缎带,为了节约,人们通常使用长 2 米左右的红色缎带。一般来说,红色缎带上的花团要醒目、硕大,具体数目往往与现场剪彩者的人数相关。通常来说,红色缎带上的花团数目比现场剪彩者的人数多一个,这样能够使每位剪彩者处于两朵花之间,显得更为正式。

(2) 新剪刀。新剪刀供剪彩者在剪彩仪式上正式剪彩时使用。每位剪彩者都必须有新剪刀,而且新剪刀应当是崭新、锋利的,以避免因剪刀不好用而让剪彩者感到尴尬。因此,秘书应在剪彩仪式开始前逐一检查新剪刀,确保其没有问题。剪彩仪式结束后,主办方可以将每位剪彩者所使用的剪刀包装好,送给剪彩者留念。

(3) 白色薄纱手套。白色薄纱手套专供剪彩者在剪彩仪式上正式剪彩时使用。秘书在准备白色薄纱手套时,除要确保每位剪彩者都有手套以外,还要保证其大小适中、洁白无瑕,以示尊敬。

(4) 托盘。托盘主要用于放置剪刀、白色薄纱手套。托盘最好是崭新、洁净的,通常为银色的不锈钢制品,托盘上还可以铺上红色绒布或绸布。

(5) 红色地毯。红色地毯应被铺设在剪彩者正式剪彩时站立之处,其长度可视剪彩者的人数而定,宽度应超过 1 米。在剪彩现场铺设红色地毯主要是为了提升仪式的档次,营造一种喜庆的气氛。

(七) 做好接待准备工作

秘书应在商务庆典活动开始前做好一切接待准备工作,事先指派专人负责。秘书应安排好接待人员和服务人员,使他们各就各位、各司其职。秘书可安排专门的接待室,以方便来宾在活动正式开始前休息或与相关人员交谈。接待室中的茶杯要洁净,茶几上要放置烟灰缸;如果会场不允许来宾吸烟,秘书应当将提示牌张贴在接待室中,以提示来宾。重要来宾应由企业或组织负责人亲自接待。对于入场、签到、剪彩、宴请、留言等环节,秘书应提前安排好负责领位的服务人员。

(八) 做好场地准备工作

商务庆典活动场地的选择应结合活动的内容、规模、影响力及企业或组织的实际情况,活动场地可以是企业正门之外的广场、正门之内的大厅,也可以是工程现场等地。场地的大小要与出席人数相适应。

为了烘托热烈、隆重、喜庆的气氛,秘书在布置场地时可充分利用空飘气球、彩虹门、步道旗、花篮、红色地毯,还可悬挂印有会标、宣传语、庆祝语或欢迎语的条幅。

(九) 准备音响设备

在举行商务庆典活动之前,主办方要把音响设备准备好,尤其是供来宾讲话时使用的麦克风和传声设备。音响设备不能在关键时刻出现问题,否则会让主持人手忙脚乱。负责设备管理的工作人员应在商务庆典活动举行前后播放一些喜庆、欢快的乐曲,以烘托热烈的气氛。秘书要事先对播放的乐曲进行审查,以免工作人员随意播放背离活动主题的乐曲。工作人员也要准备和调试好用于摄影、录像的设备。

(十) 其他准备工作

秘书要准备活动材料,如活动程序表、来宾名单、主持稿、发言稿及企业或组织的宣传册等;秘书要准备贵宾留言簿,最好选用封面为红色或金色的高级留言簿,并准备好毛笔、墨水或黑色墨水笔。秘书要准备好礼品,因为在活动中向来宾赠送礼品也是一种宣传手段。选择的礼品要有象征性、纪念性、宣传性。秘书也要准备好其他相关物料。

二、商务庆典活动的程序

（一）签到

来宾到场后，应有专人请来宾签到。秘书应选择封面为红色、内部纸张为宣纸的签到簿。来宾签到时，接待人员可以将本企业或组织的宣传资料发给来宾，以扩大企业或组织的知名度。接待人员还可以准备两个盒子，一个装单位领导或公关部经理的名片，另一个装其他来宾的名片，便于今后加强联系。

（二）接待

来宾签到后，接待人员应引领来宾前往备有茶水、饮料的接待室，让他们稍事休息并相互认识。本企业或组织的相关人员应当陪同来宾进行交流，相关人员可以谈一些有关本企业或组织的事情，或对来宾的到来表示感谢。

（三）剪彩

（1）宣布开始。主持人宣布剪彩仪式开始后，礼仪小姐率先登场。礼仪小姐在上场时应当排成一行前进，从两侧同时登台或从右侧登台。登台之后，拉彩者与捧花者应当站成一排，拉彩者位于两端并拉直红色缎带，每位捧花者用双手捧起一朵花团。托盘者站立在拉彩者与捧花者身后，距离1米左右，并且自成一行。

（2）剪彩者就位。主持人宣布剪彩者的单位、职务、姓名，剪彩者从右侧登台，步履稳健地走到台上。引导者应当在其左前方进行引导。当剪彩者都已到达既定位置之后，托盘者应当位于剪彩者的右后侧，以便为其递上剪刀、手套。

若剪彩者为一人，剪彩时要让他在中间站定。若剪彩者为几个人，在剪彩前，秘书还要根据剪彩者的职务高低确定位次。常见的排位原则是：中间高于两侧，右侧高于左侧，距离中间位置越远位次越低，主剪者应站在中间。"右侧高于左侧"是一项国际惯例，若没有外宾参加剪彩仪式，则可以按照我国"左侧高于右侧"的排位原则确定位次。

（3）正式剪彩。在正式剪彩前，剪彩者应当首先向拉彩者、捧花者示意，使其有所准备。剪彩时，剪彩者应集中精力，右手持剪刀，庄严地将红色缎带一刀剪断。若多位剪彩者同时剪彩，其他剪彩者应当注意主剪者的动作，主动与其协调一致，尽可能确保大家同时将红色缎带剪断。

按照惯例，剪彩结束后，红色花团应落入托盘者手中的托盘里（切勿使之坠地），因此捧花者需要与托盘者合作。剪彩成功后，剪彩者可以右手举起剪刀，向全体到场者致意，然后把剪刀、手套放在托盘内并鼓掌。

（4）退场。剪彩结束后，剪彩者可以与主办方领导握手道喜，并在引导者的引导下退场。退场时，剪彩者一般宜从右侧下台。剪彩者退场后，其他礼仪小姐再井然有序地从右侧退场。

（四）致辞

商务庆典活动通常由主办方领导和来宾代表致辞。贺词、答词应言简意赅，切忌长篇大论。

（五）安排节目

商务庆典活动结束后，主办方可安排一些有助于营造热烈气氛的节目，如舞狮、舞龙等。在允许燃放鞭炮的地区，主办方还可以燃放鞭炮，以营造喜庆的气氛。此外，主办方还可以请乐队进行演奏。

（六）安排其他活动

主持人宣布仪式结束后，主办方可以根据实际情况引导来宾参观企业的生产设施、服务设施，了解相关产品。主办方也可以举行简短的座谈会或请来宾在留言簿上留言，广泛征求意见。活动结束后，主办方还可以安排宴会，以答谢来宾。

（七）赠送礼品

主办方可以制作或准备纪念性的礼品，并赠送给来宾和自己的员工，使来宾有受到尊重的感觉，增强员工的主人翁意识。此外，主办方还可以根据商务庆典活动的具体内容开展大型促销活动等其他各类活动。

项目二　安排开放参观活动

一、开放参观活动概述

（一）开放参观活动的概念

企业为了让公众更好地了解自己，通常要求行政部门人员（尤其是秘书）组织一些开放参观活动。一般情况下，企业会邀请外部人员或内部员工家属来企业参观，使其增进对企业的生产和工作的了解，以达到宣传企业、扩大影响力的目的。举办开放参观活动是一项复杂的工作，但它可以使公众对企业产生兴趣和好感，增强企业的知名度和美誉度。

（二）举办开放参观活动的意义

企业如果能开展一些准备充分、富有特色的开放参观活动，将有助于塑造良好的社会形象，给公众留下美好而深刻的印象。

举办开放参观活动时，企业常常组织员工家属、新闻工作者、社区居民、学校师生和其他对企业感兴趣的公众对企业进行参观和考察，使其了解企业的生产经营状况。在国外，这种活动多在社区内举办。为了能与社区居民和谐相处，增强员工的归属感和自豪感，一些企业常常指定一年中的几个特定的日子作为活动日，安排员工家属、学校师生和社区居民参加企业的开放参观活动。企业可以借助这些机会宣传自己，表明自己的存在是有利于社会的，以得到公众的理解和支持，提高企业的社会认可度。

（三）举办开放参观活动的目的

企业应在举办开放参观活动前明确活动的目的，即企业想通过这次活动给参观者留下怎样的印象、达到什么样的效果。企业举办开放参观活动的主要目的有以下几个方面。

（1）提高企业的知名度和美誉度。

(2) 促进企业的业务拓展,加强和其他企业的业务合作。

(3) 拉近企业与社区和社区居民的关系。

(4) 增强员工或员工家属的自豪感。

(四) 开放参观活动的内容

企业要通过举办开放参观活动让参观者对本企业的历史、现状、全貌和特点有较为深刻的了解,从而增强参观者对企业的认同感。企业需要根据举办开放参观活动的目的来设计活动,安排开放参观活动的内容。开放参观活动通常包括以下三种。

(1) 情况介绍。情况介绍包括口头介绍、书面介绍和影像介绍。

(2) 现场观摩。企业可安排参观者参观工作现场。

(3) 实物展览。企业可安排解说员解说。

二、开放参观活动的前期筹备

(一) 选择举办开放参观活动的时间

企业最好在一些特殊的时间举办开放参观活动,如周年纪念日、开业庆典日等。在这些特殊的时间邀请相关人员进行参观可以体现特别的意义,也可以激发公众的兴趣,达到更好的宣传效果。开放参观活动的时间不要和重要节日或企业的重要活动发生冲突。在重要节日,大部分公众都有自己的安排;当企业举办重要活动或有重大的接待任务时,参观者看不到企业工作人员开展日常工作的场景,活动秩序也难以维护,这将严重影响企业的形象和参观效果。因此,企业应合理地安排开放参观活动的举办时间,同时还要考虑到气候的因素,较理想的活动时间是晚春和早秋。

(二) 成立筹备小组

开放参观活动能否获得成功在很大程度上取决于活动前的筹备工作是否到位,但开放参观活动的准备及接待工作较为烦琐与繁重,不可能由一两个人承担,这就需要企业成立专门负责筹备开放参观活动的小组。一般情况下,筹备小组中应至少有一名决策层的领导来做总协调人,筹备小组成员由相关部门的负责人和行政部门、人事部门的工作人员组成。领导可指定一两名秘书负责活动中的各种具体事项。

开放参观活动涉及的方面较多,很多工作需要企业内各部门及工作人员的配合,秘书应注意随时与有关部门及工作人员进行沟通,以加强合作与联系。

(三) 准备介绍材料

(1) 准备宣传小册子。秘书可以为参观者准备好印刷精良的宣传小册子。这类小册子应以简明、生动、深入浅出的语言介绍参观内容,并配有一定的图表和数据,尽量做到图文并茂。考虑到一般公众的文化水平和接受能力,其中的内容最好不涉及深奥的专业术语。

秘书应在参观之始将小册子发给参观者,使参观者在快速阅读后对参观内容有大致的了解。参观者在参观时还可以边看实物边进行对照,免去记录的麻烦。这些小册子可供参观者日后参考。秘书可通过参观者之手将小册子转送给未能亲自参加开放参观活动的人,这是一种十分有效的宣传方式,有助于提升企业的知名度和美誉度。

(2) 放映视听材料、观看模型。有些企业结构复杂、产品技术含量高,为了帮助参观者理解,秘书可以在参观者参观前放映事先准备好的录像、幻灯片,并作简短的介绍。

有的企业规模庞大、设施分布广,参观者不可能每处都参观,还有的设施不便于参观者参观。秘书可以事先请工作人员制作模型,供参观者观看。参观者观看完模型后,可以根据自己的需求选择几处自己认为重要的地方进行实地参观。

(四)做好其他准备工作

(1)挑选并培训解说人员。
(2)确定邀请对象,制作并寄发请柬。
(3)确定参观内容,选择参观路线。
(4)设立接待服务处。
(5)准备特殊的参观用品。
(6)准备礼品或纪念品。

三、开放参观活动的接待工作

开放参观活动当日的各项服务工作是秘书的重要工作之一。在开放参观活动举办期间,组织者及负责接待的秘书和工作人员应热情、主动地做好接待工作。秘书应做的具体工作有以下几个方面。

(1)引导参观者进入参观地点。
(2)引导参观,做好解说和接待工作。
(3)做好餐饮服务工作。
(4)解答参观者提出的问题。

四、开放参观活动结束后的相关工作

开放参观活动结束并不意味着负责此项工作的秘书完成了所有的工作,秘书还应做好以下几项工作。

(一)分发纪念品、征求参观者意见

活动结束后,秘书应分发纪念品。秘书可在购买纪念品前事先征求参观者意见,不能随便购买纪念品。

(二)做好欢送工作

(1)准确掌握参观者离开的时间。一般来讲,当参观者到来时,负责接待的秘书就应准确了解参观者的离开时间,并提前落实好有关工作。在参观活动结束后,负责欢送的人员应在参观者离开前送别参观者,如有欢送仪式,相关工作人员应在仪式开始之前提前到达现场。

(2)确定欢送的规格。秘书应根据参观者的身份、地位及参观者所在企业和本企业的业务关系的重要程度来确定欢送的规格。一般来说,欢送参观者的规格、陪车的次序及献花的方式应与迎接参观者时相同。如果有特殊情况(如需要临时变更日程),秘书必须向参观者解释清楚。

(3) 与参观者道别。活动结束后，秘书应礼貌地送别参观者，提醒和帮助参观者拿好自己的物品，并根据参观者的地位，将参观者送至电梯间、公司大门口或将参观者送上车。在参观者乘坐交通工具离开现场之前，秘书应与参观者一一握手道别，以礼貌、谦和的态度欢迎参观者再次光临，等到参观者所乘坐的交通工具离开视线后再转身离去；秘书与领导一起送别参观者时，秘书要站在领导的后方。

项目三 安排商务谈判

一、商务谈判概述

（一）商务谈判的概念

商务谈判是企业开展经济贸易活动的重要手段，是当事人之间为实现一定的经济目的、明确各自的权利义务关系而进行协商的行为。随着社会经济的发展，人们需要不断地调整彼此之间的利益关系、协调彼此的行为，所以商务谈判在企业经营管理活动中的地位变得越来越重要。商务谈判的目的是通过谈判的方式来维系或改善各方之间的关系，满足各方的利益需要。一场成功的商务谈判可以使各方的利益要求都得到满足，使各方的利益在一定程度上达到平衡。因此，在一场成功的商务谈判中，每一方都是胜利者，只有这样，良好的关系才能得到巩固和发展。组织商务谈判的人员需要了解谈判的原则、谈判的一般程序、谈判的准备工作、谈判的常用策略等内容。

商务谈判往往由谈判当事人、谈判标的和谈判议题三个要素构成，三者缺一不可。谈判当事人由谈判各方派出，当事人是谈判的主体，当事人对商务谈判的成败起着很重要的作用。当事人只有对各方的情况有比较全面的了解，采取最佳的应对策略，才能在谈判过程中处于优势地位。谈判标的是谈判各方共同关注的东西，它可能是商品、技术、工程项目等。谈判议题是谈判各方关心并且希望解决的问题，当事人希望通过谈判达成共识，从而使问题得到解决。

商务谈判是一项系统性非常强的工作，需要谈判各方根据谈判内容并结合自身实际情况采取科学的策略，这样才能使商务谈判顺利地进行下去。同时，谈判各方也需要真诚合作、相互协商，只有这样，商务谈判才会有一个圆满的结果。

（二）商务谈判的原则

(1) 自愿原则。商务谈判的自愿原则是指当事人是出于对自身利益目标的追求和互补互惠的意愿来参加商务谈判的，而非受他人指使。谈判各方都应当有独立的判断能力，能够按照自己的意志在谈判中就有关权利和义务作出决定。同时，只有坚持了自愿原则，谈判各方才会有合作的诚意，各方才能获得满意的谈判结果。

(2) 平等原则。平等原则是指在商务谈判中无论谈判各方的经济实力是强还是弱、组织规模是大还是小，其地位是平等的。在商务谈判中，谈判各方对交易项目及交易条件拥有同样的否决权，协议只能在谈判各方意见一致的情况下才能达成，不能由一方决定或者少数服从多数。谈判各方必须充分认识到这种权利和地位的平等，自觉贯彻平等原则。任何一方都不能以强凌弱，把自己的意志强加于人。

(3) 灵活机动原则。商务谈判的过程是一个需要谈判各方不断思考的过程。谈判各方需要灵活使用各种谈判技巧,预测对方内心的想法与策略,使自己在谈判过程中始终占据比较有利的位置。

(4) 求同存异原则。求同存异是商务谈判取得成功的关键。谈判各方必然会对协议中的某些条款持有不同的意见,这就要求各方从大局着想,把取得共同利益作为出发点,用友好协商的态度来解决问题。谈判各方要把谈判对象当成合作伙伴,而不是敌人;要把眼光放长远一些,通过牺牲部分利益来换取长远利益,增加共同利益,使双方都成为赢家。

(5) 坚持客观标准原则。客观标准是指人们都需要遵守的社会标准,如法律规定、行业标准、通行的惯例,其中也包括职业标准、道德标准等。

在商务谈判中,如果谈判各方都能以坚持客观标准为原则,那么谈判各方所提出的要求和条件就会是比较客观、公正的,谈判各方的矛盾与冲突也可以得到公正的解决。这有助于谈判各方避免无谓的争执,也有助于谈判各方冷静而客观地分析问题、达成协议。此外,这还有助于谈判各方在执行阶段主动、积极地履行相关义务。

二、商务谈判的准备工作

(一) 收集与谈判有关的信息

1. 所要收集的信息的主要内容

(1) 环境信息。任何谈判都是在一定的社会环境中进行的,谈判所处的环境是影响谈判成败的重要因素。因此,在谈判开始之前,谈判人员必须收集和分析以下环境信息。

① 政治环境信息。谈判人员必须了解对方所处的政治环境。一般来说,国内企业的政治风险的高低主要与领导班子的团结程度和稳定性有关。如果谈判对手是国外企业,谈判人员要了解对方国家的政治制度、政治体制、政府的政策倾向、政策的稳定性等。

② 法律制度信息。谈判人员应了解与商务谈判有关的法律法规,如《中华人民共和国公司法》《中华人民共和国商标法》等。

③ 商业习惯信息。谈判人员应了解谈判对手的商业习惯,如语言、礼节、谈判流程等。

④ 社会文化信息。社会文化信息主要包括教育、宗教信仰、生活方式、社会习俗等方面的信息。

(2) 市场信息。市场信息主要包括产品需求信息、产品销售信息和产品竞争情况。

① 产品需求信息。产品需求信息包含产品的市场需求总量、需求结构、需求的满足程度、潜在的需求量等方面的情况。摸清目标市场上消费者的消费心理和消费需求、掌握消费者的消费意向、客观估计产品的竞争力有利于谈判人员和谈判对手讨价还价,取得更好的经济效益。

② 产品销售信息。产品销售信息包括产品在过去几年的销售量和销售总额、价格变动情况、产品的发展趋势等。调查销售情况可以使谈判人员从大体上掌握市场容量,了解产品的销售数量和市场认可度。

③ 产品竞争情况。产品竞争情况包括目标市场上竞争对手的数量和生产规模、竞争产品的性能和价格水平、竞争对手所使用的销售组织形式和所提供的售后服务,以及竞争产品的市场占有率。通过调查,谈判人员能够掌握竞争对手的基本情况,寻找对方的弱点,预测己方产品的竞争力,在谈判中灵活调整谈判策略。

(3) 谈判对手的有关信息。在正式谈判前,掌握谈判对手的有关信息也非常重要。如果谈判人员事先不了解谈判对手,谈判的困难程度和风险程度是可想而知的。

① 资信情况。谈判人员应了解谈判对手的资信情况,包括对方是否具有签订合同的合法资质、对方的商业信誉和履约能力。

② 对方的谈判风格。了解谈判对手的谈判风格有助于谈判人员预测谈判的发展趋势和对方可能采取的策略,也有助于谈判人员制定己方的谈判策略。不同的谈判对手的谈判风格千差万别。因此,谈判人员应尽可能多地了解谈判对手的个人情况,如谈判对手的年龄、职务、性格特征、兴趣爱好、业务能力、工作经验等,通过在谈判中的接触和观察或通过向与对方打过交道的人了解相关情况来分析对方的谈判风格。

(4) 对谈判各方谈判实力的判定。谈判实力影响着谈判各方在谈判中的相互关系、地位和谈判的最终结果。通常来说,影响谈判实力的因素有以下几个方面。

① 交易内容对谈判各方的重要程度。一般来说,交易对某一方越重要,某一方越希望成交,该方的谈判实力就越弱;反之,该方的谈判实力就越强。例如,在业务洽谈过程中,若卖方的产品较为紧俏,而买方又急于购买此产品,卖方的谈判实力就会更强,因为卖方不愁货卖不掉,而买方因担心买不到货而着急,买方的谈判实力显然更弱。

② 谈判各方对交易内容与交易条件的满意程度。某一方对交易内容与交易条件的满意程度越高,该方在谈判中越不占优势,也就是说其谈判实力就越弱。

③ 竞争的形式。业务往来中经常存在多个买主对应多个卖主的情况。如果多个卖主对应较少的买主,即形成了买方市场,这时无疑是买主的谈判实力更强,反之亦然。

④ 对商业行情的了解程度。如果谈判中的某一方对商业行情了解得更多、更细致,该方在谈判中就处于更有利的地位,其谈判实力就更强。

⑤ 企业的信誉和影响力。企业的商业信誉越好,社会影响力越大,该企业的谈判实力就越强。

2. 收集信息的主要途径

(1) 通过大众传媒收集信息。

(2) 通过查询专业机构平台所提供的数据收集信息。

(3) 通过参与各类会议收集信息。

(4) 通过询问知情人士收集信息。

(5) 通过建立情报网收集信息。

(二) 制订谈判方案

制订谈判方案需要谈判人员在谈判开始前对谈判目标、议程、对策进行分析。谈判方案是指导谈判人员行动的纲领,在整个谈判过程中起着重要的作用。

一个好的谈判方案应当简明、具体、灵活。谈判方案应尽可能简明,便于谈判人员记住其主要内容与基本原则,以便谈判人员能根据谈判方案的要求与对方周旋。同时,谈判方案的内容必须具体、清晰,否则谈判方案会显得空洞、含糊,使谈判人员不知所措。此外,谈判方案还必须具有灵活性,使谈判人员能在谈判过程中根据具体情况灵活地采取相应的措施。

一般来说，谈判方案应包括以下内容。

1. 谈判主题和谈判目标

谈判主题是谈判活动的中心，整个谈判过程都应紧紧地围绕这个主题进行。谈判目标是谈判人员期望通过谈判达到的目的。谈判方案应说明为什么谈判各方要坐在一起进行谈判。例如，为了探讨双方合作或交易的可能性，解决经济纠纷，签订有关一笔交易的协议等。任何一场谈判都应以目标的实现为导向，因此，谈判准备工作的关键是确立谈判目标。

谈判目标一般可分为三个层次。

（1）必须达到的目标。该目标也叫临界目标，它是商务谈判中的最低目标，谈判对手没有讨价还价的余地，宁可谈判破裂，谈判人员也不能放弃这一目标。

（2）可能达到的目标或可以接受的目标。该目标是谈判人员在谈判中可以努力争取或者可以作出让步的目标。谈判各方的讨价还价多在这一层次展开。谈判人员只有在万不得已时方可考虑放弃该目标。

（3）最高目标。该目标也叫期望目标，它是谈判人员在谈判中追求的最高目标，谈判人员应当尽可能达成该目标。当然，必要时谈判人员是可以放弃该目标的。

2. 谈判议程

谈判议程即谈判的议事日程。谈判议程涉及谈判时间的安排和谈判各方就哪些内容展开谈判。谈判议程的安排通常涉及以下几个方面。

（1）谈判时间的安排。安排谈判时间时，谈判人员应考虑谈判在什么时间举行、时间的长短、各个阶段的时间如何分配、议题的顺序等。安排谈判时间是安排谈判议程的重要环节。如果谈判时间被安排得很仓促，谈判人员准备不充分，匆忙上阵，谈判各方就很难沉着冷静地在谈判中实施各种策略。如果谈判时间被安排得很拖沓，就会耗费谈判各方大量的时间和精力，而且随着时间的拖延，各种环境因素都会发生变化，谈判各方还会错过一些重要的时机。

（2）谈判议题的确定。谈判各方要确定谈判的事项、先后次序以及探讨每个事项所占用的时间。

（3）谈判对策的选择。在谈判开始前，企业可组织谈判人员根据本次谈判的外部环境（如政治环境、经济环境等）和双方的具体情况（如谈判能力、经济实力、谈判目标等）对谈判各方的需要进行讨论，并明确不同的情况下应当选择的谈判策略。

谈判人员可选择的谈判策略有很多，如开局策略、报价策略、磋商策略、成交策略、让步策略、打破僵局策略、进攻策略、防守策略、语言策略等。谈判人员要预测在谈判过程中可能出现的情况并事先做好准备，做到心中有数。

(三) 选择谈判地点、布置谈判场地

1. 选择谈判地点

谈判地点的选择会对谈判战术的运用产生影响。一般而言，谈判地点可以是己方根据地（主场）、对方根据地（客场），或者是两者之外的中立地。这三种选择各有利弊。

（1）主场谈判。

主场谈判的具体优点如下。

① 心理优势。谈判人员对谈判地点比较熟悉，具有安全感，信心十足。

② 精力优势。谈判人员可以逸待劳，不必熟悉或适应环境。

③ 配合优势。谈判人员可随时与本企业人员进行沟通，谈判遇到意外情况时，可以直接向上级请示；谈判人员如果需要深入研究某个问题，还可随时收集和查询有关资料。

④ 成本优势。谈判人员可以节省去外地谈判的费用和旅途时间，降低谈判成本。

主场谈判的具体缺点如下。

① 谈判可能受到其他事务的干扰。

② 谈判人员要承担烦琐的接待工作。

③ 对方容易找借口，逃避自己应当承担的责任和义务。

（2）客场谈判。

客场谈判的具体优点如下。

① 谈判人员可以专心地进行谈判，不受其他事务的干扰。

② 谈判人员能越级，同对方的领导直接进行谈判。

③ 谈判人员能在现场观察对方的经营情况，易于获取第一手资料。

④ 谈判人员可在必要时以资料不全为理由拒绝提供有关资料。

客场谈判的具体缺点如下。

① 谈判人员在谈判中遇到意外时和上级沟通较为困难。

② 谈判人员对环境陌生，不便于获取临时需要的有关资料。

③ 在谈判场所、谈判日程的安排上处于被动。

（3）中立地谈判。在中立地谈判可使谈判各方在心理上感觉谈判更为公平，有利于缓和双方的关系。但由于谈判各方都远离自己的根据地，在中立地谈判会给谈判人员的物质准备工作、资料收集工作带来诸多不便，因而谈判人员较少在中立地谈判。

2．布置谈判场地

选择环境优美、条件优越的谈判地点并巧妙地布置谈判场地能为谈判人员带来良好的心理感受，不仅能显示出己方热情、友好的态度，也能使对方对己方产生好感，这有助于营造和谐的谈判气氛。

（1）谈判地点的选择。谈判地点应满足以下两个方面的要求。

① 交通便利，便于谈判人员前往。

② 环境舒适、安静。相关人员应选择宽敞、整洁、舒适的谈判场所。谈判场所应具有良好的通风条件和采光条件，相对安静，避免受到外界的干扰。

（2）谈判场地的布置。谈判场地的布置及座位的安排是否得当往往会影响对方对己方的第一印象，这是检验本企业和谈判人员素质的标准之一。有些企业会根据谈判场地的布置情况来判断对方对本次谈判的重视程度和对方的诚意。谈判场地应配有计算机、打印机、投影仪等办公设备，便于谈判人员开展工作。

（3）谈判室的安排。相关人员最好能安排两间谈判室，一间作为主谈室，另一间作为备用室；有可能的话，相关人员可再预留出一间休息室。相关人员最好在谈判室旁准备一两间小房间，以便于谈判人员协商保密事项。

作为谈判的主要场地，主谈室应当宽敞、舒适、光线充足，并配备应有的设备和接待用品。若未征得对方同意，主谈室不要安装录音、录像设备，因为这会增加谈判人员的心理压力，谈判人员的言行举止都会因此而谨小慎微，大家很难畅所欲言。

备用室是双方都可以使用的会议室,它既可以作为某一方的谈判小组进行内部协商的场所,又可供谈判各方进行小范围的讨论。备用室最好能靠近主谈室,其内部也要配备相应的设备和接待用品。

休息室应被布置得整洁、舒适。条件允许的话,相关人员也可以为休息室适当配备一些娱乐设施,以便让谈判人员感到放松。

(4) 谈判座位的安排。谈判座位的安排也值得相关人员认真考虑。

最常见的排位方法是双方人员各坐在谈判桌的一边,这种排位方法容易使谈判人员获得安全感,便于谈判人员查阅一些不想让对方看到的资料,谈判人员也可以就近和本方谈判人员交换意见,但这种排位方法容易凸显双方的冲突感和对立感。

在商务谈判中,长方形条桌较为常见。谈判座位的排位方法如图2-8、图2-9所示。

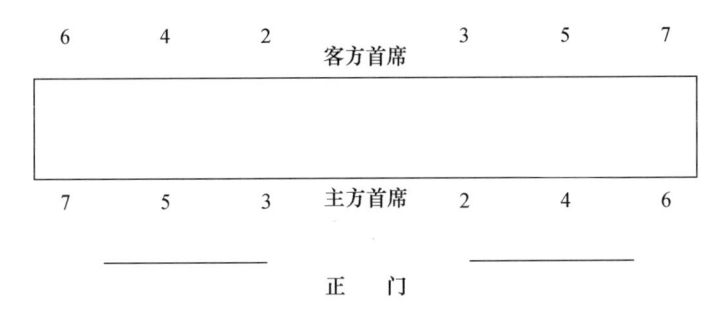

图 2-8　采用长方形条桌时谈判座位的排位方法(1)

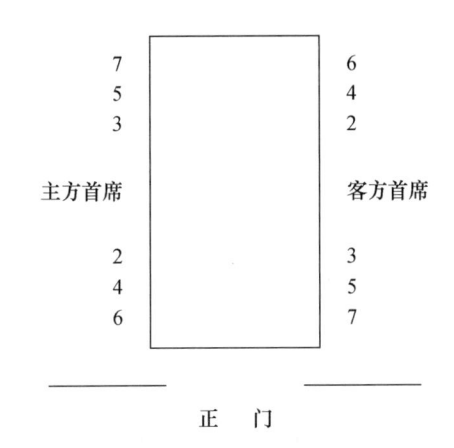

图 2-9　采用长方形条桌时谈判座位的排位方法(2)

根据图 2-8 所示,主方应坐在背门一侧,客方则面向正门而坐,主方首席或负责人居中而坐。我国及大多数国家习惯把翻译安排在主方首席或负责人的右侧(即第二个席位上),但也有少数国家让翻译坐在后面或左侧。

根据图 2-9 所示,若谈判桌的一端向着门,则以正门的方向为准,客方坐在右侧,主方坐在左侧。座位的安排也依据"以右为上"的原则。

各方谈判人员也可随意就座。这种排位方法能减少对立感,体现双方目标一致的指导思想,有利于形成轻松、友好的气氛;但这种排位方法不利于谈判人员在内部进行信息的传递,不利于主方首席对本方人员的言行进行控制。如果谈判人员事先没有做好这方面的心理准备,这种排位方法还会使谈判人员产生被包围、被孤立的感觉。

总之,谈判场地的布置及座位的安排都应该为谈判的总目标服务,并根据谈判各方之间的关系、己方谈判人员的素质和谈判实力等因素而定。

三、商务谈判的开局阶段

(一)谈判气氛的营造

谈判气氛直接影响谈判人员的心理、情绪和行为,进而影响谈判的发展。有实力的谈判人员总能通过有意识、有目的地营造谈判气氛来实现他们的谈判目的。开局阶段的谈判气氛通常最为关键,所以谈判人员应尽可能在开局阶段营造有利于谈判的气氛。

1. 谈判气氛的类型

不同类型的谈判都因谈判内容、形式、参与人员及地点的不同而有独特的气氛。谈判气氛大致有以下四种。

(1)冷淡、对立,甚至充满敌意。

(2)效率低下、松松垮垮、节奏很慢。

(3)热烈、积极、友好。

(4)平静、严肃、严谨。

谈判人员需要根据谈判内容和谈判对手的情况对谈判气氛进行调整。这种气氛一般在谈判各方见面后的极短时间内就形成了,而且整个谈判都会受到这种气氛的影响。

商务谈判讲究谈判各方互惠互利,谈判人员应营造一个轻松、愉悦的气氛,共同努力签订一个让各方满意的协议,因此,使谈判成为一件轻松、愉快的事情是开局阶段的首要任务。

2. 影响谈判气氛的因素

谈判气氛受到多种因素的影响,如政治形势、经济形势、市场变化、实力差距等。对谈判气氛产生直接影响的主要是环境、时间、情感与行为。主观因素对谈判气氛的影响是最为直接的。谈判人员的气质、风度、形象、服饰、表情、姿态、动作、说话的语气、对话题的选择等都对气氛的形成起着关键作用。

3. 营造良好开局气氛的方法

营造和谐、融洽的开局气氛能够为即将开始的谈判奠定良好的基础。良好的开局气氛可以传达谈判各方友好合作的态度,化解谈判各方的抵触情绪。谈判人员都愿意在良好的气氛中谈判。

想要营造良好、和谐的气氛,谈判人员应该做到以下几点。

(1)把握开场白的节奏。一般来说,开门见山式的谈判容易使谈判各方产生不安的情绪。在正式讨论议题之前应该谈些什么问题呢?讨论中性话题最为合适,这些话题容易引起大家的共鸣,有利于营造和谐的气氛。中性话题通常包括各自的旅游经历、新闻、业余爱好等。对于有过交往的老客户,谈判人员可以谈论以往的合作经历和取得的成绩,也可以谈论天气情况或表达私人问候。

开场白阶段实际上是过渡阶段,因此该阶段不能冷场。开场白也不宜太长。谈判人员应注意节奏,使谈判既轻松又高效。

(2) 举止自然得体,注重面部表情。作为人体语言的一种重要形式,人的姿势和动作具有很强的感染力。例如,有的人认为在初次见面时握手较为有力是友好的表示,并因此产生一种亲切感;而有的人可能觉得这种行为比较刻意,并因此产生厌恶之感。因此,谈判人员应事先了解每位谈判人员的背景与性格特点,根据不同的情况采取不同的做法。

一般来说,谈判人员可以从对方流露的表情来判断其对谈判的态度。因此,谈判人员应时刻注意自己的表情和眼神,尽量表现出友好、合作的态度。

(3) 把握破题时机。破题是指谈判各方由见面时的介绍和寒暄转入实质性谈判的过程。谈判人员可以通过破题了解对方的性格、态度、意向、风格、经验。如果对方在破题时瞻前顾后、优柔寡断,谈判人员可以断定其经验不足;反之,如果对方在开局阶段从容不迫,设法调动己方的积极性,消除己方的疑虑,或想方设法探测己方的实力,谈判人员则可以断定对方是一名行家。

破题时,谈判人员切忌离题太远,应尽量将话题集中于谈判目标、计划、进度和人员这四个方面,就这四个方面充分交换意见并达成一致。最为理想的方式是以轻松、愉快的语气讨论谈判各方容易达成一致的话题。例如:"我们先确定一下今天的议题如何?""我们先商量一下今天的大致安排怎么样?"如果对方急于求成,一开局就喋喋不休地大谈实质性问题,己方应尽量将话题引到谈判目的、谈判议程上来。

(二) 开场陈述

1. 开场陈述的目的和任务

在开场陈述阶段,谈判各方需要就本次谈判的内容陈述各自的观点、立场和建议。

开场陈述的目的是使谈判各方理解彼此的想法,陈述的内容既要体现一定的原则性,又要体现合作性和灵活性。

在开场陈述阶段,谈判各方应把本次谈判所涉及的内容全部提出来,了解对方对本次谈判所持有的态度、立场和观点,在此基础上就一些原则性问题发表建设性意见或建议。

2. 开场陈述的内容

(1) 已发生的事件,己方对事件的掌握情况,己方认为本次谈判涉及的主要问题。

(2) 己方希望通过谈判获得哪些利益。

(3) 己方的基本利益,哪些方面对己方来讲是至关重要的。

(4) 己方可作出的让步和需要商谈的事项,可以采取何种方式为双方的共赢做出贡献。

(5) 己方的原则,过去的合作经历,在今后的合作中可能出现的机会或障碍。

3. 开场陈述阶段的注意事项

(1) 发言要简单、突出重点,恰如其分地表明意图、感情倾向即可。

(2) 最好以真诚的态度和轻松的方式表达自己的意见、观点和立场。

(三) 开局阶段的禁忌

为了在开局阶段给对方留下良好的印象,谈判人员必须注意以下几个方面的禁忌。

1. 在营造恰当的洽谈气氛之前就迅速进行实质性洽谈

谈判各方在见面后马上进行实质性洽谈是不利于谈判的。为了使谈判取得成功,谈判人员需要营造一种友好的气氛,这需要一定时间的磨合。

2. 不注重个人形象

不注重个人形象会给对方留下不好的印象,影响洽谈气氛,所以谈判人员应当避免以下情形。

(1) 神态紧张,优柔寡断,疲惫不堪。

(2) 着穿随意,不得体。

(3) 动作、语言、表情不自然。例如,握手时犹豫是否要伸手、握手无力,与对方接触时目光闪躲、游离等。

3. 权利分配不合理

人们常常对有关权利的问题十分敏感,处理不好会破坏谈判的气氛,甚至可能导致整个谈判的失败,因此,谈判人员在开局阶段应特别注意这个问题。谁准备第一个发言、谁在谈判议程中起主导作用、谈话时间如何分配都是开局阶段的关键问题。

谈判各方通常拥有均等的发言机会,谈判人员切忌说话时滔滔不绝,不听取对方的意见,这样做会破坏谈判的气氛。

四、商务谈判的磋商阶段

(一) 明示阶段与报价阶段

1. 明示阶段

在明示阶段,谈判人员需要将有待解决的问题提出来。谈判人员既要考虑己方的需要与目标,也要适当考虑对方的需求和目标。

谈判的过程就是提出需求的过程。对方想表达什么?对方想要什么?对方真正的目的是什么?谈判人员需要不断地对这些问题的答案进行预测和判断。

己方不应当在谈判一开始就提出全部的需求,有经验的谈判人员会根据谈判的气氛和谈判的紧张程度适时提出己方的需求。提出需求时,谈判人员必须考虑到己方的地位、实力及前期谈判的状况,否则其提出的需求不会受到重视。

2. 报价阶段

经过明示阶段,实质性的问题都展现在谈判人员面前。接下来,谈判人员就要进行价格磋商了。

在报价阶段,谈判人员需要商讨产品的要价,商讨内容还涉及谈判一方向对方提出的有关产品数量、产品质量、包装、保险、索赔等方面的要求。

报价和价格磋商是谈判的重要组成部分。在谈判过程中,卖方的初次报价通常是最高的可行价格,而买方的初次报价通常是最低的可行价格。初次报价结束后,谈判各方给价格谈判设置了上限和下限,这也会影响对方对己方潜力的评价。因此,谈判人员在报价前要进行周密而审慎的分析,在确定报价时分析对方的意图、谈判风格、谈判心理等因素。

在谈判中,哪方先报价往往是不确定的,先报价和后报价都各有利弊。例如,先报价的一方会首先设定谈判的框架,该方就会比较被动,后报价的一方会打压先报价的一方,而先报价的一方往往不知道对方的底牌。后报价的一方虽然可以根据对方已经开出的价格来确定自己准备给出的价格,但如果对方寸步不让,后报价的一方也无济于事。

(二) 讨价还价前的准备

1. 探明报价的依据

谈判人员应探明对方的报价理由和依据。评价方应询问报价方报出的每个条件的理由和依据,并尽可能引导报价方就各个条件的重要性及变动的可能性进行陈述。谈判人员应探明对方的真正意图。报价方回答评价方的各项问题时,评价方应仔细倾听并认真做好记录,从报价方的陈述中捕捉其透露出的信息。在听取了报价方的意见后,评价方应适时、适度地阐述己方的立场,简明扼要地说明己方的理由和依据,要"少言多听"。

2. 判断谈判中出现的分歧

谈判中出现的分歧一般分为三类。

(1) 想象的分歧。这种分歧是由一方没有很好地理解对方的要求和立场、不信任或误解了对方的报价或解释而造成的。

(2) 人为的分歧。这种分歧是一方为了达到某个目的有意设置障碍而造成的分歧。

(3) 实质性分歧。这种分歧是原则性的、涉及根本利益的分歧。对于这种分歧,谈判人员要反复研究作出某种让步的可能性,并作出是否让步的决定。

3. 分析对方的真正立场

评价方在还价前要认真分析,哪些条件可能被对方接受,哪些条件是对方不太可能接受的,哪些条件是对方急于讨论的,在价格和其他主要条件上对方的谈判实力如何,有可行性的成交条件是什么,双方都可以接受的交易条件是什么。

报价方报价后,评价方要对谈判形势进行分析。谈判人员要在弄清对方期望的基础上分析如何在满足己方需要的同时兼顾对方的利益。谈判人员要认真分析哪些条件是不能让步的,哪些是可以磋商的,双方的真正分歧在哪里,什么是对方的谈判重点,哪些条件是对方可以接受的,哪些条件是对方急于讨论的,对方讨价还价的实力如何。如果谈判各方存在很大的分歧,己方可以要求对方重新报价或终止谈判。

(三) 讨价

谈判中的讨价是指在一方提出报价后,另一方认为这个报价离己方的期望目标有差距,因此要求对方修改报价的行为。

1. 讨价的方式

讨价的基本方式有两种,即全面讨价与具体讨价。两种方式各有其用,谈判人员应根据具体条件使用不同的讨价方式。

(1) 全面讨价。进行全面讨价时,谈判人员对首次报价进行评论或分析后,通常会要求对方对价格进行整体的调整或重新设定价格。

全面讨价的方式应根据对方的态度和报价的虚实程度而定。一般来说,评价方讨价的说法为"请就我方刚才提出的意见报出贵方的改善价格""贵方已听到我们的意见,若不能重新报出能体现贵方诚意的价格,我们的交易将难以成功"。以上两种说法表明了评价方不同的讨价态度,其最终目的是要求对方重新报价。

(2) 具体讨价。具体讨价是指评价方要求对方重报分项价格,常用于谈判对手第一次或第二次改善价格之后,以及不易采用全面讨价的方式且谈判对手坚持要求评价方进行具体讨价的情况。

具体讨价应体现针对性和具体性。谈判人员应坚持具体问题具体分析,在实际操作中,可将具体的讨价内容分为几类。例如,对于有关购买设备的谈判,谈判人员可针对设备部分进行讨价,也可针对设备技术进行讨价。谈判人员一般先对利润大的项目进行讨价。

2. 讨价的程序

讨价的一般程序为:全面性讨价—针对性讨价—全面性讨价。

讨价是伴随价格评论进行的,故讨价应本着尊重对方的原则进行,以说理为主。谈判人员在讨价上要讲求策略,不断引导卖方降价,并为还价做准备。谈判人员的态度如果过于强硬,则可能使谈判过早陷入僵局,对谈判产生负面影响。在初期、中期的讨价阶段,谈判人员应保持平和的态度,通过说理为己方争取利益。

(四) 还价

报价、讨价和重新报价与还价的关系十分密切。一般来说,报价方进行了数次调价后,评价方应进行还价,以表示尊重。评价方在还价时一定要谨慎,还得好则可谈性强,对各方都有利;若还得不好,不但会使己方利益受损,还极易引起对方的反感和误解,对谈判不利。

1. 还价策略

还价策略的精髓在于"后发制人"。

(1) 寻找突破口。谈判人员应根据对方在己方讨价后给出的反应和己方所掌握的市场行情及商品比价资料,对报价内容进行全面的分析,从中找到突破口和报价中相对薄弱的环节,将其作为己方还价的筹码。

(2) 按最高目标还价。谈判人员应根据所掌握的情况对整个交易情况进行通盘考虑,预估出对方和己方的期望价格和保留价格,确定己方还价的最高目标,按最高目标进行还价。

(3) 制订备选方案,体现灵活性。谈判人员应根据己方的目标设计几种不同的备选方案,以保证己方谈判立场的灵活性,使己方能够在允许的空间范围内随机应变。

2. 还价的方式

从性质上看,还价一般包括两种方式。

(1) 按比价还价。按比价还价是指己方不了解产品本身的价值,便以与其相近的同类产品的价格或竞争产品的价格作为参考,并进行还价。采用这种还价方式时,谈判人员所选择的参照物应具有可比性,只有比价合理才能使对方信服。

(2) 按分析的成本还价。按分析的成本还价是指己方计算出产品的成本,在考虑成本和利润的基础上进行还价。这种还价的关键是成本计算的准确性,成本计算得越准,谈判人员给出的理由就越有说服力。

还价还可分为单项还价、分组还价和总体还价。

(1) 单项还价。单项还价是指谈判人员对所谈标的物的每个具体项目进行还价。如果所谈标的物是成套的设备,谈判人员应对主机、辅机、配件等不同项目进行还价。

(2) 分组还价。分组还价是指谈判人员把所谈标的物划分成若干项目,并按所含水分的多少对项目进行分组,然后逐一进行还价。

(3) 总体还价。总体还价又叫一揽子还价,是指谈判人员对所谈标的物进行全面还价。

一般来说,哪种还价方式对己方有利,谈判人员就采用哪种还价方式。具体来说,选择按比价还价还是按分析的成本还价取决于谈判人员手中掌握了多少比价材料。如果比价材料丰富且准确,谈判人员自然应当选择按比价还价;反之,谈判人员就要选择按分析的成本还价。

如果卖方给出了明确的价格,买方手中的比价材料丰富,卖方成交心切,买方有耐心及时间,采用单项还价的方式对买方更有利。如果卖方解释不足,买方掌握的比价材料少,且卖方有成交的信心时,采用分组还价的方式对双方都有利。

(五)评估与调整

在谈判的磋商阶段,谈判人员应根据谈判的发展变化对谈判的方案、策略、人员安排等进行分析、评价和调整,以适应不断变化的谈判形势。

在评估过程中,谈判人员需要结合谈判实际对己方获得的信息重新进行分析和研究,以确定哪些信息是真实的,哪些信息是虚假、无用的。谈判人员应当把在谈判中获得的有用的信息整理成谈判资料,并剔除那些虚假、无用的信息。

在谈判过程中,如有必要,负责人应及时调整谈判人员,换下业务能力差的谈判人员,以增强己方的谈判力量,但负责人同时也要注意保持谈判班子的稳定性。

在整个谈判的磋商阶段,秘书要做好谈判记录,填写情况汇报表,以供会后研究时调整谈判策略。谈判记录还可以作为向领导请示的材料和草拟协议的原始资料。秘书完成谈判记录后要与谈判班子进行核对,以保证记录的内容全面、准确;必要时,谈判记录还需要经谈判各方过目、签字。

五、商务谈判的成交阶段

谈判的成交阶段也是谈判的最后一个阶段,经过一段时间的讨价还价后,谈判往往取得了很大的进展。谈判各方逐步达成一致时,谈判人员仍不能放松警惕,可能还有一些细节问题需要谈判人员注意。谈判人员一定要在谈判的最后阶段做到善始善终,急于求成会导致前功尽弃、功亏一篑。

(一)注意成交信号

任何谈判都不可能是无休止的,把握成交时机尤为重要。什么时间结束谈判、怎么结束谈判、采用什么样的技巧来结束谈判都会对谈判结果产生重要影响。

当有谈判人员希望结束谈判时,其他谈判人员就要注意到成交的信号,把握成交时机。如果谈判各方都对交易内容表示满意,已经没有其他的争议点,谈判就可以结束了。

谈判结束时,谈判人员的语言一般要简单明了、直白,不要过于含蓄。谈判人员应尽可能以简洁的语言回应对方的问题。谈判人员应当语气坚定、不卑不亢,并且只做肯定或否定的回答。

(二)商务谈判结束前需要注意的问题

1. 对前一阶段谈判的回顾和总结

谈判人员应回顾、总结以下内容。

(1)是否所有的内容都已谈妥,是否还有一些未能解决的问题,最后应如何处理这些未解决的问题。

(2)谈判后确定的所有交易条件是否已经达到己方期望的交易结果或谈判目标。

(3)己方最后作出让步的项目和让步的幅度。

(4)己方采用何种特殊的收尾技巧。

2. 谈判记录的整理

秘书要认真整理谈判记录,包括谈判各方已达成共识的议题。对于谈判中的重要内容,秘书应整理成简报或纪要,向各方公布,得到各方的认可。这样可以确保谈判各方达成共识,避免出现违约的情况。这种文件具有一定的法律效力,能够在解决纠纷时起到一定的作用。

(三) 合同的起草

1. 起草合同时需要注意的问题

经过讨价还价,谈判各方已达成一致,但这必须通过签订合同的形式来体现。签订书面合同是谈判的重要组成部分,只有用法律认可的形式来体现谈判结果,明确双方的权利和义务,才能使谈判结果具有法律效力。

合同通常由秘书起草。秘书在起草合同时要注意:合同条款要符合法律法规的要求;对重要条款要认真斟酌、反复推敲;合同内容要具体,语言表述要严谨,措辞要明确、肯定,不能产生歧义。

2. 合同的格式和审核要求

合同一般由首部、正文、尾部、附件四个部分构成。

(1) 首部。首部包括合同编号、公司名称、地址、邮政编码、传真号码等信息。

(2) 正文。合同的正文部分是合同的主体部分,主要记录的是双方的权利和义务,表现为各项交易条件,这也是合同的核心部分。

(3) 尾部。合同的尾部一般包括签名、盖章、签约日期等。

(4) 附件。附件包括有关条款的说明性材料及相关证明材料。例如,如果双方签订的是商品的买卖合同,附件中应涵盖体现商品的全部情况的材料。附件是合同的组成部分,同样具有法律效力。

合同的主要条款涉及标的、数量、质量、价款或报酬、合同期限、履行地点、履行方式、违约责任、解决争议的方法等要素。合同中的各项交易条件必须相互衔接、保持一致。合同的各项条款要完备、明确、具体,而且各项条款不能相互矛盾。

签字人签字前,秘书还要对合同进行认真审核,包括合同条款中的术语、可能产生歧义的语言,避免引起误会。秘书要认真审核合同中易混淆的项目,防止今后因此产生纠纷。

3. 签字人的选择

合同的签字人不一定是谈判的负责人。在一般情况下,合同应由企业法人代表签字。

签字人的选择一般涉及以下三种情况。

(1) 若合同涉及金额较小,内容重要程度一般,属于经常性合同,经法人代表授权,可由业务员或部门经理签字。

(2) 若合同涉及金额较大,内容重要程度一般,属于经常性合同,经法人代表授权,可由部门经理签字。

(3) 若合同涉及金额较大,合同内容特殊或企业之前未签订过类似的合同,应由法人代表或法人代表授权的代理人签字。

签字能够体现谈判各方对履行合同的保证。对于复杂的合同或涉及面较广的合同,如大型涉外合同,可能还需要政府部门的代表在合同上签字。有关政府部门了解相关情况后,如果某一方在履行合同的过程中出现了问题,问题就容易得到解决。

项目四　安排签字仪式

一、签字仪式概述

签字仪式通常指签订合同、协议、条约的各方为合同、协议、条约的正式签订而举行的仪式。举行签字仪式不仅是对谈判成果的公开化、固定化，也是有关各方对自己履行合同、协议、条约所作出的一种正式承诺。它标志着各方之间的关系有了更大的进展，彼此之间达成了一致。因此，签字仪式往往受到各方人士的高度重视。

签字仪式一般较为隆重、正规，对礼仪方面的要求十分严格。举行签字仪式时，秘书除了要邀请各方代表，有时还要邀请各方的上级领导参加仪式。如果各方都未要求其他见证人参加签字仪式，秘书就不需要邀请他人参加签字仪式。谈判各方参加签字仪式的人员的级别、人数应大致相当，以合乎礼仪方面的要求；不能一方人数多、级别高，另一方人数少、级别低。

二、签字仪式的准备

签字仪式是一项很正规的活动，秘书要安排好签字仪式的程序，使签字仪式顺利进行。一般来说，在举行签字仪式之前，秘书应当注意以下几个方面。

（一）布置签字厅

签字厅可以是专用的，也可以用会议厅、会客室临时代替；但不管怎样，为了体现出签字仪式对于谈判各方的重要性，秘书在布置签字厅时要注意把握一个总体原则，即营造出庄重的氛围。

一个标准的签字厅应当铺设地毯，柔软的地毯可以减轻脚步声，有助于缓解代表们的紧张情绪，地毯应铺满整个签字厅。另外，除了必要的用于签字的桌椅以外，签字厅不需要其他的陈设。正规的签字桌应为长桌，供签字各方同时使用，以体现各方的平等地位，上面最好铺设深绿色的台布，显得庄重、大方。

按照签字礼仪，签字桌应被横放于室内，其后方可摆放适量的座椅。签署双边性合同时，签字桌后可放置两把座椅，供签字人就座。签署多边合同时，可以仅放一把座椅，供各方签字人签字时轮流就座，秘书也可以为每位签字人提供一把座椅。签字人就座时一般应当面对正门。

秘书应当事先在签字桌上摆放好待签的合同、协议或者条约，以及签字笔等签字时所必需的文具。秘书必须对签字笔进行检查和试用，千万不能出现签字时签字笔写不出字的尴尬局面。秘书一般可选用黑色签字笔。

与外方人士签署合同、协议或条约时，秘书还应注意在签字桌上插放各方的国旗。秘书必须按照礼宾序列插放国旗。签署双边性涉外合同、协议或条约时，秘书应将各方的国旗插放在各方签字人的桌前。

(二) 准备待签文本

依据接待礼仪,在正式签署文件之前,应当由签字仪式的主办方负责待签文件的准备工作。

举行签字仪式是一桩严肃而庄重的大事。在决定正式签署文件前,各方负责人就应当拟定正式文本,即不再做任何更改的标准文本。

签字仪式的主办方应会同有关各方指定专人共同负责合同、协议或条约的正式文本的校对。按照惯例,秘书应为需要在合同上签字的各方提供待签的正式文件。必要时,秘书还要向各方提供副本。

签署涉外的文件时,按照国际惯例,秘书还应为各方准备翻译为各方所在国家官方语言的正式文件。翻译文本内容时,秘书应反复推敲、字斟句酌,不要望文生义或因不解其意而乱用词语。

秘书应用精美的纸张印刷待签的有关文件,按一定的规格装订成册,其封面应当由高档材料(如真皮、金属、软木等)制作而成。

(三) 相关人员的服饰要求

按照规定,在出席签字仪式时,签字人、助签人及随员的着装一定要简约、庄重,不可过于前卫或标新立异。一般而言,相关人员应当身着深色西装套装、中山装套装或西装套裙,并配以白色衬衫与深色皮鞋,男士应系单色领带。

出席签字仪式的秘书及礼仪人员可以穿自己的工作制服或旗袍一类的礼仪性服装。

参加签字仪式时,秘书应当重视个人仪表,选择合适的发型。女性秘书不应佩戴过多的饰品,应以淡妆示人。

(四) 座次安排

从礼仪规范上来讲,签字仪式的座次排列应引起秘书的重视,因为它涉及签字各方的礼遇问题。秘书在安排座次时不可有怠慢之嫌,应突出签约各方的平等地位。

签字时各方代表的座次一般是由主办方事先排定的。一般而言,举行签字仪式时,座次排列共有三种基本形式,它们分别适用于不同的情况。

1. 并列式

并列式是举行双边签字仪式时最常见的座次排列形式。采用这种排位方式时,签字桌面向着门居中横放。出席签字仪式的主方和客方人员在签字桌的后面并排排列,双方签字人面门而坐。并列式的排位方式如图 2-10 所示。

客方随员席		主方随员席
客方签字人		主方签字人
	签字桌	
	门	

图 2-10　并列式的排位方式

2. 相对式

相对式的排位方式与并列式的排位方式比较类似。两者之间的主要差别是,采用这种排位方式时,双方的随员席移至签字人的对面。签字桌面向着门居中横放,双方签字人面门而坐,客方居右,主方居左。主方和客方出席签字仪式的随员则在签字桌的另一侧并排排列。相对式的排位方式如图2-11所示。

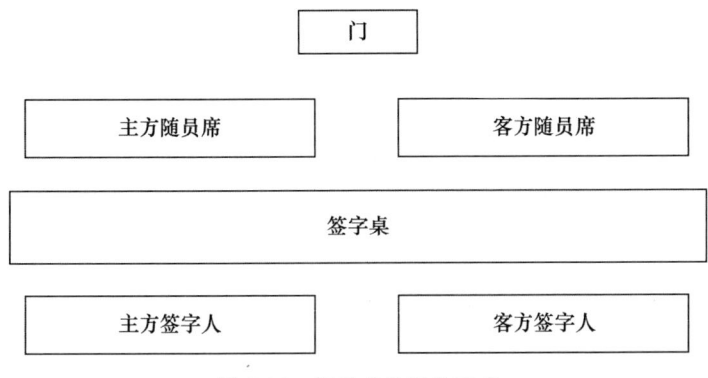

```
           门
  主方随员席    客方随员席
         签字桌
  主方签字人    客方签字人
```

图 2-11　相对式的排位方式

3. 主席式

主席式的排位方式主要适用于多边签字仪式。采用这种排位方式时,签字桌横放在室内。举行签字仪式时,各方所有的出席人员(包括签字人在内)皆应背对正门、面向签字桌就座。签字时,各签字人应按照规定好的先后顺序依次走到签字桌前就座并签字,签字后应退回原处就座。主席式的排位方式如图2-12所示。

```
             门
  各方所有的出席人员(包括签字人)
             签字桌
```

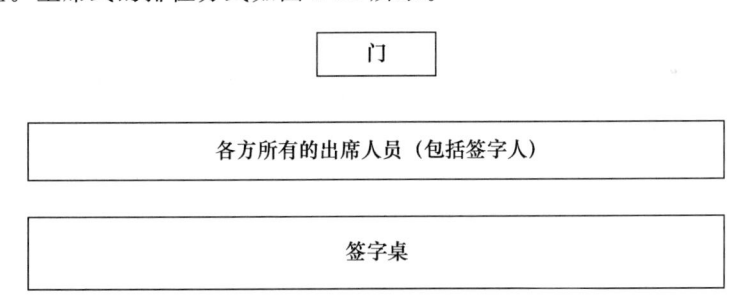

图 2-12　主席式的排位方式

三、签字仪式的程序

签字仪式的时长不是太长,但其程序必须规范。签字仪式一般包括以下四个步骤。

(一) 宣布签字仪式正式开始

签字仪式的第一个步骤是宣布签字仪式正式开始。此时,各方人员应先后步入签字厅,在各自既定的位置上正式就位。

(二) 签字人签署正式文件

签字人签署正式文件时,通常的做法是首先签署应由己方保存的文件,然后再签署应由他方保存的文件。此种做法通常被称为轮换制。对于签名在文件上的具体排列顺序,惯例是轮流使各方签字人的签名居于首位,以显示各方完全平等。

(三) 签字人正式交换各方签署完毕的正式文件

签署完毕后,签字人应交换正式文件。此时,各方签字人应起立并真诚地握手,以表示祝贺。签字人可互相交换方才用过的签字笔,以作纪念。全场人员应热烈鼓掌,以表示祝贺。

(四) 共饮香槟酒,互相道贺

签字仪式的最后一个环节是饮酒并互相道贺。所饮用的酒水应为香槟酒,应由主办方开启香槟酒,各方人员一般应在交换文本后当场饮上一杯香槟酒,并与他人干杯。这是在国际上通行的一种做法。

若条款中约定正式签署后的合同需要接受公证,秘书应将合同提交给有关方面进行公证,公证后合同才能正式生效。

项目五　安排商务旅行

一、商务旅行前的准备工作

商务旅行是商务活动中的一项重要内容。商务旅行主要指为开展商务活动(如谈判、签约、考察等)而安排的旅行。秘书应为领导的商务旅行做好一系列的服务工作。

(一) 制订商务旅行计划、编制旅程表

1. 制订商务旅行计划

掌握对企业发展有益的信息、寻找更好的营销伙伴、使企业在国际市场上保持领先地位是企业安排商务旅行的重要目标。秘书要为领导的商务旅行提供优质的服务,秘书的重要工作之一就是制订一份合理的商务旅行计划,使领导在有限的时间内能有条不紊且高效地完成预定任务。

在制订商务旅行计划前,秘书首先要了解企业有关差旅费用、住宿标准的规定。一份商务旅行计划至少应包括以下内容。

(1) 出差的时间、启程及返回日期、接站安排。
(2) 出差的路线、终点及途经地点、住宿安排。
(3) 会晤计划(人员、地点、时间)。
(4) 交通工具的选择。
(5) 需要携带的文件、样品及其他资料。
(6) 领导的特别要求。
(7) 途经地点的天气状况。
(8) 会议计划、会议议题。
(9) 差旅费用。

2. 编制旅程表

秘书应按预定的日程表和领导的要求、意见编制旅程表。旅程表的内容一般比旅行计划更加详尽,一份全面的旅程表主要包括以下几项内容。

(1) 日期。旅程表应体现离开企业的日期、旅行中转的日期、旅行中各种重要活动的日期、到达的日期和返回的日期。

(2) 具体时间。旅程表应体现抵达目的地的具体时间、离开目的地的具体时间、中转的具体时间、开展各项活动的具体时间、就餐时间、休息时间。

(3) 地点。旅程表应体现本次旅行的目的地（包括中转地点）、开展各项活动的地点、食宿地点。

(4) 交通工具。旅程表应体现出发、返回时使用的交通工具，以及在停留地使用的交通工具。

(5) 具体事项。旅程表应体现商务活动的具体内容，如访问、洽谈、会议、宴请等。

(6) 备注。旅程表应体现需要领导注意的事项，如抵达目的地前停留的中转站或中转机场，需要注意的风俗习惯和礼仪，当地联系人的姓名、地址、电话号码，准备拜访的企业的名称、所在地及电话号码。若领导准备出国旅行，旅程表还应体现当地的中国大使馆或领事馆的位置及电话号码。

旅程表应准备一式三份（或多份），一份存档，一份给领导，一份由秘书留存。

3. 制订商务旅行计划、编制旅程表的注意事项

制订商务旅行计划、编制旅程表时，秘书必须注意以下几点。

(1) 明确领导旅行的意图、目的地、旅行时间和到达目的地后的商务活动计划。

(2) 了解领导对交通工具及食宿的要求，熟悉企业对出差的有关规定。

(3) 若领导准备出国旅行，秘书需要向国外的有关服务机构或在旅行目的地享有盛誉的旅游机构索取有关资料，了解当地的各种交通工具的运行情况、旅行路线、住宿环境、货币的汇率、经商特点，以及其他国家对护照、签证的要求。

(4) 若飞机需要中转，秘书应尽量选择衔接时间较短的航班，以避免因中转而浪费过多的时间。

(5) 在制订计划时要考虑时差问题，买机票、车票、船票时也要注意时差。

(6) 拟订多个旅行方案，与领导共同讨论，最后由领导选定最佳方案。

(7) 制订计划时要明确离开时间和到达时间，熟悉时差的计算方法。

(二) 商务旅行的准备工作

秘书应为领导的商务旅行做好下列准备。

1. 选择交通工具，预订车票、船票或机票

秘书通常可采用打电话或网上预订的方式订票。预订之后秘书要及时确认和取票，取票后要认真核对车票、船票或机票上的各项信息。

秘书选择交通工具时要考虑的因素包括：商务旅行的目的地、旅行的原因、在目的地停留的时间、旅行费用、企业的差旅规定、领导的喜好等。

2. 预订房间

预订房间时，秘书要考虑领导的喜好、习惯及企业的规定。秘书还要掌握订房的基本程序。秘书可通过电话咨询、网上搜索等方式获取预订信息。

秘书应在订房时提供住宿者的姓名、抵达时间、大概的离开时间、需要预订的房间类型及特殊要求等信息。

秘书要根据领导的要求预订房间，尽量不要预订一楼的房间，并且最好选择有安全保

障、服务周到的宾馆,如房门有插销、提供代客泊车服务、提供电话号码保密服务的宾馆。秘书一定要拿到预订成功的凭证,并将其附在商务旅行计划的后面。秘书要注意在预订房间后进行核实,以防止领导因客房房源紧张而无法入住。

3. 拟写商务旅行用品清单

秘书一定要替领导想好出差时要随身携带的用品。领导出发前,秘书还要列出公务用品清单和私人物品清单,请领导过目,以避免遗漏。表2-2就是一份商务旅行用品清单。

表 2-2 商务旅行用品清单

公务用品	私人用品
日程安排表	手机
出访团名单	身份证
企业宣传册	护照
准备拜访的企业的相关资料	笔记本电脑
纸、笔、信笺、地图册	洗漱用品
名片	服装
数码相机	常用药品
……	……

4. 申请预支差旅费

秘书在了解到领导即将出差后,可根据企业的相关规定到财务部门申请预支差旅费。差旅费包括往返的交通费、目的地的交通费、住宿费、餐费、活动经费等。

二、商务旅行过程中的工作安排

在整个商务旅行的过程中,秘书要为领导做好服务,确保商务旅行的顺利进行。

(一)商务旅行过程中秘书的主要工作

一般情况下,秘书需要陪同领导出差。秘书在整个旅行过程中要做好以下工作。

1. 旅途中秘书的工作

(1)负责携带、照看相关物品。与领导一同出差时,秘书应主动替领导拎包;对于携带的一些机密文件、参考资料、活动资金等,秘书应当妥善保管。

(2)听从领导的安排,及时与单位保持联系,协助领导处理相关事务。在旅行过程中,当单位的一些重要事务需要领导进行决策时,秘书应及时了解有关情况。若发生重要事件,秘书应及时向领导请示,根据领导的意图协助单位同事处理相关事务。

(3)照顾领导的饮食起居,确保领导顺利开展工作。秘书要了解领导在饮食起居方面的习惯。在旅行过程中,秘书应提醒领导注意食宿卫生、人身安全。秘书应在出发之前准备一些常用药品,如晕车药、感冒药等,以备不时之需。

2. 抵达目的地后秘书的工作

(1)抵达目的地后,如果无人接站,秘书要叫出租车,带领领导去预订的宾馆;秘书还要检查行李,以防丢失。在将一切安排妥当之后,秘书要和准备拜访的企业取得联系。

如果抵达目的地之后,准备拜访的企业派人接站,秘书应自觉地让领导走在前面,并主动为双方作介绍,表示感谢的话语应由领导来说。

(2) 如果事先预订的宾馆不便于工作，秘书可请示领导是否需要更换宾馆，得到领导的允许后，秘书可重新预订宾馆。秘书应确保宾馆的各方面条件都有利于工作。

(3) 领导在宾馆住下后，秘书要迅速了解酒店周围的各项情况，以备不时之需。

(4) 将一切安排妥当之后，秘书要将领导所住的宾馆、联系方式等信息告知单位和领导的家属，以便其与领导取得联系。

(二) 出国商务旅行过程中的注意事项

在出国商务旅行的过程中，秘书要注意以下几个方面。

1. 尊重东道国习俗

(1) 与国外友人见面前，要郑重地联系对方，不可草率、随意，最好事先取得联系。

(2) 受邀去主人家做客时，应带一些小礼品，如鲜花、小工艺品等。

(3) 受邀赴会要恪守时间，切忌迟到。

(4) 安排日程时要尽量避开节假日。

(5) 注意个人卫生、穿着打扮。

(6) 举止大方得体，端庄稳重；言辞诚恳，语气温和。

(7) 注意所到国家的礼仪和禁忌。

2. 掌握各个国家的谈判风格

各个国家的谈判风格大不相同，想要取得商务谈判的成功，就要了解各个国家的谈判风格。秘书要通过各种渠道收集、整理相关资料，为领导的谈判工作做好必要的准备。

三、商务旅行结束后的工作

商务旅行结束后，秘书要对此次商务旅行进行总结，对相关事宜进行处理。秘书的主要工作包括以下几个方面。

(一) 沟通信息

无论秘书是否陪同领导出差，领导返回后，秘书都要把领导不在单位时发生的事情及处理情况依照事情的重要程度简明扼要地向领导汇报。同时，秘书要向有关部门传达领导回来的消息。

(二) 整理资料和物品

秘书应整理领导带回的各类资料与物品，按程序将资料登记后归档，根据领导的指示处理物品。

(三) 进行财务报销与结算

商务旅行结束后，秘书应根据企业的相关规定对领导在商务旅行过程中发生的相关费用进行报销，完成费用的结算。

(四) 发送感谢信

商务旅行结束后，秘书要以本单位的名义向在这次旅行过程中给予热情接待的有关人员和单位发送感谢信，表达感谢之情。感谢信不要太长，发送得越早越好。

（五）总结经验

商务旅行结束后，秘书要撰写商务旅行总结，以便领导向有关方面（如董事会、上层领导）汇报。秘书在商务旅行结束后还要进行工作总结，总结经验和教训。

资源拓展

商务旅行必备物品

思考与实训题

1. 秘书在商务庆典活动中要做好哪些准备工作？
2. 秘书在开放参观活动的准备阶段要做好哪些筹备工作？
3. 李琦董事长将于明年9月去我国南方某城市与某商业合作伙伴进行商务谈判，秘书要为这次商务谈判做哪些准备工作？
4. 秘书在签字仪式前要做好哪些准备工作？
5. 通畅运输公司总经理赵先生一行五人将于明年1月去法国拜访合作伙伴，请你替秘书刘曼制订一份具有可行性的商务旅行计划。

第三章　事务管理

第一节　日常来访接待

理论知识

项目一　职业着装

一、着装的基本原则

在各种场合穿着得体的秘书能有效展现个人魅力，赢得众人的好感与信任，获得众人的支持，取得事业上的成功。着装的基本原则包括以下几个方面。

（一）着装目的要明确

不同的着装会给人留下不同的印象，一个人的着装风格可以是高雅的、成熟的，也可以是可爱的、独特的、随意的。秘书的形象代表了单位的形象，所以秘书应当明确自己想给对方留下什么样的印象。

（二）着装要适应不同场合

秘书因工作需要经常要出入不同的场合，其着装要随着场合的变化而变化。在社交场合，秘书的着装要大方得体；在公务场合，秘书的着装要端庄大气；在非正式场合，秘书的着装应舒适、随意。

（三）着装要与身份相符

具有不同身份地位的人要选择符合自己身份的服饰。秘书是在领导身边从事服务工作的人员。秘书可以通过着装展现个人魅力，但不要喧宾夺主，抢了领导的风头。

（四）着装要与自身条件相匹配

俗话说："佛靠金装，人靠衣装。"合适的着装能够掩盖人的缺陷，增加人的魅力。所以，秘书在选择服饰的时候应该扬长避短，根据自己的年龄、身材、肤色和气质选择着装，切不可盲目追求时髦。

二、着装的基本要求

（一）女秘书的着装要领

女秘书的服装要干净、整洁、合身，还要展现自身高雅的气质，体现出自身的职业特点、性格特征和女性的魅力；着装要与具体场景和季节相协调。

1. **女秘书的标准职业装**

（1）样式。在办公场合，女秘书的职业装主要有西服套裙、两件套裙和连衣裙。

西服套裙是常见的女秘书的职业装，它可以帮助女秘书塑造职业女性成熟、干练的形象。这些年来，它的基本样式没有发生什么大的变化。双排扣上衣的纽扣（包括内侧的纽扣）应当被扣好，单排扣的上衣则可以不系扣。短上衣配长裙显得窈窕，长上衣配短裙显得洒脱，这两种搭配适合个子高挑的女士。短衣配短裙显得利落，这种搭配适合个子较矮的女士。短裙的长度最好不要过短，否则工作起来会很不方便。款式以简洁大方为宜，款式太复杂、装饰性太强的着装不适合办公场合。

（2）颜色。在选择职业装颜色时，女秘书应避开红色、绿色等太刺眼的颜色，这些颜色容易让人眼花缭乱，与办公室的气氛不协调。女秘书可以选择深色、素色、单色的职业装，如以深蓝色、灰色、咖啡色、驼色、白色和黑色等颜色为主的职业装。

（3）面料。在选择面料时，女秘书应挑选质地好、垂感好的面料，如亚麻、混纺、丝绸等面料，不要选择绒类面料、廉价的化纤类面料。

（4）衬衫。套装内衬衫的颜色可以是多种多样的，只要与套装相匹配就可以。女秘书应挑选面料好的衬衫，而且要将衬衫熨烫平整，衬衫不能皱皱巴巴。

（5）鞋子和丝袜。鞋子的颜色应以黑色或棕色为主。女秘书应尽可能不穿白色和色彩鲜艳的鞋，也尽可能不穿凉鞋。鞋的款式以简洁大方为宜，不要有太多的装饰。丝袜的颜色以接近肤色的肉色为宜，黑色丝袜最好搭配黑色裙子；需要注意的是，不要让袜口暴露于裙子下摆之外，不要穿破损的丝袜。

（6）皮包。皮包的颜色一般应与鞋子的颜色相协调，款式要大方，不要太过休闲。

（7）首饰。首饰要与服装的风格一致。女秘书不要佩戴过多的首饰，戴一两件首饰即可。首饰的款式要与自身风格相适应，样式要简洁一些。

（8）化妆。女秘书的职业妆以淡雅为宜，不要浓妆艳抹。一般情况下，洗手间是最适合补妆的地方。

2. **女秘书的职业便装**

在商务社交场合中，女秘书可选择的职业便装的范围比较大。女秘书可以穿西装套裙、各式上衣配长裙或长裤、连衣裙、旗袍及其他民族服装。参加婚礼时，女秘书可身着礼服，礼服不应有过多装饰；此外，女秘书不能穿同新娘礼服同色且同款的服装。

（二）男秘书的着装要领

1. **男秘书的标准职业装**

（1）样式。与女秘书相比，男秘书职业装的选择范围相对较窄。男秘书的职业装主要有两件套西装和三件套西装两种。三件套西装比两件套西装多一件马甲，马甲的颜色应与上衣一致。

如果西装的上衣是双排扣的，扣子要全部扣好，不能敞开来穿。单排扣的上衣可以敞开穿，但是在正式场合中，扣子要全部扣好。穿两粒扣的上衣时，男秘书可只扣上面那粒扣子。穿三粒扣的上衣时，男秘书应扣上面和中间的那两粒扣子，也可只扣中间那一粒扣子。坐下时，男秘书一般要解开扣子，以便保持西装的平整。西装的大小要合体，西装的上衣长度应超过伸直手臂后虎口的位置，西装的袖子长度以达到手腕为宜，裤子的长度以能盖住皮鞋鞋面为宜。除了衬衫，西装里面最多只能再穿一件鸡心领的薄羊毛衫或羊绒衫。西装上衣左胸外侧的口袋最多可放一条用于装饰的手帕。男秘书不应将东西放在上衣的口袋里或裤兜里，以免把西装撑得变形。

（2）衬衫。衬衫的选择也有一定的讲究，衬衫的袖子应比西装袖子长出1.5厘米。衬衫的领子一定要硬挺、平整，要高出西装领口1～2厘米，领口露出部分应与领带下方露出部分相呼应。穿西装时，男秘书必须将衬衫塞进裤腰内，不能将下摆露在外面。男秘书应把衬衫袖子的扣子扣紧，不要让袖口翻起。正式场合忌穿花衬衫，白衬衫是首选。男秘书也可以穿其他单色或带有条纹的衬衫，但是如果外套是带有条纹的，穿带有条纹的衬衫就不太合适了。衬衫的口袋不能放任何东西。

（3）皮鞋。人们常说"西装革履"，所以穿西服时一定要穿皮鞋。在正式场合，男秘书可以穿深咖啡色的皮鞋，因为它与黑色、灰色、藏青色及深咖啡色的西装都相配，穿黑色皮鞋最为庄重。

（4）袜子。男秘书一般应穿与裤子、鞋颜色相同的袜子或颜色较深的素色袜子，黑色袜子最为常见。白色袜子只可以配白色或米黄色的西装。

（5）领带。领带的颜色不要与西装颜色一样，但二者的颜色可以是同一色系的。领带的颜色和图案不要太鲜艳、花哨，最好是单色的，可以有条纹和细小的图案，但是条纹领带不要配条纹的衣服，选用丝质的领带会显得较为高雅。领结要打得饱满，紧贴领口；系好领带后，领带下端要正好垂在皮带扣的上端。男秘书可使用领带夹，领带夹夹于衬衫的第三粒、第四粒纽扣之间。

（6）皮包、皮带。皮包、皮带的颜色要与皮鞋一致，皮带扣的款式要简洁，男秘书可选择手提公文包。

（7）配饰。男秘书可以戴一枚戒指，手表也是不可缺少的饰品，男秘书可佩戴精致的薄型手表。年轻的男秘书不要戴昂贵、华美的手表，配饰应与自己的身份、地位相匹配。

2. 西装的着装程序

西装是国际公认的标准通用礼服。男秘书应选择黑色或深色的面料较好的西装套服，并精心选择衬衫和领带。西装的着装程序是穿衬衫—穿西裤—穿皮鞋—系领带—穿西装外套。

3. 男秘书的职业便装

在社交场合，男秘书可以选择运动式夹克配长裤、T恤衫配长裤、毛衣配长裤，但是着装颜色不应过多，最好不超过三种颜色。男秘书的职业便装应合体、整洁、庄重。

项目二　仪态要求

仪态与一个人的姿态和风度有关。姿态是指身体呈现出的样子,风度展现的是一个人的气质。

在人际交往中,人们会借助各种体态表达自己的态度,这就是人们常说的体态语言。在沟通的过程中,很多信息是通过体态语言传递出来的。在商务交往中,体态语言和口头语言同样重要。

一个人的仪态可以直接展示他的气质与风度,对方可以通过仪态了解其个人素质和修养。一个人的仪态美主要是一种外在美,它以高雅的气质、迷人的风度为具体表现形式。不雅观的举止会给人留下不良印象,仪态端庄的秘书才能在工作和社交中受到人们的信任。最基本的仪态是站、坐、行、谈的姿势,仪态也包括手势和表情。

在人际交往中,尤其是在正式场合中,秘书要坚持举止有度的原则。秘书的举止应合乎约定俗成的行为规范,要文明、优雅,做到"坐有坐相、站有站相"。

一、站姿

站立是人最基本的姿势,正确的站姿能呈现出一种静态的美。

(1) 基本的站姿。头要正,两眼平视前方,嘴微闭,脖颈挺直,表情自然,稍带微笑。肩要平,微微放松,稍向后下方沉。臂要垂,两肩平正,两臂自然下垂,中指对准裤缝。躯要挺,挺胸收腹,臀部向内、向上收紧。腿要并,两腿立直,脚跟靠拢,两脚夹角为60°。站立时不要歪脖、斜腰、屈腿;在一些正式场合,不宜将手插在裤袋里或交叉在胸前,更不要下意识地做些小动作,那样不但显得拘谨、缺乏自信,而且也有失庄重。

(2) 叉手站姿。两手在腹前交叉,右手搭在左手上,直立。男士可以将两脚分开,间距不超过20厘米。女士可以站成丁字步,即一只脚稍微向前,脚跟靠在另一只脚的内侧。站立时间较久时,身体重心可以在两脚间转换,以减轻疲劳。这是一种常用的用于接待的站姿。

(3) 背手站姿。双手在背后交叉,右手贴在左手外面,放置于两臀之间。两脚可分可并,分开时,两脚间距不超过肩宽。两脚脚尖分开,两脚夹角为60°。挺胸立腰,收颌收腹,双目平视。这种站姿略显威严,易产生距离感。如果将两脚并立,则突显出了尊重的意味。

(4) 背垂手站姿。一只手背在后面,贴在臀部上;另一只手自然下垂,中指对准裤缝。两脚既可以并拢也可以分开,也可以站成丁字步。男士多使用这种站姿,以显得大方、自然、洒脱。

二、坐姿

坐是一种静态的姿势。端庄优美的坐姿会呈现出一种文雅、稳重、自然、大方的美感。正确的坐姿需要人腰背挺直、肩部放松。女士应两膝并拢;男士的膝部可分开一些,但角度不要过大,膝部间距一般不超过肩宽。保持坐姿时,人们可将双手自然地放在膝盖上或椅子扶手上。在正式场合,入座时要轻柔和缓,起和坐都要端庄稳重,不可猛起、猛坐,弄得桌椅乱响,使气氛变得尴尬。不论采用何种坐姿,上身都要保持端正。若做到了这一点,那么不管怎样变换身体的姿态,举止都会显得优美、自然。

(一) 女士坐姿

(1) 标准式。女士应轻缓地走到座位前,转身后站成丁字步,左脚在前,右脚在后,两膝并拢的同时上身前倾,向下落座。女士如果穿的是裙装,在落座时要用双手在后边从上往下把裙子拢一下,以防将裙子坐出褶皱或落座时腿部裸露过多。女士在坐下后应做到上身挺直、双肩平正,两臂可自然弯曲,两手可交叉叠放在两腿中部,并靠近小腹。两膝并拢,小腿垂直于地面,两脚保持丁字步。

(2) 前伸式。在标准式坐姿的基础上,两小腿向前伸出一脚的距离,脚尖不要翘起。

(3) 前交叉式。在前伸式坐姿的基础上,右脚后缩,与左脚交叉,两脚的踝关节靠近,两脚尖着地。

(4) 曲直式。右脚前伸,左小腿弯曲,大腿靠紧,两脚前脚掌着地,并在一条直线上。

(5) 后点式。两小腿后曲,脚尖着地,双膝并拢。

(6) 侧点式。两小腿向左斜出,两膝并拢,右脚跟紧靠左脚内侧,右脚掌着地,左脚尖着地,头和身躯向左倾斜。大腿、小腿呈直角,小腿要充分伸直。

(7) 侧挂式。在侧点式坐姿的基础上,左小腿后曲,脚部绷直,脚掌内侧着地,右脚提起,用脚面贴住左踝,膝部和小腿并拢,上身向右转。

(8) 重叠式。在标准式坐姿的基础上,两腿向前,一条腿抬起,腿窝落在另一条腿的膝关节上边。上边的腿向里收,贴住另一条腿,脚尖向下。

(二) 男士坐姿

(1) 标准式。上身正直上挺,双肩平正,两手放在两腿或扶手上,双膝并拢,小腿垂直落于地面,两脚自然分开并呈45°。

(2) 前伸式。在标准式坐姿的基础上,两小腿前伸一脚的长度,左脚向前半脚,脚尖不要翘起。

(3) 前交叉式。小腿前伸,两脚交叉。

(4) 曲直式。左小腿回曲,前脚掌着地,右脚前伸,双膝并拢。

(5) 斜身交叉式。两小腿交叉向左斜出,上身向右倾,右肘放在扶手上,左手扶住扶手。

(6) 重叠式。右腿叠放在左膝上部,右小腿内收,贴向左腿,脚尖自然下垂。

三、行姿

行走是人的主要动作之一,正确的行姿能呈现出一种动态的美。

(一) 规范的行姿

头正,双目平视,收颌,表情自然平和,两肩平稳。双臂前后自然摆动,前后摆动角度为30°~40°;两手自然弯曲,距离双腿不超过一拳。上身挺直,收腹立腰,重心稍向前倾。步位直,两脚尖略微分开,脚跟先着地,随后脚内侧落地。走出的轨迹要在一条直线上。步幅适中,行走中两脚落地的距离大约为一个脚长,即前脚脚跟距后脚脚尖相差一只脚的长度。不过,性别不同、身高不同、着装不同,人的步幅会存在差异。行进的速度应保持不变,不要忽快忽慢。

(二) 其他行姿

(1) 后退步。人们在与他人告别时,应当先后退两三步,再转身离去,先转身后转头。退步时,脚轻擦地面,步幅要小。

(2) 引导步。引导步是一种走在前边给宾客带路的步态。引导者进行引导时要尽可能走在宾客的左前方,整个身体半转向宾客所在的方向。上下楼梯、拐弯、进门时,引导者要伸出左手示意,提示宾客上楼、进门等。

(3) 前行转身步。在前行的过程中拐弯时,距离所转方向较远的那只脚落地后,人们应立即以该脚掌为轴完成转身,然后迈出另一只脚。若向左拐,人们要在右脚在前时转身;若向右拐,人们要在左脚在前时转身。

(三) 穿不同鞋子时的行姿

(1) 穿平底鞋时的行姿。穿平底鞋时,行姿应自然、大方。前行时脚跟先落地,力度要均匀。由于穿平底鞋使人们不受拘束,人们应当注意行姿不要过分随意。步幅时大时小、速度时快时慢容易给人留下不好的印象。

(2) 穿高跟鞋时的行姿。走路时步幅要小,脚跟先着地。行进时一定要保持挺胸、收腹。女士应注意避免用屈膝的方式来保持平衡,这样做会使自己因屈膝、撅臀而显得笨拙、不雅。

总之,人们要纠正自己的不良姿态;行走时不要走八字步,不要低头、驼背;不要摇晃肩膀,在行走时甩手;不要扭腰摆臀、左顾右盼;脚不要摩擦地面。

四、谈话姿势

谈话姿势往往能反映出一个人的性格、修养和文明素质。所以,人们在交谈时首先要正视对方,不能东张西望、看书看报、面带倦容、哈欠连天,否则会给人心不在焉、傲慢无礼等不礼貌的印象。

五、手势

(一) 规范的伸手手势

手掌自然伸直,掌心向上,手指并拢,拇指与其他四指自然分开;手腕伸直,手与小臂在一条直线上,肘关节自然弯曲,大小臂的弯曲角度以140°为宜。人们在伸手时要讲究动作的柔美、流畅,不能僵硬死板。同时,手势应与眼神、表情和其他姿态相配合,使手势大方得体。

(二) 其他常用手势

1. 横摆式

在表示"请进"或"请"时,引导者常用横摆式。正确做法是:五指并拢,手掌自然伸直,手心向上,肘微微弯曲,腕低于肘;开始做手势时,手应从腹部前方抬起,以肘为轴向一旁摆出,前臂与身体正面呈45°;头部和上身向伸出手的一侧微微倾斜,另一只手下垂或背在背后。引导者应目视宾客,面带微笑,表现出对宾客的尊重和欢迎。

2. 前摆式

如果有一只手拿着东西或扶着门,且引导者需要向宾客做出"请"的手势时,可以采用前摆式。正确做法是:五指并拢,手掌伸直,在身体一侧由下而上抬起,以肩关节为轴,摆到距身体 15 厘米处。同时,引导者应目视来宾,面带微笑。

3. 双臂横摆式

如果来宾较多,在表示"请"时,引导者的动作幅度可以大一些,采用双臂横摆式。正确做法是:两臂从身体两侧向前上方抬起,两肘微曲;指向前进方向一侧的手臂应抬高一些、伸直一些,另一侧的手臂应稍低一些。

4. 斜摆式

请客人落座时,手应指向座位所在的方向,引导者可在此时采用斜摆式。正确做法是:手要先从身体的一侧抬起,到高于腰部的位置后再向下摆出,使大小臂在一条直线上。

5. 直臂式

需要给宾客指方向时,引导者可采用直臂式。正确做法是:手指并拢,手掌伸直,上臂从身前抬起后,用手臂指示指引的方向,肘关节应伸直。

指引方向时,引导者不可用一根手指进行指示,这样做会显得不礼貌。

六、微笑

微笑应发自内心,真诚的微笑是社交的通行证。微笑能表现出自己的友善和对对方的欢迎,使对方感到温暖;微笑能使谈话的气氛变得融洽。因此,秘书应提升自己的微笑能力。

七、眼神

眼睛是人类心灵的窗户,人们在与人交往时所获得的信息大部分都来自视觉。眼神能够自然、准确地展示一个人的心理活动。在谈话的大多数时间里,人们应当注视对方,与对方进行眼神上的交流。一般而言,场合越严肃,注视的范围就越窄。眼神游移不定会给人带来不信任感,上下打量的眼神会给人留下没有礼貌的印象。

谈话的场合不同,眼睛注视的部位也不同。注视亲朋好友或恋人时,眼睛可以注视对方的上半身。在社交场合中,眼睛可以注视对方双眼以下、下颚以上的部分。在公务场合中,眼睛可以注视对方的额头部分。

项目三　接打电话

一、接打电话的基本要求

接打电话是秘书的日常重要工作。秘书要上传下达、联系各方,每天要接打大量的电话。打电话看起来很容易,一些人认为对着话筒同对方交谈和当面交谈一样简单。其实不然,接打电话大有讲究,这也是一门学问。

接打电话的基本要求如下。

(一)重视第一句话

秘书听到电话铃响并拿起电话后,应该用清晰、悦耳的声音跟对方打招呼。如果接听的是外线电话,秘书要报公司的名称;例如,"你好,这里是××公司,请问……"。如果接听的是内线电话,秘书要报部门名称;例如,"你好,这里是企划部,请问……"。对方听到亲切、礼貌的招呼声后一定会感到很愉快,这也有助于双方的进一步沟通。

（二）体现喜悦的心情

秘书在打电话时要保持良好的心情,这样即使对方看不见秘书本人,也会被秘书欢快的语调感染,从而给对方留下较好的印象。面部表情会影响一个人的声音,所以秘书在打电话时也要抱着"对方在看着我"的心态去对待对方。

（三）注意自己的声音和姿势

在打电话的过程中,秘书绝对不能吸烟、喝茶、吃零食,因为对方能够听得出来秘书是否在专心对待自己。如果秘书懒散地坐在椅子上打电话,对方听到的声音就是无精打采的;如果秘书坐姿端正,发出的声音也会变得亲切、悦耳、充满活力。因此,在打电话时,秘书即使看不见对方,也要想象对方就在眼前,尽可能注意自己的姿势。

（四）采用适当的语速和音量

秘书的语速不要太快也不要太慢。语速太快,对方不容易听清楚;语速太慢,则会显得秘书无精打采。秘书说话的音量不要太大或太小,以对方能够听清为原则。

（五）内容简明扼要

通话内容要简明扼要,秘书不要在电话中聊天。秘书应尽量把一次通话的时间控制在3分钟以内。如果需要沟通的内容较多,秘书要先跟对方商量;例如:"本次通话可能占用您较长时间。您现在方便吗?"

（六）迅速、准确地接听

秘书业务繁忙,桌上往往会有两三部电话,听到电话铃声后,秘书应准确、迅速地拿起听筒。长时间无人接电话或让对方久等是很不礼貌的,这也会给对方留下不好的印象。秘书如果在电话铃响了三声以后才拿起话筒,应该先向对方道歉;例如:"对不起,让您久等了。"

二、电话的摆放位置

电话应摆放在办公桌的左边,方便来电时左手拿起话筒,右手拿笔做记录。

三、接打电话时应当注意的问题

（1）对方掉线时,秘书应耐心等待。

（2）接打电话时一定要注意使用礼貌用语,以"你好"作为开始,以"谢谢,再见"作为结束。秘书要随时把"请""早上好""下午好"等用语牢记心中。

（3）秘书在接电话时要注意给对方反馈,适时回应;例如,"是""好,我明白了""对不起,我没听清楚,请再重复一遍,谢谢"。秘书要将重要的信息记录下来,并在记录时出声念出来,让对方确认。秘书应将记录的电话内容及时转告给相关部门或人员。秘书若无法处理对方的问题,可直接告诉对方,并马上将电话交给能够处理的人。

（4）秘书可以选择某一时间段集中打电话,这样做可以提高效率。若不是紧急电话,秘书最好不要在上班后半个小时、下班前半个小时和午餐时间打电话。

（5）若几个电话同时打来,秘书可以按照以下方法处理。

① 告诉正在交谈的对象有电话打进来,需要自己处理,请他稍等。

② 迅速接起另一个电话并快速处理；处理完毕后，马上接起第一个电话。

③ 如果秘书不能迅速处理完第二个电话中涉及的问题，且该电话不属于紧急电话，秘书可以请对方一会儿再打来，或告诉对方自己处理完第一个电话所涉及的问题后再给他打过去。如果第二个电话属于紧急电话，秘书则应向第一个来电者道歉，请对方先挂掉电话并稍等一会儿。给第一个来电者回拨电话后，秘书要再次向来电者表达歉意。

四、设计电话记录表

秘书应将接打电话时沟通的工作内容记录下来。秘书应设计电话记录表。电话记录表是用于记录来电信息的，其设计应简洁明了。每通电话涉及的工作内容不同，记录的内容也有所不同，但电话记录表大体上应该包括人们常说的"5W1H"，即 Who(何人)、When(何时)、What(何事)、Where(来电单位)、Why(为什么来电)、How(如何处理)，如表 3-1 所示。

表 3-1　电话记录表

来电者姓名		来电单位	
来电内容			
紧急程度	□紧急　　□不紧急		
受话者			
处理意见			
记录人		记录时间	

资源拓展

接打电话的礼貌用语

项目四　接待工作

一、接待工作的基本要求

接待工作是秘书的一项重要工作。随着社会经济的快速发展，各单位在信息、技术等方面的交流日益频繁，上级领导的视察与兄弟单位及合作伙伴的参观、学习和业务洽谈也越来越频繁，这就使得接待工作越来越重要。秘书在开展接待工作时应重视以下几个方面。

(一) 提前制订接待方案

只有精心策划、准备充分，秘书才能顺利完成接待工作。秘书不能将接待视为低层次的迎来送往的应酬活动，轻视接待工作会损害单位的形象。每项接待工作的开展都要以实现客人的目标和单位的公关期望为原则。秘书要制订符合客人身份的完善的接待方案和实施细则，详细安排接站、用车、就餐、住宿、参观等项目，充分考虑各项细节。

（二）体现本单位的特色和风格

秘书要通过设计接待工作的每个环节着力体现本单位的特色。不论是宏观上的整体方案的策划,还是接站牌的设计、汇报材料的编写,都要凸显本单位的与众不同之处,让客人从接待工作的点点滴滴中感受到本单位的特色文化。

（三）注重细节

接待工作来不得半点马虎,秘书必须处处留心、谨慎行事。在重大的接待工作中,接待工作的负责人要在把握全局的前提下,随时根据接待工作的需要对接待方案予以调整。从准备会议室到准备用车,从参观到用餐安排,秘书要考虑每一个细节,及时弥补可能存在的疏漏。秘书要"眼观六路、耳听八方",对于客人的一个眼神、一个动作、不经意间说出的一句话,秘书都要留意和体会,以便及时采取应变措施。这就要求秘书提高自己灵活应变、临场发挥的能力,提高自己处理突发事件、应对意外情况的水平,以便及时发现并解决各类有损单位形象的细节问题,确保接待工作"零失误"。

二、接待礼仪和程序

迎来送往是社会交往和接待活动中的重要环节,是个人修养的重要体现。如果秘书在迎接环节给对方留下良好的第一印象,后续工作的开展将变得更加顺利。迎接客人前,秘书要进行细致、周到的安排。

（1）秘书要做好接待准备,保证接待环境（包括会客室、前台、办公室、走廊、楼梯等）清洁、明亮、美观、没有异味,会客室的温度和湿度要适中。秘书应注意仪容仪表,准备好招待用品,如纸杯、茶具等。前台和会客室要摆放花束、绿色植物。若接待的是重要的客人,秘书还要准备欢迎横幅,提前在门外迎接客人。

（2）对前来访问、洽谈业务、参加会议的客人,秘书应事先了解对方的车次或航班,安排与客人身份、职务相当的人员前去迎接。若身份、职务相当的人员因某种原因不能前往,前去迎接的秘书应向客人进行礼貌的解释。

（3）到车站、机场迎接客人时,秘书应提前到达,恭候客人的到来,绝不能迟到,让客人久等。若出现迟到的情况,必定会给客人留下不好的印象,事后无论秘书怎样解释都无法消除这种不守信用的印象。对于初次来访、互不相识的客人,秘书可事先做一块写有客人姓名的牌子,以便双方相认。

（4）接到客人后,秘书应首先问候对方。例如,"一路上辛苦了""欢迎您来到我们这座美丽的城市""欢迎您来到我们公司"等。随后,秘书应与客人亲切握手,握手时要注视对方的眼睛,力度要适中,握手时应摘掉墨镜、脱下手套；女士如果穿着礼服并戴着与之配套的手套,则可不脱手套。握手时间一般以2~3秒为宜。男士与女士握手的时间通常较短。一个人与多人握手时应遵循"先高后低、先长后幼、先主后宾、先女后男"的原则。一个人需要与多人握手时,不要交叉握手,也不可同时伸出双手与两人握手。

秘书要在握手的同时向对方作自我介绍,除介绍姓名外,还应介绍职务。若为他人介绍,秘书要首先确定被介绍的双方中哪一方更应当被尊重,秘书要先让更应当被尊重的一方了解对方的情况。秘书应当把职位低者、年轻人、男士、来访者介绍给职位高者、年长者、女士和主人。秘书如果想把一个人介绍给众人,首先应该向大家介绍这个人,然后再把众人逐一介绍给这个人。需要进行集体介绍时,秘书可以按照座位次序或职务高低依次进行介绍。

秘书如果有名片,可将名片送给对方。交换名片的礼仪如下。

① 与长者、尊者交换名片时,秘书应双手递上,身体微微前倾,双手与胸平齐,并说一句"请多关照"。一般来说,来访者、男士、职位低者在交换名片时,应使自己的名片低于对方的名片,以示尊重。秘书若想得到对方的名片,可以用请求的口吻说:"如果您方便的话,能否留张名片给我?"秘书也可在告辞时递上名片,表示希望以后多与对方联系。

② 秘书用双手接过名片后,眼睛应注视着名片,认真看对方的姓名和其他信息,也可轻轻地读出名片上的内容。秘书不能将接过的名片随处乱放或不加确认就收入包中,这样做是很失礼的。

③ 秘书应该妥善保存名片,可以将名片放在名片夹或名片盒中,方便查找。

(5) 迎接客人时,秘书应提前为客人安排好交通工具,不要等客人到了才匆匆忙忙地安排交通工具,那样做会因让客人久等而显得很失礼。

(6) 秘书应提前为客人安排好住宿,帮客人办理好一切手续并将客人领进房间,同时向客人介绍住处的服务、设施,将活动的计划、日程安排告诉客人,并把准备好的地图或有关旅游的介绍材料送给客人。

(7) 将客人送到宾馆后,秘书不要立即离去,应陪客人稍作停留,与之热情交谈,谈话内容要让客人感到愉悦,如客人参与活动的原因、当地的风土人情、有特点的自然景观等。若客人旅途劳累,秘书不宜久留,应让客人早些休息。离开时,秘书应将下次见面的时间、地点、方式告诉客人。

(8) 秘书应根据客人的来访要求(如会谈、参观等)做好相应的安排,并通知有关方面做好准备。

(9) 在请示领导后,秘书应根据接待规格确定宴请标准。

(10) 送别客人时,秘书应把客人送到电梯口,并按下电梯按键;客人进入电梯、电梯关闭下行后,秘书才能转身离开。若是送客人到大门口,秘书应等待客人进入车内;车子开走时,秘书应微笑着挥手告别,车子离开自己的视线后才能转身离开。若送别的是重要的客人,秘书应安排有关领导或工作人员到客人所在的宾馆或车站、码头、机场为客人送行。领导或工作人员应与客人握手道别,并预祝客人旅途愉快。

三、日常接待客人的要求

(1) 秘书应在见到客人后马上站起来并微笑着注视对方,然后伴以15°的鞠躬,鞠躬完毕后向客人问候。例如,"您好!欢迎您的来访!"或"您好!我能为您做些什么?"等。

(2) 如果预约的客人要找的会见人临时不在,秘书要明确告诉对方其所要会见的人到何处去了,以及何时回来。如果客人不等待会见人,秘书应请客人留下电话、地址,明确下次见面的方式。

(3) 如果预约的客人到来后己方会见人由于种种原因不能马上接见,秘书应向客人说明等待理由与等待时间。若客人愿意等待,秘书应向客人提供饮品、杂志;如有可能,秘书应为客人添茶倒水。

(4) 接待未预约的来访者时,秘书应有礼貌地询问来访者的来意,再根据当时的情况,凭借自己以往的接待经验,采取适当的应对办法。具体的做法如下。

① 热情迎接。秘书应面带微笑，主动迎接、问候来访者，并以友好的态度了解来访者的来访目的。

② 了解情况。秘书应了解来访者要拜访的部门或人员，看看能否为其尽早安排见面。若来访者要求立即见面，秘书应设法联系有关部门或人员，了解被访者能否接见来访者；若可以，秘书按常规流程完成接待工作即可；若不可以，秘书应向来访者说明情况，主动请对方留言或留下联系方式，向来访者保证自己会尽快将留言传达给被访者，或是尽可能快地确定会见时间。

③ 灵活应对。如果来访者要见领导，而领导不愿接见，秘书则要找适当的借口拒绝来访者，或是请示领导能否指定别人代替；若可以，秘书应礼貌地请来访者与指定的人员会面。如果来访者坚持要见领导，秘书应让来访者知晓当天无法安排会面，并让来访者留下电话、提出要求，表示自己将及时向领导说明相关情况，待领导决定后立即通知对方。

④ 耐心倾听。若来访者怒气冲冲地前来指责、批评某人，秘书要耐心倾听、礼貌接待，切不可针锋相对，致使事态恶化；同时，秘书要快速寻找解决方法，向来访者表示自己将尽力帮助其解决问题，以友善、真诚的态度对待来访者，使来访者感到自己在真心实意地为他着想。秘书应等事态缓和后再想办法解决问题。

⑤ 确保让来访者满意。秘书在接待过程中要做到热情、周到，使来访者满意地离开。

(5) 秘书带领客人到达目的地时，应采用正确的引导方法。具体方法如下。

① 引导客人步入走廊的方法。秘书应位于客人左前方1～1.5米左右，配合客人的步调，让客人走在内侧。

② 引导客人上楼梯的方法。引导客人上楼梯时，秘书应该让客人走在前面，秘书应走在后面；若准备下楼，秘书应走在前面，客人应走在后面。上下楼梯时，秘书应提醒客人注意安全。

③ 引导客人乘坐电梯的方法。引导客人乘坐电梯时，秘书应先进入电梯，等客人进入后再关闭电梯门；到达时，秘书应让客人先走出电梯。

④ 引导客人落座的方法。引导客人落座时，秘书应用手指示，请客人坐下，看到客人坐下后，秘书才能行点头礼并离开。如果客人错坐下座（靠近门的一方一般为下座），秘书则应请客人改坐上座。

(6) 在接待过程中，秘书应遵从次序礼仪，准确地根据客人的身份明确接待方式，这是对客人的尊重。接待中的次序礼仪一般涉及以下几个方面。

① 右侧座位为上座。秘书应将客人安排在领导或其他陪同人员的右边。

② 奉茶、递名片、握手、介绍时，秘书应按职务从高到低进行。

③ 进门时，如果门是向外开的，秘书应把门拉开，请客人先进；如果门是向内开的，秘书应先把门推开，请客人先进。

总之，在一般场合中，以右为大、为上，以左为小、为下。进门或上车时，秘书应让最重要的客人先行，一切服务均从最重要的客人开始。

(7) 我国习惯用茶水招待客人，在招待尊贵的客人时，秘书要选择适合的茶具，注意倒茶、递茶的规矩。

四、接待规格的确定

(一) 接待规格的分类

秘书应根据来访者的身份确定接待规格。接待规格有以下几种。

1. 高规格接待

进行高规格接待时,主要陪同人员的职位比来访者的职位要高。例如,对于上级领导派工作人员来了解情况、传达意见,其他单位派工作人员商量要事,或己方想与来访者加强合作等情况,己方应采用高规格接待。

2. 低规格接待

进行低规格接待时,主要陪同人员的职位比来访者的职位要低。它主要适用于基层的接待工作,如上级领导或主管部门领导到基层视察,企业只能采用低规格接待。

3. 对等接待

进行对等接待时,主要陪同人员的职位与来访者的职位处于同一等级。这是最常见的接待方式。

如果接待规格过高,会影响领导的正常工作;如果接待规格过低,则会影响彼此的关系。所以,秘书在确定接待规格时应进行慎重、全面的考虑。

(二) 确定接待规格时的注意事项

1. 接待规格由领导确定

秘书在确定接待规格时,要先了解对方的来访目的和身份地位,据此向领导提出建议,最终由谁出面接待由领导决定。确定接待规格后,秘书应把己方出面接待的主要陪同人员的姓名、身份和日程安排告知对方,与对方确认。

2. 确定接待规格时需要考虑的因素

(1) 如果与对方的合作对己方而言非常重要,己方希望与对方加强合作或对方的来访事关重大,就可以进行高规格接待。

(2) 如果既定的主要陪同人员因为一些突发事件不能出面接待,秘书应事先与对方沟通,取得对方的谅解。

(3) 对于以前接待过的来访者,秘书可参照以前的接待规格进行接待。

项目五　接待计划的制订

制订接待计划有助于避免秘书在接待工作中出现疏漏。一般来说,接待计划涉及迎送方式、交通工具、食宿安排、工作日程、文娱活动、参观活动、会谈、礼品准备、接待经费、陪同人员等内容。

一、接待计划的主要内容

(1) 接待方针,即接待的指导思想。

(2) 接待规格(见本章项目四)。

(3) 接待日程安排。秘书应合理安排接待日程,接待活动的重要内容不能被遗漏,如安排迎接、宴请、会谈、参观、游览、送行等事宜。秘书在安排接待日程时还要注意时间的紧凑性，上一项活动与下一项活动的时间既不能发生冲突，又不能间隔太久。

（4）接待形式。秘书应思考是否举办迎宾活动、如何安排迎宾活动等问题。

（5）接待经费。接待经费通常涉及餐饮费、住宿费、参观费、交通费、工作费、劳务费、礼品费、公关宣传费等费用。

（6）客人信息。秘书应事先了解客人的所在单位、姓名、性别、职务、级别、爱好、忌讳，以及来访的总人数和到达的日期、地点。了解这些信息后，秘书可根据客人的具体情况提供服务。

二、接待计划所涉及的接待工作

将客人的情况向有关领导报告后，秘书应根据领导的意见和实际情况拟订接待计划和日程安排，并请领导批示。接待计划所涉及的接待工作如下。

（1）秘书应根据客人的身份和其他实际情况通知具体接待部门安排好住宿。

（2）秘书应尽可能周到地安排客人用餐，了解客人的饮食禁忌和偏好。

（3）秘书应根据实际工作需要安排好接待客人所需的车辆。

（4）秘书应根据客人的工作要求做好相应的安排。如果客人要进行参观学习，秘书应根据对方的要求事先安排好参观地点，并通知有关部门或单位准备汇报材料，做好各项准备工作。

（5）秘书应事先列出各个项目的陪同人员名单，在领导批准后通知有关人员不要外出，并做好准备。

（6）秘书应根据客人的身份和抵达日期、地点，安排有关领导或工作人员到车站、机场或码头进行迎接。

（7）客人到达宾馆并住下后，秘书应与客人商定具体的活动日程，尽快将日程安排传达给有关领导和部门。

（8）秘书应在合适的时机按照大体对等的礼仪原则，安排有关领导看望客人；秘书应事先安排好地点及陪同人员。

（9）秘书应根据领导指示或客人的要求，为客人安排一些必要的文化娱乐活动，如欣赏地方戏剧、参加书画活动或展览等。若安排的是体育活动，秘书应提前找好体育场馆，派相关人员做好相应的准备，并安排陪同人员。

（10）如果客人有重要身份或活动具有重要意义，秘书应通知媒体记者进行采访、报道，安排负责人介绍情况，安排采访对象谈话，并协助领导对稿件进行把关。

（11）秘书应事先了解客人的返程计划，预订返程车票、船票或机票。

（12）客人离去时，秘书应安排有关领导或工作人员到宾馆或车站、码头、机场为客人送行。

三、设计接待记录表

为了更好地掌握客人的来访情况，秘书应设计接待记录表。

秘书可以根据接待工作的要求设计接待记录表，但是表格的项目不可太多，否则会使客人感到厌烦。接待记录表的主要内容应由客人填写。秘书可在接待记录表中设"备注"一栏，记下重要客人的体貌特征，以便下次再见时能准确地说出对方的姓名和职务，给对方留下好的印象。

秘书应按时间顺序装订接待记录表,保留1年以上。接待记录表如表3-2所示。

表 3-2　接待记录表

序号	来访者姓名	来访时间	来访者单位名称	来访目的	要求会见人	实际会见人	备注

项目六　涉外接待

一、涉外接待的原则和要求

（一）不卑不亢

不卑不亢是涉外接待的一项基本原则。每个人在进行国际交往时都必须意识到自己在外国人的眼里代表着自己的国家、自己所在的单位；因此，自己的言行应当得体。虽然人际交往具有一定的灵活性，但是每个人都不能违反基本原则，不能有不正当的行为。秘书既不要表现得自卑、低三下四，也不要表现得傲慢无礼。

（二）依法办事

在国际交往与合作中，双方应遵守彼此国家的法律，同时还应当遵守相关的国际法，这样才能保证双方的合作能够顺利地开展下去。

（三）保守秘密

涉外接待要求秘书以礼相待，但是对于外宾不合理的要求，秘书应当予以拒绝。秘书要有保密意识，对于国家和单位的机密，秘书一定要守口如瓶。

（四）尊重个人隐私

在涉外交往中，秘书务必要坚持"尊重个人隐私"这一基本原则。秘书要做到尊重人权、尊重个人选择。秘书不要对别人的行为和选择横加干涉。

一般而言，在国际交往中，收入情况、年龄问题、婚恋情况、身体健康情况、家庭住址、个人经历、个人信仰均被外宾视为个人隐私。秘书要尊重外宾的个人隐私权，避免在与对方交谈时谈及以上问题。

（五）女士优先

"女士优先"是国际社会所公认的一条重要的礼仪原则，它主要适用于有成年女性参加的社交活动。

"女士优先"的宗旨是：在一切社交场合，每位男士都有义务主动、自觉地通过自己的实际行动尊重、照顾、体谅、关心和保护女士，并且还要想方设法、尽心竭力地为女士排忧解难。倘若因为男士的不慎而使女士陷入尴尬的处境，便意味着男士的失职。"女士优先"原则还要求男士在尊重、照顾、体谅、关心和保护女士等方面对所有的女士都一视同仁。

在国际交往中,男士应在公共场合、社交场合坚持"女士优先"的原则,体现男士的绅士风度;但在公务场合和商务场合,人们会优先照顾职务高者。

(六)入乡随俗

每个国家和民族都有自己的风俗习惯,正所谓"十里不同风,百里不同俗"。

国际通行的做法是,到什么地方就要尊重什么地方的风俗习惯。在国内接待外宾时,秘书应注重礼节;如设宴招待外宾,秘书可安排外宾吃中餐。如果到其他国家,秘书也要事先了解其他国家的风俗和禁忌,尊重他国文化。在涉外交往中,秘书应注意尊重外宾特有的习惯,这有助于增进双方之间的理解和沟通,也有助于更好地、恰如其分地向外宾表达己方的友好之意。

(七)热情有度

热情有度是涉外礼仪的基本原则之一。秘书在参与国际交往、直接同外宾打交道时,不仅要热情友好,更要把握好分寸。秘书要注意以下四个方面。

1. 关心有度

秘书不要过度关心外宾,询问外宾涉及隐私的问题。

2. 批评有度

对于外宾的一些不合适的言谈举止,秘书要委婉指出,不要疾言厉色。

3. 距离有度

在涉外交往中,人与人之间的正常距离大致分为以下四种。它们适用于不同的情况。

(1)私人距离。私人距离小于0.5米,仅适用于家人、恋人与至交,因此有人称其为"亲密距离"。

(2)社交距离。社交距离大于等于0.5米、小于1.5米,适用于一般性的交际应酬,又被称为"常规距离"。

(3)礼仪距离。礼仪距离大于等于1.5米、小于3米。它适用于会议、演讲、庆典、仪式、接见等活动,保持礼仪距离能够体现对交往对象的尊重,所以礼仪距离又称"敬人距离"。

(4)公共距离。公共距离大于等于3米,适用于公共场合中陌生人之间的交往。

4. 举止有度

秘书要在涉外交往中真正做到举止有度。秘书要注意两个方面:一是不要随便做某些有意展现热情的动作,二是不要做不文明、不礼貌的动作。

(八)以右为上

在正式的国际交往中,依照国际惯例,排列座次的基本规则是"右高左低",即"以右为上、以左为下"。大到政治磋商、商务往来、文化交流,小到社交应酬、私人会面,但凡有必要排列座次时,"以右为尊"的原则都是普遍适用的。

二、涉外迎送仪式的要求

在涉外交往活动中,秘书通常应根据外宾的身份、访问性质、双方关系等因素安排相应的迎送活动。

如果外国国家元首、政府首脑来华开展正式访问,我国往往都会举行隆重的迎送仪式。如果有军方领导来华访问,我国也会举行欢迎仪式,如检阅仪仗队等。对于应邀前来的访问者,无论是官方人士、专业代表团还是民间团体、知名人士,在他们抵离时,秘书均应安排具有相应身份的陪同人员前往机场、车站或码头进行迎送。对于长期在我国工作的外国人士(如外交使节、专家等),在他们离任时,我国也会安排相应人员负责送别。

迎宾礼仪的核心是礼待宾客,给予来宾与其身份、地位相符的礼遇,表达主人的好客之情,使对方产生宾至如归之感。

(一) 迎宾前的准备

1. 确定迎送规格

不同的国家在迎送外宾时有不同的做法。确定迎送规格时,秘书应主要考虑外宾的身份和访问目的;秘书还要适当考虑两国关系,了解国际惯例。主要迎送人的身份通常要同来宾的身份相当,但如果存在其他原因(如国家体制不同,当事人不便出面,当事人临时身体不适或不在当地),双方的身份可能不完全对等。如遇此情况,秘书可灵活处理;秘书可请职位相当的人士出面接待。总之,主要迎送人的身份不能与外宾相差太大,同外宾对等为宜。当事人不能出面时,无论作何种处理,秘书都应礼貌地向对方解释。迎送人员一般不宜过多。如果从发展两国关系或当前政治需要等方面考虑,相关单位或组织可破格接待,安排较隆重的迎送仪式。为避免给他人或他国留下己方厚此薄彼的印象,如果没有特殊需要,相关人员一般应按常规程序接待外宾。

2. 确定礼宾次序

接待不同国家、不同地区、不同单位的外宾时,秘书应按照国际惯例和本国的常规做法安排礼宾次序。秘书可采取以下做法。

(1) 依照外宾职位的高低确定次序。在组织正式的涉及政务、商务、军事、学术的交往活动中,秘书可根据外宾的职位排列次序。若外宾是组团来访的,团长应被排在首位。

(2) 依照拉丁字母确定次序。大型国际会议的主办方一般会依照外宾所在国家或地区名称的第一个拉丁字母的先后顺序排列次序。

(3) 依照外宾抵达时间的先后确定次序。秘书可在非正式的涉外活动中采用这种做法。

(4) 依照外宾告知的到访时间的先后确定次序。大型国际招商会、展示会、博览会的主办方会采用此种做法。

在确定礼宾次序时,以上四种做法可以组合使用。通行的做法是:先依照外宾身份地位的高低进行排列;身份地位相同的,依照其所在国家、地区名称的第一个拉丁字母的先后顺序排列;字母相同的,再依照某种时间顺序排列。

3. 规范使用国旗

为了维护国旗的尊严,相关人员应当规范使用国旗。

《中华人民共和国外交部关于涉外升挂和使用国旗的规定》第三条指出:"外国国家元首、副元首,政府首脑、副首脑,议长、副议长,外交部长和国防部长、总司令或者总参谋长以及其他相应职级的外军领导,率领政府代表团的正部长,国家元首或者政府首脑派遣的特使,重要政府间国际组织的主要负责人以本人所担任公职的身份单独或者率领代表团来华进行正式访问时应当升挂中国国旗、来访国国旗或者政府间国际组织的旗帜。接待外国国家元首(含副元首)和政府首脑时,在重大礼仪活动场所,如欢迎仪式、正式会谈、签字仪式、欢迎宴会等,升挂中国国旗和来访国国旗。接待外国政府副首脑时,在重大礼仪活动场所,如正式会谈、签字仪式等,升挂中国国旗和来访国国旗。"

《中华人民共和国外交部关于涉外升挂和使用国旗的规定》第十七条指出:"举办双边活动需要升挂中国国旗和外国国旗的,凡中方主办的活动,外国国旗置于上首;对方举办的活动,中国国旗置于上首。有特殊规定或者特殊情况的除外。"

4. 拟订接待计划

在拟订接待计划前,秘书要充分了解外宾有无特殊习惯、要求。秘书应本着互助互利、交往对等的原则,在力所能及的情况下尽可能地满足其正当、合理的要求。接待计划是接待工作的指南和行动纲领,涉及食宿安排、交通工具、会谈、参观访问、文娱活动、新闻报道、安全保卫、突发事件处理、礼品准备、人员配备、经费预算等基本内容。正式的接待计划一旦拟订完成,秘书应尽快报请上级主管部门批准。此外,秘书应将接待计划发给与接待工作有关的部门以及外方的有关人员。

5. 掌握人员状况

想要做好外事接待工作,秘书就必须掌握外方与己方有关人员的状况。一方面,秘书应对主要来访者的基本情况、风俗习惯及主要禁忌有所了解。若对方曾拜访过己方,秘书应借鉴当时己方的接待规格和接待方案。另一方面,秘书应安排好己方负责接待工作的人员,确定专门负责接待的陪同人员、翻译人员及司机。接待人员要接受专门的业务培训,并接受有关外事纪律和国际礼仪的培训。

(二) 掌握抵达和离开的时间

秘书必须准确掌握外宾乘坐的飞机、火车、轮船的抵离时间,尽早通知全体迎送人员和有关单位。如有变化,秘书应及时通知各方。由于天气变化等原因,飞机、火车、轮船可能无法准时达到。一般来说,大城市的机场离市区较远,因此,若既想顺利地接送外宾,又不想耽误迎送人员过多的时间,秘书就要准确掌握抵离时间。

迎接人员应在飞机、火车、轮船抵达之前到达机场、车站、码头。送行时,送行人员应在外宾到达之前抵达。送行时如有欢送仪式,送行人员则应在仪式开始之前到达。如外宾乘坐飞机离开,秘书应通知其按航空公司规定的时间抵达机场并办理有关手续(对于地位较高的外宾,送行人员可提前帮助其代办手续)。

(三) 献花

如安排献花环节,献花者必须使用鲜花,并保证花束整洁、鲜艳,忌用菊花、杜鹃花、石竹花。有的国家习惯送花环,或者送一两枝名贵的兰花、玫瑰花等。儿童或女青年可在参加迎送仪式的主要领导与外宾握手之后献上鲜花。若外宾不止一人,献花者可为每位外宾逐一献花,也可以只向主宾或主宾夫妇献花。向主宾夫妇献花时,献花者可先给女主宾献花,也可以同时向主宾夫妇献花。

(四) 介绍

外宾与迎接人员见面时,应互相进行介绍。负责介绍的工作人员通常先将迎接人员介绍给外宾,可由负责礼宾的工作人员或其他接待人员介绍,也可由迎接人员中职位最高者介绍。外宾初到目的地时一般较为拘谨,迎接人员应主动与外宾寒暄。

第三章　事务管理

（五）陪车

外宾抵达后，相关人员应陪同外宾乘车。如果主要领导负责陪车，秘书应请外宾坐在主要领导的右侧。如果乘坐的是三排座的汽车，翻译人员应坐在主要领导前面的加座上；如果乘坐的是两排座的汽车，翻译人员应坐在司机旁边。上车时，外宾最好从右侧门上车，主要领导应从左侧门上车，避免从外宾座前穿过。如果外宾先上车并坐到了主要领导的位置上，秘书不必请外宾挪动位置。

（六）对一般外宾的迎接

迎接一般外宾时，秘书通常不用安排正式仪式，做好各项安排即可。如果外宾是熟人，迎接人员则可不必介绍，仅握手、互致问候即可；如果外宾是首次来访，双方互不认识，迎接人员应主动打招呼，主动进行自我介绍；迎接人员如果要迎接大批外宾，可以事先准备特定的标志，如小旗或牌子等，让外宾在远处就能看到，以便外宾能主动找到迎接人员。

（七）迎送工作中的几项具体事务

迎送地位高的外宾时，秘书应事先在机场、车站、码头安排贵宾休息室，准备饮品。

秘书应为外宾安排车辆、预订宾馆。如有条件，秘书应在外宾到达之前将宾馆位置和车牌号告知外宾。秘书可印好信息表或打印好卡片，在外宾刚到达时及时发给每个人。秘书也可让对方的联络秘书转达相关信息。这样做既可以避免组织混乱，又可以使外宾心中有数、主动配合。

秘书应指派专人协助外宾办理出入境手续，负责行李提取或托运等事宜。重要代表团人数众多，行李也多，迎接人员应将主宾的行李先取出（最好请对方派人配合），及时将其送往宾馆，以便主宾更衣。

外宾抵达住处后，主办方不要马上安排活动，应让外宾稍作休息，起码给对方留出更衣的时间。

（八）举办欢迎宴会

按照国际惯例，为外宾举办的宴会主要分为两种：一种是在外宾抵达后举行的宴会，也称欢迎宴会；另一种则是在外宾离开之前举行的宴会，也称送别宴会。为简化外事礼仪，我国一般只安排欢迎宴会。

举办宴会前，秘书要提前发出请柬、准备菜单、排好座次，安排好己方出席宴会的陪同人员。在宴请时，主宾坐在主要领导右侧的上座；挂在主席台上的各国国旗依礼宾次序从右向左排列，东道主的国旗排在最左边。

宴会的具体程序为：宴会开始前，主要领导及相关人员在宴会厅门口列队迎接外宾；宴会开始时，应先由主要领导致辞，然后再请主宾致辞；宴会结束时，主宾向主要领导赠送礼品，主要领导应向外宾回赠礼品；主宾离开时，主要领导应陪同其走出门外，与之握手道别，其他相关人员在门口列队，与外宾握手道别。

（九）送别外宾

秘书应安排陪同人员陪同外宾乘车前往机场、车站、码头，为外宾送行。送别外宾时，陪同人员应与其一一握手道别，并预祝对方旅途愉快。

三、涉外会见、会谈和拜访要求

（一）涉外会见、会谈的要求

会见通常也叫礼节性会晤，一般时间较短。

会谈是指双方或多方为维护各自利益，就某些实质性问题交换意见、达成协议。如果进行的是正式访问或专业访问，秘书应考虑安排相应的会谈。

会见和会谈在礼仪和程序方面的要求是一致的，只是会谈的时间更长，谈话内容更正式。

安排会见和会谈时，秘书应做到如下几点。

（1）充分了解双方的情况。

（2）准备工作要落实到位。

（3）会谈、会见时要做好记录，对于外宾提出的问题、领导许诺的内容，秘书应在会后落实相关工作。

（二）涉外拜访的要求

在外宾抵达之后，主要领导应在适当的时候（如外宾抵达目的地的第一个晚上或第二天的某个时间）到外宾下榻的宾馆进行拜访，介绍相关情况，了解外宾有什么需求。

拜访的程序为：先由秘书与对方联系，双方商定拜访时间；然后由主要领导带领陪同人员按约定时间前往宾馆拜访外宾，到达后先在大厅与对方联系。外宾比较注重隐私，所以一般不会选择在自己的房间会客，而会选择在会客室见面，主要领导的秘书有时需要负责安排会客室。主要领导一般会在拜访时赠送礼物，有时也可以在外宾临行前赠送，因为有些国家的外宾忌讳初次见面时就收礼。

（三）涉外会见、会谈的工作程序

1. 提出会见或会谈的要求

主客双方都可以在自己认为合适的时候提出会见或会谈的要求。从礼节和双方关系上考虑，东道主要根据来访者的身份及来访目的，在来访者抵达的当日或次日安排来访者与相应的领导和部门负责人会见或会谈。

根据职位的高低，会见分为接见和拜见。来访者和外交使节可以根据双方关系、业务性质主动提出拜见某些领导。职位高者可以回拜职位低者，也可以不回拜。

提出会见的一方应把己方的会见人员的姓名、职务，对方会见人员的姓名、职务，以及会见目的告知对方。接见方应尽早回复，若因故不能会见，相关人员应予以解释。

2. 通知对方有关事项

接见方应主动将会见或会谈的时间、地点、本方出席人、具体安排等告知对方。提出会见的一方应主动了解情况，准时出席。

3. 准备工作

（1）了解背景资料。在会见、会谈开始前，秘书应详细了解对方的有关信息和资料，包括对方的背景、习俗、禁忌、兴趣爱好、可能提出的问题等。秘书应将相关内容整理成文字材料，供己方出席人参阅。如果对方曾经到访过，秘书还要查阅以前的会见、会谈资料，整理后供出席人参阅。秘书还应事先准备好外文资料。

（2）场地的选择、布置与检查。会见大多在会客室进行，座位的布局通常是半圆形的，双方并排而坐。会谈时,会客室摆放的通常是长条形桌子,双方相对而坐。为了营造良好的会谈氛围,会客室的选择与布置应符合如下几点要求:① 有充足、适宜的光线;② 色彩温馨、柔和;③ 隔音较好;④ 干净、整洁。

(3) 会见、会谈的座次安排。秘书应安排好双方出席人员的座次,体现礼仪规范和对外宾的尊重。采用相对式的排位方式安排座位时,主宾一行坐于面门一方,主人一行坐于背门一方,遵循"居中为上、右上左下"的原则排列座位,主人和主宾于中间落座,其他一行人按职位高低在两边落座。采用并列式的排位方式安排座位时,主人一行在左,主宾一行在右。采用自由式的排位方式安排座位时,多用椭圆形会议室,双方自由就座,这种排位方式适用于多边会谈。翻译人员和记录员可坐在主要领导和主宾的后面,中国习惯把翻译人员安排在主要领导的右侧。座位不够时,相关人员可在后排加座。

(4) 人员安排。参与会见、会谈的主谈人应该是有着丰富的谈判经验、具有较高业务水平、有决策权的高层领导。其他陪同人员也应是熟悉业务的人员。参与会见、会谈的还应有翻译人员、记录员、设备管理人员、服务人员等工作人员。

4. 迎接外宾

主方应先于客方到达会场,在门口迎候。双方就座后,客方领导应先把自己的部下介绍给主方,主方领导再把自己这方的人员介绍给客方,然后双方合影留念。合影时,主要领导居中,主客双方可间隔排列,两端一般均由主方人员把边。合影也可被安排在会见、会谈结束时进行。

5. 会见、会谈

会见、会谈开始前,一般工作人员应退出会场。在会见、会谈过程中,人员不可随意出入。双方需要致辞、互赠礼物。主方应提供饮品。各国提供的饮品各不相同,这与文化和习惯有关,主方提供饮品时应考虑各国不同的习俗和禁忌。我国一般提供茶水、矿泉水、咖啡,夏天可提供冷饮。

6. 送别外宾

会见、会谈结束后,主方把客方送到门口或车前,并与客方握手道别,目送客方离开后再转身离开。

项目七　中餐宴请礼仪

一、中餐宴请

中餐宴请是重要的社交环节之一,有很多讲究。

中餐的上菜顺序一般为:先凉后热,先炒后烧,清淡的先上,甜的、味浓的后上,最后上主食。在规格高的宴席上,热菜中的主菜(如燕窝、海参)应该先上,即最贵的热菜先上,其他以溜、炒、烧、扒为烹饪方式的热菜后上。

宴席不可无酒。纯粹的中餐应该避免出现啤酒和欧洲葡萄酒,最好配备国内的名酒,中度、低度的宴酒比较常见。

中餐宴请礼仪涉及以下几个方面。

（一）赴宴前的准备

中式宴会对服饰、仪表无明确规定，但秘书在参加宴会时要根据自己的职业特点、身份地位选择着装，将自己打扮得大方、得体，这是对主人和自己的尊重。

（二）准时赴宴

客人要按主人约定的时间准时赴宴。除酒会外，一般的宴会都要求客人提前半小时到达。因故在宴会开始前几分钟到达不算失礼，但迟到太长时间就会显得对主人不够尊敬。

（三）礼貌问候

客人走进主人家或宴会厅时，应先跟主人打招呼。同时，对于其他客人，不管认不认识，客人都要微笑、点头示意或握手问好；如果遇到长者，客人要主动起立、让座问好；如果遇到女宾，客人要举止庄重、彬彬有礼。

（四）入席后的礼仪

入席时，客人应听从主人的安排落座。入座后坐姿要端正，不要随意伸直两腿或两腿不停地摇晃，手肘不得靠着桌沿，也不应将手放在邻座椅背上。入座后，客人不要东张西望，不要坐在那儿发呆，或摆弄餐具、餐巾，也不要眼睛直盯着盘中菜肴，表现出迫不及待的样子。客人应将双手放在自己的腿上，礼貌地和邻座的客人轻声聊几句，或是倾听别人的谈话。如果服务员送上湿毛巾，客人应礼貌地接下并轻轻擦拭一下自己的双手，然后将其放在桌沿上，绝不能用它擦脸、脖颈和手臂。

（五）使用餐具的礼仪

1. 正确使用餐巾

当主人示意就餐者用餐时，就餐者应将桌上的餐巾完全打开，平铺在自己的双腿上。中途因故离开座位时，就餐者可将餐巾稍微折一下并放回桌上，绝不能将餐巾放在椅子上。如果用手取食，就餐者应先将手洗净并用餐巾擦干。若用餐完毕，就餐者应用餐巾轻轻擦拭嘴唇和嘴角，然后顺势将其放在餐具的右侧。

2. 用筷礼仪

规范的握筷方式是拇指、食指和中指握住两根筷子，无名指和小指自然弯曲辅助。用餐时，就餐者应先用公用筷子或汤匙将菜肴夹或舀到自己的餐盘中，然后再用自己的筷子慢慢食用。

就餐者用筷子时应注意：一忌每次夹太多菜；二忌将菜夹到自己的餐盘时不断滴汁；三忌把筷子的一端含在嘴里吟齐；四忌用筷子在菜盘中挑拣；五忌用筷子插盘中的菜品；六忌用筷子敲打餐具；七忌用筷子指点人；八忌用汤匙舀汤时，手里同时拿着筷子。就餐者如果想吐骨头之类的杂物，应把筷子放在嘴唇间，将杂物夹到自己的碟子里，不能直接吐在桌布上。就餐者不要用自己的筷子替别人夹菜，也不要把自己的筷子放在公用的菜盘上。

3. 用汤匙礼仪

舀汤时，就餐者应先放下筷子，再用汤匙。用完汤匙，就餐者应将其放在自己的盘中，不能直接放在桌布上。

就餐者应用公用汤匙盛汤和调料，自己的汤匙只能用来喝汤。

就餐者应用公用汤匙盛菜，未入口的汤匙才可用来盛菜。

(六) 席间礼仪

就餐的动作要文雅,夹菜的动作要轻。就餐者要先把菜放到自己的餐盘里,然后再用筷子将其夹起并放到嘴里。就餐者吃饭时不要狼吞虎咽,要小口进食;两肘向外伸时,张开幅度不要太大,以免碰到邻座。

就餐者的谈话声音不要过大,口内含有食物时和人说话是极不雅观的。

就餐者尽量不要在席间打嗝、咳嗽。就餐者如果忍不住,可用餐巾捂住嘴,将头转向一边,事后向旁边的人道歉。

就餐者不要在吃面条、喝饮料、喝汤时发出声响。

若用餐时汤或菜太热,就餐者不要用嘴吹,应稍等片刻,等略凉些时再吃。

餐桌中间的转盘应顺时针转动,每上一道菜,就餐者就要先将菜转到主宾面前。若看到有人在夹菜,就餐者要先等一下再转动转盘。就餐者不要站起来夹菜。

用餐时,就餐者如要用摆在同桌其他就餐者面前的调味品,应打个招呼再拿;如果离得太远,就餐者要客气地请人代劳。

就餐者如在用餐时需要剔牙,要用左手或手帕遮掩,右手用牙签轻轻剔牙。

就餐者不要在用餐中途脱掉外衣。

在喝酒的时候一味地劝酒、给别人灌酒(特别是给不胜酒力的人灌酒)是失礼的表现。

如果宴会没有结束,但就餐者已用好餐,就餐者不要随意离席。主人和主宾起身离席后,其他就餐者才能依次离席。

(七) 座次安排

排座次是中式宴会的重要环节。秘书一般要事先安排好桌次和座位,使参加宴会的人都有自己的位置。席位的安排也能体现出主人对客人的尊重。从古到今,由于桌具的演变,座位的排法也发生了相应的变化。总的来讲,安排座次应遵循"面朝大门为尊"的原则。

1. 安排桌次

秘书应根据各桌距主桌(图 3-1 中处于最上面的单桌)位置的远近安排桌次。秘书应在安排桌次时遵循"右高左低、近高远低"的原则。桌子的摆放方式如图 3-1 所示。

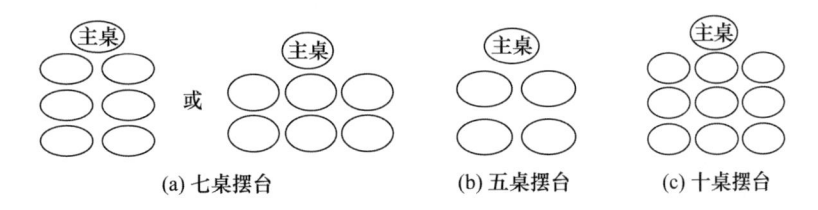

(a) 七桌摆台　　(b) 五桌摆台　　(c) 十桌摆台

图 3-1　桌子的摆放方式

2. 安排座位

举办正式宴会前,秘书可排全部客人的座位,也可只排部分客人的座位。无论采用哪种做法,秘书都要在客人入席前告知每位客人自己的座位在哪儿,使大家心中有数,现场还要有人负责引导。对于大型的宴会,秘书最好提前安排座位,以免现场秩序混乱。

按照国际惯例,在同一桌上,座位高低依离主人座位的远近而定,男女可穿插就座,主宾在女主人右方,主宾夫人在男主人右方。我国的习惯是按个人职务高低安排座位,以便于谈话；若主宾夫人出席，秘书通常会把女方安排在一起，即主宾在男主人右方，主宾夫人在女主人右方。其他各桌第一主人的位置可以与主桌主人位置同向，面对主桌的位置也可被视为主位。秘书可根据图3-2安排座次。

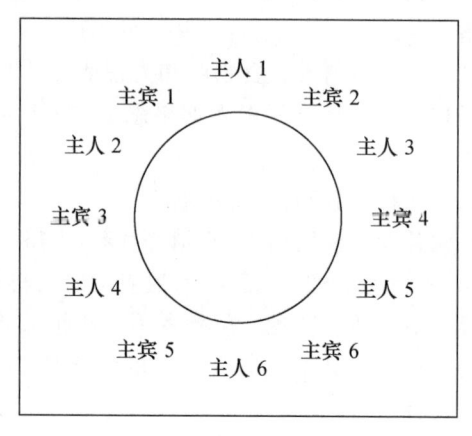

```
              主人1
       主宾1          主宾2
    主人2               主人3
       主宾3          主宾4
    主人4               主人5
       主宾5          主宾6
              主人6
```

图 3-2　宴请座次

二、茶会

茶会是一种更为简便的招待形式。它一般在西方人喝早茶、午茶的时间举行，地点常设在会客厅，厅内应设茶几、座椅，不排席位。如为招待贵宾举行茶会，秘书应有意识地将主宾与主人的座位安排在一起，其他出席者可随意就座。

举办茶会的目的之一就是请客人品茶，故茶会对茶叶、茶具的选择及递茶的方式均有一定的要求。茶会一般选用陶瓷材质的器皿，不用玻璃材质的器皿，也不用热水瓶代替茶壶。外国人一般喜欢喝红茶。主人可为客人准备点心、小吃。

三、工作餐

工作餐是一种非正式宴请形式。按用餐时间分，工作餐包括工作早餐、工作午餐和工作晚餐。主客双方可利用进餐时间边吃边谈问题。我国的企事业单位现在也开始广泛使用这种宴请形式。工作餐以分食快餐的形式为主，既简便又卫生。对于此类活动，双方一般不请配偶参加，因为它多与工作有关。主客双方可在长桌上就餐，便于双方交谈、磋商。

项目八　涉外宴请

涉外宴请是国际交往中最常见的交际活动之一。安排涉外宴请时，秘书要考虑不同国家、民族、宗教的特点，还要考虑习俗与礼仪。秘书应根据活动目的、邀请对象及经费开支等各种因素确定涉外宴请采用何种形式。

一、涉外宴请原则

涉外宴请一般选用西餐，秘书要注意如下几个宴请原则。
（1）选择雅致、安静的宴请环境。

(2) 选择菜品时要考虑外宾的民族、宗教禁忌,注意饮食习惯的差异。
(3) 菜品要精致、丰盛、有特色,但不要太过奢侈。
(4) 尽量不要选择燕窝、鱼翅、熊掌等昂贵的菜品,也不要选择有动物内脏的菜品。
(5) 个人要重视赴宴着装,着装要得体、干净。

二、西餐礼仪

为了不失礼,就餐者有必要了解一定的西餐礼仪。如果就餐者实在不知道应该怎么做,跟着主人做应该不会出错,这种原则被称为"紧跟原则"。

(一) 宴前准备

一个人如果受到了别人的邀请,无论是答应还是拒绝,都应及时告知对方,切忌答应某人的邀请后,又因参加别的约会而失约。一个人如果已拒绝了邀请,即使后面又可以去了,也最好不要再去,否则会给主人添麻烦。写在请柬左下方的"R. S. V. P"是敬请回复的意思。一些请柬往往还写着"请穿礼服",就餐者应根据场合穿华丽一些的衣服或以黑色或素色为主色的衣服。

就餐者到主人家里赴宴时需要带礼品,带一瓶葡萄酒、一盒巧克力或一束鲜花就可以了。就餐者到饭店赴宴可不带礼品。到饭店赴宴要准时,到主人家里赴宴可稍晚几分钟,从而给主人留出一些准备的时间。

(二) 座次安排

西餐礼仪中的座次要求是:主客相隔而坐,男女相隔而坐,夫妻分开坐。即使餐桌上有座签,就餐者也要在主人的带领下入座。

(三) 入席、退席礼仪及相关礼仪

1. 入席礼仪

一般来说,男主人带领女主宾入席,女主人带领男主宾入席,其他客人由服务员引座。最得体的入座方式是从左侧入座,男士要为左边的女士拉开椅子。当椅子被领位者拉开时,就餐者应站在桌前并站直,领位者会把椅子推进来,随后就餐者就可以坐下来了。用餐时,上臂和背部要靠到椅背上,腹部和桌子保持约一拳的距离。就餐者最好不要采用两脚交叉的坐姿。如果宴请中没有女主人,职位最高者最先入席。

2. 入席后的礼仪

女主人拿起餐巾并打开即表示宴会正式开始。此时,就餐者才可打开餐巾,将餐巾放在膝盖上,不可以将其塞在领口处。餐巾只能用来擦嘴,不能用来擦汗。用餐前,女士可把口红擦掉,以免将口红印在餐巾和酒杯上。

3. 暂时离开的礼仪

就餐者若需要暂离,应把餐巾放在自己的椅子上,表示自己还会回来。如果就餐者将餐巾放在盘子旁边,就表示就餐者用餐完毕,服务员会把餐具收走。

4. 退席礼仪

主人看到大家用餐基本完毕时才可以放下手中的餐具,把餐巾稍加折叠并放在桌子上,这表示宴会结束。此时,就餐者应马上停止用餐,把餐巾放在桌上,跟着主人退席。就餐者应从椅子左侧退出,告辞时应向主人表示感谢。

(四)席间礼仪

1. 餐具的正确使用方法

西式餐具主要包括刀、叉、匙。正确的持刀姿势是大拇指与食指相对,五指握在刀柄处。正确的持叉姿势是五指轻握叉柄,叉柄顶端应处在食指的第二个关节处。正确的持匙姿势和持叉姿势相同。

就餐者用餐时应左手持叉、右手持刀,用刀切割食物时应用叉牢牢按住所切的食物,刀紧贴叉边切下食物,以防滑开;不能用力过猛,否则会发出刺耳的响声。就餐者一般应切一块吃一块,每一块的大小以就餐者能一口吃下为宜。就餐者使用黄油刀抹黄油时,应在盘子里进行。就餐者应把黄油刀稍靠右边放,刀柄放在盘外,以保持清洁。用完一道菜时,就餐者应将刀叉平行摆放在盘子右上侧,叉尖向上,刀刃向内。如果未用完,正确的摆放方式是刀叉相交、叉尖向上。

汤匙专用于喝汤。汤匙可以与叉并用。喝汤时,就餐者应用右手持匙,左手扶着汤碗,由自己所在的方向向餐桌中心方向慢慢舀汤;只剩下少许汤时,就餐者应用左手把汤碗提起,再用汤匙轻轻地由里向外舀。喝完汤后,就餐者应将汤匙放在盘子里,匙心向上,将匙柄置于盘子右边缘外。

2. 西餐上菜顺序

正式的西餐上菜顺序是:汤或前菜(冷食)→鱼→主菜(肉类菜)→色拉→甜食(布丁或冰激凌)、咖啡→水果。

对于一般的宴请,主人没有必要点太多的菜,点太多却吃不完会让客人觉得不好意思。前菜、主菜加甜点是最恰当的组合。点菜者不用先从前菜开始点起,可以先选一样最想吃的主菜,再配上适合主菜的其他菜品。

3. 酒品的选择方法

对于西餐而言,不论是便餐还是宴会,都讲究以酒配菜。总的来说,口味清淡的菜肴与香味淡雅、色泽较浅的酒品相配,肉类菜肴与香味浓郁的酒品相配。点餐者可在餐前选择旨在开胃的各式酒品,可在餐后选择各式甜酒以助消化。具体来说,点餐者在选择酒品时应注意以下几点。

(1)在用餐之前饮用鸡尾酒有开胃的作用。法国和意大利生产的味美思、仙山露、马天尼等可作为餐前酒。

(2)点餐者可根据开胃菜选择酒品,如鱼子酱可与俄罗斯或波兰生产的伏特加相配。

(3)与汤类相配的是西班牙生产的雪莉酒。不同类型的汤可以配不同类型的酒,如牛尾汤配雪莉酒,蔬菜汤配干白葡萄酒等。

(4)与海鲜相配的酒是白葡萄酒。冰的白葡萄酒比较好喝。

(5)各式牛排(包括烤牛肉)、羊肉类菜肴(如羊扒、烤羊肉)、猪肉类菜肴(如火腿)与红葡萄酒最相配。红葡萄酒的最佳饮用温度与室温相同。

(6)甜品一般与甜葡萄酒或葡萄汽酒最相配。

香槟酒可以与任何种类的菜品相配。所以,在不了解选择西餐酒品的方法时,选用香槟酒不失为一种稳妥的选择。每道菜品被撤下去后,就餐者一般不再喝与之相配的酒,酒杯也会被撤下去。

4. 食用带骨食物的方法

（1）鱼。就餐者应先用刀叉把鱼头和鱼尾割下，放在盘边，然后用刀尖顺着鱼骨把鱼从头到尾切开。就餐者此时有三种选择：一是将鱼骨滑出；二是将鱼平着分开，取出鱼骨；三是吃掉鱼肉，吃完后再去骨。就餐者如果吃到了小骨头，应用拇指和食指捏出。

（2）鸡肉。就餐者应先用刀叉把鸡腿和鸡翅从连接处分开，然后用叉固定住鸡肉，用刀把鸡肉切成适当大小的片，每次只切两三片。如果是在非正式场合，就餐者可以用手拿取小块的鸡肉，但只能使用一只手。

（3）肉排。如果有塑料手套，就餐者可以在戴上塑料手套后用手抓住排骨，并切下骨头上的肉，这样就不会使手变得油腻。在正式场合，就餐者即使戴着塑料手套也不能用手拿着排骨直接吃。另外，在非正式场合，只有当排骨上没有汤汁时，就餐者才可以把排骨拿起来吃。

5. 面包、三明治、蛋卷的吃法

吃烤面包时，就餐者应先用手将面包撕成小块，再用左手拿起来吃。吃硬面包时，用手撕不但费力，而且面包屑会掉下来，就餐者可先用刀将面包切成两半，再用手撕成块来吃。切面包时，就餐者可将面包固定，避免发出声响。就餐者可以用手拿着吃小的三明治，对于大点的三明治，就餐者需要在吃前将其切开。如果吃的是配着卤汁的热三明治，就餐者需要用刀和叉。给面包或蛋卷抹黄油前，就餐者可以先把面包或蛋卷切成两半或小块。吃热吐司时，就餐者要马上抹黄油。就餐者不必把面包条掰碎，可在其一面抹上黄油。就餐者可以把蛋卷切成两半或几个小块，随抹随吃。

6. 甜点的吃法

就餐者一般使用小勺吃冰激凌。当就餐者同时吃冰激凌、蛋糕或馅饼时，或冰激凌作为主餐的一部分时，要使用甜点叉和甜点勺。

7. 意大利面的吃法

就餐者可以用叉子挑起几根面条，左手持勺，用勺子面抵住叉子尖，然后转动叉子，面条就绕在叉子上了，就餐者可以一口把它吃掉。若没有大勺子，就餐者可以用叉子尖抵住碗壁并转动叉子。

8. 吃水果的方法

（1）苹果或梨。在宴席上，就餐者要用手拿取苹果或梨，将其放在盘里。就餐者可以用螺旋式削皮刀削皮。如果说这样做很难，就餐者可以把水果放在盘上，先将其切成两半，再去核、切块，然后用叉子食用。如果场合不太正式，就餐者可以用手拿着吃。

（2）香蕉。就餐者如果是在餐桌上吃香蕉，要先剥皮，再用刀切成段，然后用叉子叉着吃。

（3）无花果。鲜无花果可作为开胃品，其可与火腿搭配。若无花果上面有硬秆，就餐者可以用刀将其切下（否则会嚼不动）。无花果作为饭后甜食时，就餐者要先把无花果切成几个小块，将其浸泡在橘汁或奶油中，再用刀叉食用。

（4）柚子、橙子或橘子。吃柚子时，就餐者要先把它切成两半，用茶匙挖出果肉后食用。在非正式场合，就餐者可以把柚子汁小心地挤到茶匙中。剥橙子皮有两种方法，就餐者要使用尖刀剥皮。方法一：螺旋式剥皮。方法二：先用刀切去两端的皮，再竖着将皮一片片切掉。剥皮后，就餐者可以把橙肉掰下来。如果掰下的部分不大，就餐者可一口吃掉。如果掰下的部分太大，就餐者要使用刀子将其切开，再食用橙肉。如果橙子是被切好的，就餐者也可以像吃柚子那样使用茶匙挖着吃。就餐者吃橘子时要先用手剥去皮，再一片一片地吃。

（5）葡萄。吃无籽葡萄没什么讲究，就餐者一粒粒地吃就行。若葡萄有籽，就餐者应把葡萄放入口中嚼食，然后把籽吐到手中。就餐者若想剥去葡萄皮，则要持其茎部，用拇指和食指将果肉挤入口中，最后把手中的葡萄皮放在盘里。

（6）芒果、木瓜。就餐者应将芒果先切成几个小块，用叉子将每一块放入盘中，并剥掉芒果皮。就餐者可以像吃鳄梨那样用勺子挖着吃芒果。就餐者也可把芒果切成两半，挖食果肉，保留果皮。就餐者可以像吃鳄梨和小西瓜那样吃木瓜，先将木瓜切成两半，抠出籽，然后用勺子挖着吃。

（7）桃子或李子。就餐者可以先将桃子或李子切成几个小块，用刀去核。就餐者可以将皮剥下来，也可直接将其切成小块，用刀叉食用。

（8）柿子。吃柿子的方法有两种：一是先将柿子切成两半，然后用勺子挖出柿肉；二是将柿子竖直放在盘中，柄部朝下，将其切成大块，然后再借助刀子将其切成小块。就餐者不要吃柿子皮，因为柿子皮太苦太涩。

（9）菠萝。就餐者吃鲜菠萝片时应始终使用刀叉。

（10）草莓。就餐者可手持草莓柄，蘸着自己盘中的白砂糖吃，然后将草莓柄放入自己的盘里。如果草莓和奶油拌在一起，就餐者则要使用勺子。

（11）西瓜。就餐者一般用刀和叉来吃切成块的西瓜。就餐者可以将吃进嘴里的西瓜籽吐在自己的手中，然后放入自己的盘子中。

9. 喝咖啡的方法

就餐者可用茶匙自取一些牛奶和糖，将其放入杯中轻轻搅拌，不要使咖啡溅出来，搅拌后把茶匙放回小碟里。

10. 进餐速度

就餐者的进餐速度最好与大家一致，不要太快也不要太慢。若速度太慢了，大家还要等就餐者，下一道菜也上不来；若速度太快了，就餐者要等大家，这会使无事可做的就餐者感到尴尬。

三、招待会礼仪

招待会是一种不备正餐、较为灵活的西式宴请形式。主人一般都会在请柬上写明开始时间和结束时间，客人可在此时间段内到达或离开。客人在收到请柬后不需要回复。招待会上备有食品、酒水，通常不排席位，客人可以自由活动。招待会的常见形式是冷餐会和酒会。

在冷餐会和酒会上，如果需要客人自己取食物，客人不要往人多的地方挤，也不要一下拿太多食物。在行走和取用食物时，客人一定要端好自己的盘子，以免食物不小心掉落或盘子被别人碰翻。

（一）冷餐会

冷餐会以自助餐为主要形式。这种宴请形式的特点是不排席位。菜肴以冷食为主，由客人自取。客人可以自由活动，也可以多次取食。酒水通常被陈放在桌上，也可以由服务员端送。冷餐会可以在室内、院子里或花园里举行，可以设座椅，供客人自由入座，也可以不设座椅，客人可站立进餐。

冷餐会的规格可高可低,主办方应根据实际情况确定规格。举办时间一般为中午12点至下午2点、下午5点至7点。这种形式适用于官方正式活动,宴请人数通常较多。

举办大型冷餐会时,主办方应准备大桌,设座椅,为主宾席排座位,其余客人的座位可以是不固定的。食品应被事先放置在桌上,冷餐会开始后,客人可开始进餐。

(二)酒会

酒会是一种形式较为灵活的宴请形式,便于宾客广泛接触、交谈。主办方会为客人准备酒水,并略备小吃。酒会不设座椅,仅设小桌,以便客人随意走动。酒会的举办时间较为灵活,中午、下午、晚上均可,请柬上应注明整个活动的举办时间,客人可在该时间段内的任何时间到达或退席,来去自由,不受约束。

鸡尾酒是一种由多种酒配成的混合饮品。酒会上的酒不一定都是鸡尾酒。主办方会为客人准备各种类型的酒,并配以各种果汁。酒会中的食品多为三明治、面包卷、小香肠、炸春卷等各种小吃,客人可用牙签取食。食品由服务员用托盘端送,部分食品被放置在小桌上,供客人自取。

近年来,世界各国在举办大型活动时都倾向于采用酒会这种宴请形式。

项目九　馈赠礼品

在涉外交往中,馈赠礼品主要是为了表示对他人的祝贺、慰问、感谢,因此,送礼人在选择礼品时应挑选具有一定的纪念意义、民族特色、艺术价值,或为收礼人所喜爱的礼品,如食品、花束、书籍、画册等。馈赠礼品前,送礼人应事先了解收礼人的性格、爱好,以及其所在国的习俗、禁忌等。

一、馈赠礼品时应注意的问题

(1)赠送礼品、收礼品时,送礼人和收礼人都要入乡随俗。

(2)不送带有明显广告标志的物品和体现宣传用语的物品。

(3)不送药品、营养品。

(4)赠送具有特色的礼品。具有国家特色、地方特色或民族特色的礼品都是送礼的最佳选择。例如,中国人和外国人打交道时,可以送风筝、玉佩、筷子,还可以送中国结、中国的字画和文房四宝。

(5)送礼品时要讲究礼品的包装。礼品的包装要精美,要符合收礼人的喜好。越是正式的场合,越是重要的活动,送礼人就应当越重视包装。

(6)送花时应考虑花的寓意、颜色及数目。送花者最好送外宾所在国的国花及相应的辅花,花束大小应视场面大小及宾主之间的关系而定。花的数量以单数为宜,但不宜选择13枝,送花者要注意外方的禁忌。德国人认为郁金香是没有感情的花,日本人认为荷花是不祥之物,菊花在意大利和南美洲各国被认为是不吉利的花,法国人认为黄色的花象征着不忠,英国人认为百合花意味着死亡,绛紫色的花在巴西一般用于葬礼。

(7)送礼时要考虑双方的身份。送礼双方的身份应当对等,礼品规格和收礼人身份要匹配。如果有多方外国友人同时在场,送礼人要注意避免厚此薄彼。

(8) 购买礼品时要考虑经济状况。以单位的名义送礼时，送礼人要按照有关规定购买礼物；个人送礼时，送礼人也应根据自己的经济状况购买礼物。

二、部分国家的送礼禁忌

(1) 日本。送礼人最好不要给日本人送有动物形象的礼品，因为不同的动物在日本有不同的象征。日本人喜欢"1""3""5""7"这几个单数，不喜欢"9"和"4"。日本人喜欢在盂兰盆节和元旦送礼。送礼人不要给日本人送厚礼，日本人比较喜欢中国传统的文房四宝和字画。

(2) 韩国。送韩国人礼品时，送礼人最好选择韩国本国的产品，因为韩国人喜欢使用国货。

(3) 印度。印度人视牛为神圣的动物，不但不吃牛肉，而且也不用牛皮制品。给印度人送礼时，送礼人不要送用牛皮制成的皮带、皮包、皮鞋等物品。

(4) 俄罗斯。俄罗斯的男性特别喜欢喝酒，伏特加是俄罗斯有名的烈酒。所以，送俄罗斯男性客人礼品时，送礼人可以送有名的中国白酒，他们很喜欢中国白酒。女性客人比较喜欢鲜花，但送礼人不要送双数的鲜花。

(5) 英国。英国人喜欢高级巧克力、名酒和鲜花。英国的国鸟是知更鸟。英国人不喜欢孔雀、大象和猫头鹰，也不喜欢将涉及这些动物的图案作为礼品的装饰。

(6) 法国。法国人喜欢有美感、能体现文化修养的礼品，最受欢迎的礼品是书，特别是传记类图书、历史类图书、评论性图书。法国人的动物保护意识极强。法国的国鸟是高卢雄鸡，法国人不喜欢孔雀、大象和仙鹤。关系一般的男性送年轻女性香水被认为是不合适的。法国人不喜欢墨绿色。

(7) 美国。美国人喜欢白色、蓝色和黄色。美国的国鸟是白头海雕。蝙蝠在美国人眼中是吸血鬼和凶神的化身。因此，送美国人礼品时，送礼人应避免送有蝙蝠图案的礼品。送礼人最好不要将香烟、香水、内衣、药品送给美国人。

(8) 拉丁美洲国家。送礼人在任何时候都不应该向拉丁美洲国家的客人赠送刀子和手帕，因为送刀子意味着彼此之间的关系一刀两断，手帕则与眼泪、悲伤有关。拉丁美洲国家的人们习惯送厚礼，人们到别人家里做客必须携带礼品，而且赠送的礼品还要与主人的习惯和爱好有关。

三、馈赠礼品的礼节

(一) 送礼的礼节

在涉外活动中，人们大多当面赠送礼品，若礼品的包装出现问题，会使送礼人有失身份。在美国等国家，人们喜欢用彩色包装纸和丝带包装礼品，礼品上可附上一张名片。在欧洲，人们送礼时习惯用一层漂亮的礼品纸将礼品包起来，并在礼品上系一条彩带。

(二) 送礼的时机

送礼人可以在会见结束时赠送礼品，也可以在宴请结束之前赠送礼品。有的国家的人认为在人少的时候送礼才是恰当的，如日本。有的国家的人认为在人多的时候送礼比较合适，如阿拉伯国家。在法国，初次见面就送礼是不合适的，双方在下次相逢时送礼才符合他们的习惯。在英国,合适的送礼时机是双方在饭店用完晚餐后。与美国人交往时,送礼人一般在会谈结束后送礼,比较好的时机是在告别午餐和酒会上送礼,送礼人最好不要在公开场合送礼。欧洲国家不盛行送礼,但人们会在圣诞节、复活节、生日等日子赠送礼品,赠送对象大多是亲友和帮助过自己的人,在客人到达时送礼较为合适。

（三）收礼的礼节

1. 东方人的做法

东方人一般不喜欢当着送礼人的面打开礼品,一般要推辞或客气一番,表示自己不希望别人破费,自己只重视友情而不在乎礼品。此外,不当面打开礼品也是为了尊重对方,以免送礼人因礼轻而感到尴尬。

2. 西方人的做法

西方人的做法是接到礼品后先表示感谢,然后打开礼品包装,尽情地赞美送礼人所送的礼品,并再次表示感谢。收礼人可当场使用礼品,以更好地表达对礼品的喜欢和对送礼人的尊重。

在涉外交往中,送礼人在赠送礼品时千万不要对收礼人说"礼品很不像样子,真不好意思"等不符合西方人思维方式和习惯的话,而应该说"这是我精心为您挑选的礼物,希望您喜欢"。收礼人也不能在收礼时说诸如"受之有愧"之类的话,应该说"谢谢,我非常喜欢",并当场打开礼品包装。

项目十　国际礼仪

世界各国、各民族在发展的过程中创造了光辉灿烂的文化,这使得不同国家、民族有不同的风土人情和习俗。同时,由于宗教信仰、文化背景、生活习惯的不同,世界各国、各民族有不同的禁忌。随着历史的发展和国际交往的日益频繁,有的禁忌已被人们忽视,但有些国家、民族仍然保留着一些有关禁忌的礼仪,对其极为重视,因此人们应对其有所了解,以免与外宾交往、接触时言行不当,造成不良影响。

一、注意对象和场合

在许多东方国家,鞠躬是常见的传统礼节。人们应在行礼时立正站直,双手放在身体前面,俯身低头并问候对方;上身的倾斜角度越大,越能表示对客人的敬重。若日本客人、韩国客人、朝鲜客人向对方行鞠躬礼,对方必须还礼。在日本,人们行鞠躬礼时要弯腰,鞠躬的角度通常为90°,双手要叠放在一起;对方的年纪越大、职位越高,鞠躬的幅度就应当越大。

欧洲各国则更喜欢拥抱,有时还伴以贴面礼和亲吻礼,但要注意的是,人们不可在行亲吻礼时吻出声响。在商务活动中,人们一般不行亲吻礼,且中方人员不要主动拥抱、亲吻外宾。有的男士习惯于行脱帽礼,或对女士行吻手礼,男士在与信仰伊斯兰教的国家的妇女见面时不能拥抱和亲吻对方。对于德国客人,人们可以与其握手;如果与客人并不熟悉,其他的接触(如拥抱和亲吻面颊)是不被提倡的。对于意大利客人,人们可以与其握手,以表示尊重。

在拉丁美洲国家,握手和拥抱是很常见的,这些国家的人们在说话时比美国人站得更近,他们认为向后站是不礼貌的。

二、注意询问禁忌

中国人遇到老年人时常问"您老高寿"之类的问题,遇到年轻人时常问"多大了""结婚没有""你到哪里去""吃饭了没有"等问题,并认为这些是礼貌用语。但在国外,外国人认为这些问题属于个人的隐私,别人无须知道。人们如果要问此类问题,要以商量的语气进行提问,对方可自行决定是否回答问题。

在涉外交往中,人们不要问对方有关宗教信仰、财产、婚姻、家庭的问题,特别是男性的收入情况和女性的年龄和婚姻情况。

三、注意行为禁忌

在泰国、印度和中东地区的一些国家,人们认为左手是不清洁的,是洗澡和上厕所时用的,因此,用左手递送食物和礼品被认为是不礼貌的。

在客人面前挖耳朵、挖鼻孔、搓泥垢、脱鞋纳凉都是不礼貌的行为。中国人的习惯是摇头表示否定、点头表示肯定,但保加利亚、斯里兰卡等国家则恰好相反,点头表示否定、摇头表示肯定。

人们要了解和尊重各国的特殊习俗。人们最好在出国前多查阅些有关访问国的资料,了解其特殊的风俗习惯和礼节,以免因不了解他国的文化而影响整个访问活动。

项目十一 乘车礼仪

秘书应主要根据来访者的重要程度和人数来确定用车。若重要程度高、人数少,秘书可选用小汽车;若人数多,秘书可选用大汽车。小汽车可用于接主宾,其他人可坐大汽车。

一、乘车座位安排

(一)主人是驾驶者时的座位安排

1. 双排五座汽车的座位安排

这种汽车共有五个座位,上座是前排的副驾驶座,主人与主宾并排而坐,这种安排方便双方近距离交谈,同时表示主宾与主人相互尊重。

若按重要程度从高到低排列,其他座位的排列顺序为:后排右座、后排左座、后排中座。

2. 三排七座汽车的座位安排

这种汽车共有七个座位,上座是前排的副驾驶座,主宾应坐在这个位置上。若按重要程度从高到低排列,其他座位的排列顺序为:后排右座、后排左座、后排中座、中排右座、中排左座。

(二)专职司机是驾驶者时的座位安排

专职司机是驾驶者时,上座就不是前排的副驾驶座了,副驾驶座一般是秘书、翻译和保镖等人员的座位。

1. 双排五座汽车的座位安排

若按重要程度从高到低排列，座位的排列顺序为：后排右座、后排左座、后排中座、前排的副驾驶座。

2. 三排七座汽车的座位安排

若按重要程度从高到低排列，座位的排列顺序为：后排右座、后排左座、后排中座、中排右座、中排左座、前排的副驾驶座。

二、乘车的次序

（一）上车礼仪

上车时，秘书应让尊者先行。主宾先上，主人一方的秘书或随行人员应为主宾拉开车门，并伸出一只手为主宾遮挡车上方的门框，以免门框碰撞其头顶；然后其他人依次上车，秘书最后上车。

（二）下车礼仪

下车时，若车外有酒店的门童或服务生前来打开车门，秘书应让主宾先行下车；若没有任何服务人员来打开车门，秘书要先下车，并伸出一只手为主宾遮挡车上方的门框，主宾和其他人下车后，秘书应关上车门。

思考与实训题

1. 秘书着装的基本原则是什么？
2. 怎样理解体态语在人际交往中起到的作用？请列举与秘书工作有关的实例并进行论述。
3. 接打电话的基本要求有哪些？请独立设计一份电话记录表。
4. 开展接待工作时必须进行方案的策划和制订吗？说说你的理由。
5. 日常工作中有哪些常见的确定接待规格的方法？
6. 北方未来外语培训中心将举办培训会议，邀请来自全国各地的 100 余位嘉宾，会期为 3 天。请拟写一份有可行性的接待计划。
7. 涉外接待的原则和要求是什么？
8. 中餐的上菜顺序是怎样的？
9. 涉外的中餐宴请与国内的中餐宴请有哪些不同之处？
10. 馈赠礼品应注意哪些问题？在收礼礼节方面，东方人和西方人有哪些不同之处？
11. 人们在涉外交往中要注意哪些询问禁忌和行为禁忌？
12. 请详细介绍乘车方面的礼仪。

第二节　办公室环境管理

理论知识

项目一　办公室环境的构成

办公室环境会影响员工的心理、态度、行为及工作效率。办公室环境一般可分为办公室硬环境和办公室软环境。

办公室硬环境包括绿化环境、空气环境、光线环境、颜色环境、声音环境、设备环境、安全环境。

办公室软环境包括人际环境、工作气氛。

影响办公室环境的因素有很多，如自然因素、经济因素、人为因素等。

办公室环境在很大程度上受到自然环境的影响。在依山傍水、风景秀丽的地区，办公室环境一般也较为优越；在气候恶劣、荒凉、干燥的地区，办公室环境自然也比较差。一般来说，如果员工的素质较高，人际关系就会比较融洽，团体凝聚力就会比较强。好的办公氛围有助于员工工作；反之，如果气氛不融洽、矛盾重重，则会严重影响员工工作，即使办公室配有现代化的办公设施，工作效率也未必会高。因此，办公室软环境有时比办公室硬环境更为重要。

一、办公室硬环境

办公室硬环境主要包括以下几个方面。

（一）绿化环境

办公室的绿化环境是不能被人们忽视的。在一些绿化环境较好的单位，室外绿树成荫、花木繁茂，室内摆放了很多花卉和绿色植物。有人把室内绿化比喻为"无声的音乐"，其不仅能美化环境，还能调节人们的心情。绿色象征着生机，在办公室摆放绿色植物能使人产生安全感，让人奋发向上，有助于提高工作效率。

（二）空气环境

好的空气环境能帮助员工提高工作效率。人们通常依据温度、湿度、清洁度和流动速度这几个参数来衡量空气环境。

（1）温度。温度对人的舒适程度和健康的影响很大。冬天办公室的温度应控制在20℃～22℃，夏天办公室的温度应控制在23℃～25℃。

（2）湿度。办公室室内理想的相对湿度为40%～60%。在这样的环境中工作，人会感到清凉、舒适。

（3）清洁度。清洁度是反映空气的新鲜程度和洁净程度的指标。空气的新鲜程度与空气中氧气的比例有关。新鲜的空气使人精神焕发、工作效率高；污浊的空气则会使人感到不适，影响人的情绪，降低工作效率。

（4）流动速度。室内空气的更换是通过空气流动来实现的。一般来说，在室温为22℃的情况下，空气的流动速度为0.25米/秒时，人体能正常散热，并感到舒适。常开窗换气有助于空气的流动。

（三）光线环境

办公室内部要有适当的照明，以保护员工的视力。如长期在采光不足的场所工作，很容易引起视觉疲劳，这不但会影响工作效率，还会使员工的视力下降，影响其身体健康。如果亮度太低，员工的眼肌会迅速疲劳；如果亮度太高，眼睛会出现眩光的症状，视觉效能会下降。

（四）颜色环境

某些颜色具有很强的感染力和吸引力，可直接影响人的心理活动和工作行为。具有不同用途的办公室可采用不同的颜色。在气温高、天气热的地区，办公室宜采用冷色，如绿、蓝、白、浅灰等；在气温较低的地区，办公室宜采用暖色，如橙、黄、红等。用于让员工研究、思考问题的办公室宜采用冷色，会议室、会客室宜采用暖色。人们还可以利用颜色的配色原理选择出最适合本部门的颜色，但必须遵循实用、美观的原则，选用的颜色应有益于员工的身心健康。

（五）声音环境

安静的办公室环境才能使办公室的员工聚精会神地开展工作。在理想情况下，办公室的声音强度为20~30分贝，在这种环境下工作会使人感到轻松、愉快，不易感到疲劳。

（六）设备环境

好的办公设备能大幅度提高办公效率。我国传统的办公室配有办公桌椅、电话、文件档案柜、报架等。现代化的办公室配有传真机、复印机、打印机等，一些单位还建立了个性化的信息管理系统。

（七）安全环境

安全环境主要涉及以下三个方面的内容。

（1）人身安全。单位要健全门卫登记制度，对于重要部门，单位应安排保卫人员值班，以保证员工的安全。

（2）财产安全。单位应采取必要的安全防护措施，以防止盗窃、抢劫、泄密等事件发生。单位还要购置必要的设备，并安排专人和专职部门负责财产安全保卫工作。相关人员应落实财产安全保卫工作，必要时单位要安排保卫人员负责相关工作。

（3）防火安全。办公室内储存着大量的文件资料和设备，如果不慎失火，会造成不可弥补的损失。因此，员工要注意防火。相关人员应制定并严格执行消防安全管理制度，办公室还要配备防火、灭火装置，做到有备无患。

二、办公室软环境

（一）人际环境

办公室内部的人际关系与工作效率密切相关。只有员工有一致的目标、统一的行动、强大的凝聚力，大家才能同心同德、和谐相处，顺利完成工作任务。

（二）工作气氛

如果办公室内部的气氛很紧张、不和谐，员工彼此之间互相猜疑，遇事相互推诿、扯皮，工作效率必然低下。由此可见，良好的气氛对工作的顺利开展十分重要。员工应具备良好的心态，这对营造良好的工作气氛有十分重要的意义。良好的工作气氛可以使人精神振奋、心情舒畅，能充分调动员工的主动性、积极性、创造性，使各方面的工作能够顺利开展。因此，良好的工作气氛对实现工作目标、完成工作任务起着推动作用。一名员工如果进入了一个工作气氛良好的集体，会不知不觉地受到感染和同化，并主动改变自己的工作态度，以适应工作的需求。

项目二　办公室外部环境

地理位置优越、交通便利、物业管理完善、大厦内部配套设施齐全、环境舒适是理想的办公室外部环境应该具备的重要条件。良好的外部环境应满足如下要求。

（1）大厦内有报警系统，有保安 24 小时值守，有可以开启的外窗，有员工餐厅；大厦外部有广场或休闲场所。

（2）每名员工最好都能有 1 部电话。

（3）公共茶水间的面积至少为 3 平方米。

（4）每个楼层的高度应不低于 3 米。

（5）走廊的高度应不低于 3 米。

（6）电梯间面积应为 3~5 平方米。

（7）电梯间的装修标准应达到四星级酒店电梯间的装修标准。

（8）电梯等候时间应少于 1 分钟。

（9）大厦应配备应急发电设备。

一、对领导办公环境的要求

办公室是领导的主要办公场所，办公室中通常摆放着领导使用的办公设备和用品。

对其办公环境的要求为：地面干净，办公设备、办公家具等应摆放整齐。

二、对员工办公环境的要求

员工办公环境应达到如下要求。

（1）地面干净、无杂物，办公设备、办公家具等应摆放整齐。

（2）员工不能在办公室内吸烟，确保办公环境内无烟蒂、烟灰。

（3）茶具要干净、摆放整齐。用过的一次性水杯应当被扔掉。

(4) 桌椅摆放整齐,窗明几净,空气清新。
(5) 资料、文件应被摆放得整齐有序。
(6) 员工要经常用酒精给电话听筒、按键和电脑键盘消毒。

三、常用个人办公用品和常用公共物品

个人办公用品管理和公共物品管理是行政管理工作的一部分。一般来说,常用的个人办公用品和常用的公共物品包括以下几种。

(一) 常用个人办公用品

(1) 文具用品。文具用品包括笔记本、回形针、白板笔、签字笔、圆珠笔、记事贴、胶水、订书机、装订夹、文件夹、剪刀、裁纸刀等。

(2) 纸质材料。纸质材料包括请假条、员工奖惩单、加班申请单、申购单、来访凭条、报销申请单等。

(二) 常用公共物品

(1) 公用办公用品柜、文件柜、文件夹。
(2) 公用文件资料。
(3) 公用字典、报纸、杂志、宣传品。
(4) 公用电话号码本、火车时刻表、航班表。
(5) 公用清洁用品及相关物品,如扫把、垃圾桶、垃圾铲、垃圾袋、洗洁精、纸巾、空气清新剂、洗手液、洗衣粉、清洁球等。

项目三 办公室的布置

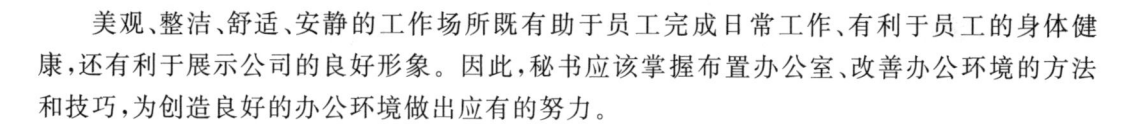

美观、整洁、舒适、安静的工作场所既有助于员工完成日常工作、有利于员工的身体健康,还有利于展示公司的良好形象。因此,秘书应该掌握布置办公室、改善办公环境的方法和技巧,为创造良好的办公环境做出应有的努力。

一、布置办公室的作用

(1) 便于员工沟通和交流。
(2) 有利于提高工作效率。
(3) 有利于工作的顺利完成。

二、办公室的布置要求

(1) 布置者应按照对称的原则排列办公桌,办公桌的排列应符合员工的工作程序。位于同一办公室的员工应朝着同一个方向办公,不宜面面相对,以免相互干扰或闲谈。

(2) 各座位间的通道要大小适宜,座位的安排应遵循以事就人的原则。

(3) 领导应位于后方,以便监督员工,这种安排也不会使员工因领导接洽工作而转移注意力、分散精力。

(4) 光线应来自左方,以保护员工视力。

(5) 常用设备应放在使用者近处。

(6) 最好每位员工都能有属于自己的电话,以免电话离座位太远,影响工作效率。

(7) 办公桌是办公室的必备物品,应美观、实用。有条件的单位可购置自动升降办公椅,以满足不同员工的要求。同时,单位可根据员工的工作性质购置不同形式的办公桌。另外,单位应根据情况购置垂直式档案柜、旋转式卡片架,以便保存必要的资料、文件,便于员工随时翻阅。办公设备和桌椅最好装有滑轮,便于移动。

三、办公室的布置原则

布置办公室不是简单地摆放设施。办公室的布置应有利于员工之间的沟通以及部门之间的协作。布置者还需要考虑员工在办公室工作的舒适感、领导是否方便监督等因素。布置者在布置办公室时要遵循以下几项原则。

(一) 利于沟通

沟通是指人与人之间思想、信息的传达和交换,通过这种传达和交换,人们能够在目标、意志、兴趣、情绪、感情等方面理解彼此。办公室的布置应保证员工能充分地沟通,使信息及时、有效地流转。

(二) 注重协调性、舒适性

办公室的布置应和员工的工作相协调。此外,员工在办公室工作时,身体各部位不应有不适感。

工作环境应与工作要求相协调。其表现为:办公室内设备的空间分布、墙壁的颜色、室内的光线、空间的大小等与工作特点和性质相协调,办公室的布置与工作安排、人际关系、上级和下级的工作特征相协调等。

工作的协调性与以下几个因素有关。

(1) 连续性。工作应具有连续性,从而使各环节不至于间断、脱节。

(2) 协同性。员工应从全局出发,协同推进各项工作。

(3) 有序性。员工应依据工作程序推进工作,工作安排应井然有序、有条不紊。

(4) 和谐性。办公室的办公环境应当是融洽的,有矛盾的员工不应离得太近。

(三) 便于监督

办公室的布置必须有利于监督,特别是员工的自我监督与单位内部监督。办公室的布置要适应自我监督的需要。自我监督是指员工进行自我约束和控制,自觉遵守单位的规章制度。办公室的布置还要适应单位内部监督的特点和需要。单位内部监督的主要特点有如下几点。

(1) 单位内部监督是一种日常监督。其监督内容包括员工在日常工作中的一切行为,以及员工的各种行为举止所反映出来的职业素养、道德品质等。管理者可通过日常监督对员工在某段时间内的整体表现进行评价。

(2) 单位内部监督具有双向性和多维性,它涉及管理者与员工之间、员工与员工之间的相互监督,是一种群体性的内部监督。因此,其有效性依赖于群体内部的良好沟通。

(3) 单位内部监督是一种来源于内部的约束力量。单位内部监督的有效性与外界压力关系不大，与员工个人的自觉程度及每名员工对考评的重视程度有关。

项目四　办公室的布局

办公室是单位开展活动的重要场所。如何在有限的空间内设计出明快、整洁、实用的办公空间？这确实需要设计者下一番功夫。

一、设计办公室布局时应考虑的主要因素

(1) 员工人数。
(2) 办公室的面积。
(3) 机构建制和办公空间的类型。
(4) 经营性质或内容。
(5) 各部门之间的关系。
(6) 办公室的间隔方式。
(7) 公用区域的大小。
(8) 组织的发展变化。

二、设计办公室布局的工作程序

(1) 分析不同部门的业务特点及其对办公条件的要求。
(2) 设计平面图。
(3) 选择办公家具、设施和装饰风格。
(4) 考虑采光、温度、通风等因素。

三、办公室布局的类型

办公室布局分为开放式和封闭式两种。

（一）开放式办公室

1. 开放式办公室的构成

开放式办公室的空间一般都很大，包含多个单个的工位，员工可根据需要在各工位之间放置可移动的隔板。每个工位通常都配有办公桌、椅子、电话、计算机。

2. 开放式办公室的特点

开放式办公室不设私人办公室。员工可通过安排可移动的物品的位置来确定工作空间的位置，如办公桌、活动屏风、档案架、植物等。

设计者在进行空间的布局和规划时并不考虑窗户或其他常规结构的限制，而是根据信息流和工作运转的自然路线所形成的空间来安排布局。

3. 开放式办公室的优点

(1) 灵活。开放式办公室具有较强的灵活性，重新设计办公室布局的成本较低。

（2）节省面积。开放式办公室的空间利用率大于常规的网格式办公室的空间利用率。开放式办公室的空间利用率高达80%～90%。

（3）易于沟通。拆掉了办公室内部的墙壁后,管理者和员工之间交流的障碍减少了,管理者有了更多的和员工接触的机会。这种设计也有利于管理者了解员工,有利于其开展管理工作。

（4）易于管理者监督。拆掉了办公室内部的墙壁后,管理者能更方便地监督员工的工作情况。

（5）便于集中化服务、共享办公设备。

4. 开放式办公室的弊端

（1）不便于保密。员工的一切行为均暴露于大庭广众之下,员工难以保守秘密。

（2）很难集中注意力。在一个很大的区域内跟众多的人一起工作会使员工很难集中精力。

（3）房间易有噪声。隔壁员工的谈话声、机器或设备发出的声音(特别是复印机工作时发出的声音)及电话铃声会干扰员工工作。

（4）员工无法拥有私人空间,缺乏单独办公的机会。

（5）管理者易感到自己的地位有所下降。

（二）封闭式办公室

封闭式办公室又称传统办公室、网格式办公室,是一种较为传统的办公室布局形式。采用此种布局时,设计者把组织内部各职能部门独立安排在一个个房间内,形成一个个独立的办公室。

1. 封闭式办公室的优点

（1）封闭式布局可以使工作环境相对安全。

（2）易于保证工作的机密性。

（3）易于使员工注意力集中。相对安静的工作环境能使员工集中注意力,完成更为细致、专业性更强的工作。

（4）员工拥有相对独立的私人空间,封闭式布局能够有效地保护个人隐私。

2. 封闭式办公室的缺点

（1）费用高。非办公空间占用的面积较大,行政费用有所提高。

（2）不便于管理者监督员工的活动。

（3）不便于各职能部门进行及时、有效的沟通,不便于工作的协调,工作效率会受到一定程度的影响。

四、设计办公室布局的原则

设计者应本着便于沟通、协调的原则确定办公室的布局。与外界接触较多的部门(如收发室、传达室等)应设在人员进出的地方;销售部门和公关部门应设在靠近单位大门的地方,采用开放式布局;综合部门、秘书部门应设在办公楼的中心位置,采用开放式布局;计算机房、财务部门应设在办公楼里侧,采用封闭式布局;高层领导的办公室应设在比较清静的地方,采用封闭式布局;关系密切的部门的办公室应离得近一些。

项目五 办公模式

过去人们的办公需求相对简单，但在 21 世纪，人们的办公需求发生了质的变化。很多因素的出现促使办公模式发生变化。这些因素包括：租用办公场地的费用过高，城市的交通拥堵问题日益严重，高科技的发展，企业间的竞争加剧等。

常见的办公模式包括居家工作模式、远程工作模式、弹性时间工作模式、虚拟办公室工作模式、临时办公桌工作模式、兼职工作模式、交替工作模式、项目团队工作模式等。

(一) 居家工作模式

对于一些不需要经常与其他员工和客户接触的员工，如研发人员，管理者可以安排他们居家工作。

1. 居家工作模式的管理方式

(1) 准确掌握工作进度。

(2) 定期召开相关会议。

(3) 保证沟通顺畅。

2. 居家工作模式的优缺点

居家工作模式的优缺点如表 3-3 所示。

表 3-3 居家工作模式的优缺点

优点	缺点
增加工作时间	不便于处理行政事务
节省办公资源和相关费用	难以划清工作时间和个人时间的界限
灵活安排工作和生活	增加管理者的监管难度
减少交通时间和相关费用	同事间交流的机会减少，团队意识变得淡漠
提高工作效率	技术依赖性强

(二) 远程工作模式

采用远程工作模式时，员工在异地接受指令并完成工作任务。

远程工作模式的优缺点如表 3-4 所示。

表 3-4 远程工作模式的优缺点

优点	缺点
节省办公资源和相关费用	增加管理者的监管难度
灵活掌控工作时间	不便于团队成员的协作
减少交通时间和相关费用	员工远离组织，不便于沟通
增加员工的选择范围	不便于管理者了解员工的工作情况
降低单位的运营成本	不利于提升团队凝聚力

(三) 弹性时间工作模式

采用弹性时间工作模式使员工的工作时间具有较强的灵活性。员工可以自己选择上班时间，累计的工作时间达到要求即可。

1. 弹性时间工作模式的管理方式

(1) 该模式只适用于某些部门,有些部门的员工必须正常上下班。

(2) 员工应明确到岗工作的时间段。

(3) 管理者应明确告知员工到岗时长要求。

(4) 管理者应事先了解每个员工的意愿,再统一进行协调和安排,保证每个员工都能完成工作。

(5) 管理者应确保每个工作日都有员工到岗。

(6) 管理者应明确记录每个员工工作时间的方法,如手工签到、机器计时、刷卡。

(7) 管理者应及时了解员工的工作表现和进展,保证员工的工作质量。

(8) 管理者应要求员工经常与自己联络,以便于管理者管理本部门的员工。

2. 弹性时间工作模式的优缺点

弹性时间工作模式的优缺点如表3-5所示。

表3-5 弹性时间工作模式的优缺点

优点	缺点
提高员工满意度	沟通和协作的难度增加
降低办公成本	存在信息安全风险
便于员工灵活安排工作时间	对员工自我管理能力要求高
员工可自由控制上下班时间,避免交通拥堵	不利于增强员工凝聚力
激发员工的工作动力,提高工作效率	不便于管理者监督员工的工作

(四) 虚拟办公室工作模式

采用虚拟办公室工作模式时,员工可通过计算机办公,其全部工作都可借助计算机完成。员工可以在办公室、家或其他地方办公。

1. 虚拟办公室工作模式的管理方式

(1) 如果员工在办公室办公,单位应为员工提供临时办公桌。

(2) 若员工在家里或其他地方办公,单位应为员工提供计算机。

(3) 管理者应提醒员工注意信息安全。

2. 虚拟办公室工作模式的优缺点

虚拟办公室工作模式的优缺点如表3-6所示。

表3-6 虚拟办公室工作模式的优缺点

优点	缺点
节省办公空间和资源	团队凝聚力下降
便于员工在全球各地远程办公	员工的工作质量难以保证
有利于激发员工的创新能力	信息安全风险增加

(五) 临时办公桌工作模式

采用临时办公桌工作模式时,单位不需要给在家办公、远程办公的员工和兼职人员安排固定的办公桌,只需要安排供员工临时办公的办公桌。这些员工可将电子文件存储在计算机中,将书面文件和资料存放在个人的小推车上。当他们来办公室办公时,可以领取自己的小推车,找一个空闲的工位办公。

临时办公桌工作模式的优缺点如表 3-7 所示。

表 3-7　临时办公桌工作模式的优缺点

优点	缺点
节省办公资源和相关费用	使员工缺乏归属感,其工作积极性有所降低
使办公资源的分配更具灵活性	员工无法拥有私密的工作空间
提高员工的工作效率	不利于员工之间的交流
使员工有机会自由、灵活地安排工作	员工易发生变动,缺乏团队意识
有助于提升员工的适应能力	管理者的管理难度增加

（六）兼职工作模式

兼职工作模式是一种灵活的工作模式,兼职者可以在多家单位工作。

兼职工作模式的优缺点如表 3-8 所示。

表 3-8　兼职工作模式的优缺点

优点	缺点
节省隐性成本	监管难度大
兼职者一般自备专用设备,单位可节省与设备有关的费用	难以保证工作的连续性和稳定性
兼职者可从事多份工作	兼职者职业发展受限
兼职者可充分发挥专长	兼职者的薪资较低
单位可灵活聘用自己所需的人才	可能出现兼职者完成工作后单位拖欠报酬的情况

（七）交替工作模式

采用交替工作模式时,单位允许员工按照一定的时间周期交替进行工作,或者在不同的工作任务、岗位或项目之间轮换。

交替工作模式的优缺点如表 3-9 所示。

表 3-9　交替工作模式的优缺点

优点	缺点
有利于激励员工工作	若交接不当,易造成工作失误
有利于促进团队合作	难以保证工作的连续性
有利于提高工作的灵活性	客户和其他人员有可能更愿意只与某一位员工交流、合作或建立关系
有利于单位留住特殊人才	不能确保团队的稳定性

（八）项目团队工作模式

单位可以为了完成某一个特定项目而临时组建团队,单位的内部或外部人员组成一个团队并一起工作,项目结束后,团队就宣告解散。

项目团队工作模式的优缺点如表 3-10 所示。

表 3-10　项目团队工作模式的优缺点

优点	缺点
团队成员可以发挥个人长处,有成就感	若团队成员彼此不了解,沟通将变得困难
单位可以灵活聘用人才,减少人员方面的隐性支出	若团队成员不团结,可能造成项目延期完成
工作目标明确	客户和其他人员可能更愿意只与某一位员工交流、合作
资源共享,节省办公资源	团队成员缺乏归属感
优势互补,工作效果佳	管理难度增加

项目六　办公环境安全检查

保证办公环境的安全是极其重要的,我国的相关法律法规也对劳动安全作出了明确的规定。营造安全、健康的工作环境是每个秘书的重要职责。

一、办公环境中可能出现的安全隐患

(1) 室内光线、温度、湿度、通风、噪声等方面的隐患,如温度、湿度调节欠佳,噪声控制不当等。

(2) 地面、墙体、天花板、通道、门窗等方面的隐患,如未采取必要的防滑措施。

(3) 办公设备方面的隐患,如对设备的违规操作。

(4) 办公家具方面的隐患,如因办公家具摆放不当而阻挡消防通道。

(5) 消防方面的隐患,如灭火设备被损坏。

(6) 与工作疏忽有关的安全隐患,如女士的长头发被卷进机器中。

二、提升办公环境安全水平的基本要求

(1) 严格遵守国家在劳动安全方面作出的规定。

(2) 严格控制事故和职业病的发生率。

(3) 健全职业健康安全卫生管理体系。

(4) 定期进行安全检查,落实安全管理责任制。

(5) 采取有效措施,做好风险的防范及排查工作,特别要注意危害员工健康、污染办公环境的"无形杀手",如二手烟。

(6) 采用无毒无害的绿色建筑材料。有必要或有条件的话,相关负责人可以请有关部门进行检测。

三、安全隐患表和设备故障表的填写要求

秘书要区分安全隐患表和设备故障表,前者用于记录隐患,包括办公环境存在的隐患和办公设备存在的隐患,后者用于记录办公设备在运行中出现的故障。例如,电话无法使用

了,秘书应填设备故障表;如果电话仍能正常使用,但电线裸露在外面,秘书就应该填写安全隐患表。

思考与实训题

1. 怎样理解办公环境中的硬环境和软环境?
2. 理想的办公环境应该具备哪些重要的条件?请用表格的形式进行说明。
3. 每名员工都想在美观、整洁、舒适、安静的办公场所工作。相关人员在布置办公室时要遵循哪些基本原则呢?
4. 规划办公室布局时应考虑哪些主要因素?
5. 开放式办公室与封闭式办公室各有哪些优缺点?请用表格的形式进行说明。
6. 各种办公模式具有哪些优缺点?
7. 秘书要经常对办公环境的安全状况进行检查。办公环境的安全隐患主要包括哪几个方面?请设计一份安全隐患表和一份设备故障表。

第三节　办公室日常事务管理

理论知识

项目一　办公室日常事务

一、办公室日常事务的主要内容

工作性质不同,办公室日常事务的主要内容也有所不同,但在一般情况下,办公室日常事务包括以下几个方面。

(1) 负责接听电话,接待来访人员。
(2) 负责起草文件、信息管理与保密工作,管理办公室文件,负责档案的收集、整理工作。
(3) 负责整理领导办公室的相关文件。
(4) 负责会议管理,写会议记录、会议纪要。
(5) 负责公文、报纸、杂志的分送。
(6) 负责传真的收发工作。
(7) 负责办公室仓库的管理工作,负责对物品的出入库进行登记。
(8) 负责领导的出差准备工作。
(9) 负责保管公章,开具介绍信。
(10) 负责餐费的统计与保管。

(11) 负责邮寄资料、信件。
(12) 负责管理员工的人事档案,建立、完善人事档案管理体系。
(13) 负责管理办公室财产。
(14) 负责备用金的申领、管理和报销。

二、办公室日常事务的重要性

秘书经常要协助他人做一些事务性工作,这些工作大都庞杂、烦琐,稍有不慎,就容易出纰漏,造成工作失误。例如,秘书在通知会议时间时出现了错误,开会时间到了,会议室却只有领导一个人,导致重要工作被延误。所以,秘书在处理这些事务性工作的时候不能马虎、掉以轻心,而是要一丝不苟、认真对待。只有这样,秘书才能履行好自己的基本职责,保证工作的顺利开展。

三、改进办公室日常事务处理水平的基本思路

(1) 秘书应思考是否有必要重新安排工作,调整工作流程。
(2) 秘书应思考是否可采取新的方式、方法处理有关工作。
(3) 秘书应思考哪些有问题的工作模式应被替换掉。
(4) 秘书应思考将哪些工作合并处理有利于提高工作效率。
(5) 秘书应思考哪些工作流程可以被简化。

四、改进工作流程的注意事项

(1) 应由专人负责工作流程的改进,在明确职权的前提下改进工作流程。
(2) 要考虑客户的需要,考虑工作流程与其他流程的协调性。
(3) 工作流程的设计应具备灵活性。
(4) 复检的次数应当越少越好。
(5) 改进工作流程时应考虑组织的性质和结构。
(6) 工作流程应具备科学性,避免员工重复工作或开展不必要的协调工作。

项目二　会议室登记和用车登记

一、会议室登记要求

(1) 提前登记。使用会议室前,相关部门的秘书或预订者应提前登记,详细填写会议室预订登记表中的相关信息。
(2) 确认相关信息。负责安排会议室的秘书应认真核对相关信息,并与相关人员进行确认。
(3) 善于协调。若会议室的使用时间发生冲突,秘书应与各方协商,妥善解决有关问题。

会议室预订登记表如表 3-11 所示。

表 3-11 会议室预订登记表

日期	使用部门	人数	预订者	会议开始时间	会议结束时间	会议主题	所需设备	落实情况	备注

二、用车登记要求

（1）提前预订车辆。计划使用车辆的秘书或预订者应提前登记，详细填写用车预订登记表的相关信息。

（2）妥善协调用车矛盾。若使用车辆的时间发生冲突，秘书应与各方协商，妥善解决有关问题。

（3）确认用车信息。负责安排车辆的秘书应认真核对相关信息并确认各部门的用车顺序，准确告知驾驶者使用时间。

用车预订登记表如表 3-12 所示。

表 3-12 用车预订登记表

日期	使用部门	人数	预订者	车牌号	用车数量	目的地	用车时间	落实情况	备注

项目三 时间管理

在日常工作中，时间是不可缺少且无法被替代的宝贵资源。但凡能够在事业上做出卓越成绩的人都是时间管理专家。

一、时间管理的概念

时间管理是指为提高时间的利用率而运用一定的方法规划、调配时间的过程，时间管理者可对时间的消耗进行总结、评价，以达到预期的目标。

时间管理是秘书提高自身工作效率、协助领导合理而有效地利用时间的手段。

二、时间管理工具

常见的时间管理工具有工作日志、工作时间表、效率手册、待办文件夹、墙上计划板、值班表等。

三、时间管理的技巧

(一) 采用 ABCD 法则

秘书可以根据工作的轻重缓急对工作进行分级。重要而紧急的工作属于 A 类,重要而不紧急的工作属于 B 类,紧急而不重要的工作属于 C 类,不重要且不紧急的工作属于 D 类。具体做法是:先做 A 类,再做 B 类,然后做 C 类,最后做或暂不做 D 类。

(二) 科学利用精力最佳的时间段

人的智力、体力、情感都会不断发生周期性的变化,这是人体的生物钟在起作用。秘书应当熟悉自己的生物钟(可以通过科学的方法或积累经验了解),找出自己精力最旺盛的时间段,在这段时间处理最重要、最困难的工作,把例行工作放在精力稍差的时间段去做,这样做可以提高时间利用率和有效性。

(三) 明确每项工作所要花费的时间

秘书应事先明确完成某项工作所要花费的时间,预测每项工作会占用多少时间,并对时间进行定量分配,制订出工作计划。秘书应以最有效的方式利用时间,有条不紊地从一项工作转换到另一项工作上。

(四) 劳逸结合

秘书在分配时间时要注意劳逸结合。"连轴转"是一种低效的工作方法,秘书应适当调节自己的工作节奏,从而使工作具有持久性,提高工作效率。

(五) 严禁事必躬亲

秘书要懂得授权,要将自己从繁忙的日常工作中解放出来,增加自己的可控时间,并将时间用到重要的工作上。

(六) 保证时间利用的相对连续性

合理利用时间的原则之一是将时间集中起来,不要把时间分割成碎片。秘书最好能够一气呵成地完成某项工作。外界的干扰会分散人的注意力,一个人要经过相当长的一段时间才能将注意力集中起来。

(七) 实现工作的案例化和标准化

秘书应根据已有的条例、规定开展工作。若同样的问题反复出现,秘书应把结果和处理方式记录下来,建议领导依据相关情况完善规章制度,使其案例化。同时,秘书应大力推进业务程序的标准化,为每项工作设计标准化的业务流程。

(八) 定期检查时间利用情况

秘书应养成定期检查时间利用情况的习惯。秘书可充分利用台历、效率手册、记事簿、工作日志等工具,随时记录时间利用情况,及时进行总结,以发现时间被浪费的原因。

(九) 复盘时间管理情况

成功的时间管理者都会每天或每周对自己的时间管理情况进行复盘,检查、总结自己的时间管理情况。

四、工作时间表的内容与编制要求

（一）工作时间表的内容

编制工作时间表是一种管理时间的手段。秘书应将某个时间范围内已经明确的工作任务清晰地记录到表格上，提醒自己和相关人员按照工作时间表行动，从而有效地管理时间并完成工作任务。

秘书可在工作时间表上填写许多内容，如各类会议、参观访问、庆典仪式、宴请活动、报告演讲、招待活动、出差休假等。工作时间表可供个人使用，也可供多人共同使用。

（二）工作时间表的编制要求

（1）根据工作目标确定时间范围。
（2）收集并列出某个时间段的所有工作任务。
（3）按照时间顺序排列工作任务。
（4）若发现不同工作任务的执行时间发生冲突，要主动与负责人协商，及时调整时间。
（5）在表格上标明表格的编制日期与编制者。
（6）用简明扼要的语言将信息填入表格，写明工作内容、地点、时间等。

五、工作日志的内容与管理

（一）工作日志的内容

秘书的工作日志所记录的内容通常包括：领导开展各项活动时需要秘书协助的事宜，如为领导准备会议的发言稿、确定会议议程、订机票、为领导组织的会谈草拟合同、订餐；领导交办的各项工作，如为举办签字仪式联系场地、媒体；秘书应做的工作，如撰写半年工作总结、值班等。

（二）对个人的工作日志的管理

1. 纸质工作日志

秘书通常要准备两本纸质工作日志，一本供领导使用，另一本供自己使用。使用的方法如下。

（1）提前了解领导的工作内容和活动信息，同时在两本日志上记录有关信息，并不断进行补充。
（2）在自己的日志上清楚地列出自己应完成的工作，包括自己为领导参加的有关活动所做的准备，并逐项予以落实。
（3）在领导的日志发生变化时，应更改自己的日志，并做好变更后的协调工作。
（4）协助或提醒领导执行日志中的工作计划，在需要时帮助领导排除干扰。
（5）要准确填写信息，当日情况出现变化时，应当立即更新日志，并告知领导出现的变化。
（6）填写的信息要清楚、方便阅读，秘书可使用不同色彩的笔进行标注。
（7）填写的信息要完整，要体现各项活动的时间、地点、联络人、联络方式等必要信息。

2. 电子工作日志

秘书可以使用电子工作日志来管理时间，借助各种时间管理软件规划工作日程、管理工作任务。电子工作日志所记录的内容与纸质工作日志所记录的内容基本相同。电子工作日志的使用方式比纸质工作日志更加便捷,秘书可以迅速修改和更新日志内容且不会留下痕迹。

(三)对领导的工作日志的管理

1. 领导的工作日志的内容

无论是纸质工作日志还是电子工作日志,领导的工作日志所填写的内容应当是相同的,通常包括以下项目。

(1)领导需要参加的单位内部的会议和活动。秘书要记录清楚时间、地点和内容。

(2)领导需要亲自接待的来访者。秘书要记录清楚来访者的姓名、单位、来访时间。

(3)领导需要参加的单位外部的会议和活动。秘书要记录清楚时间、地点、联络人、联络方式等。

(4)领导的个人安排,如去医院看病等。秘书不要在这段时间安排其他事宜。

2. 工作日志的变化与调整

在发生突发事件时,秘书需要调整日程安排。如果是因为己方的原因而变更工作安排,工作的开展会受到有形或无形的影响,单位的信誉也会受到影响。因此,秘书应尽量想办法将变更日程安排所带来的影响控制在最小的范围内。

(1)常见的变更事项包括:事项结束时间超过原定时间,追加紧急事项,调整、变更事项的原定时间,原定事项终止或取消。

(2)秘书应注意的问题包括:各事项之间要留有 10 分钟左右的空隙,以防活动时间拖延或临时出现新的紧急事项;调整时间时,秘书要考虑事项的轻重缓急,并将变更情况报告给领导;确定变更后,秘书应立即做好善后工作,如通知其他部门并说明理由,防止对方产生误解;秘书应及时确认是否已经在工作日志上变更了相关信息,防止漏记、错记;秘书应对领导日志中的信息进行保密,只允许得到领导授权的人员查阅;秘书要保证各工作日志的信息一致、准确,如有变动,秘书应立即变更相关信息;秘书应熟悉领导的工作习惯,安排的时间应符合领导的要求;秘书应熟悉领导的用餐时间和休息时间,以便在安排工作时避开这些时间。

项目四　领导临时交办的事项

完成领导临时交办的工作任务是秘书的重要职责之一,而领导交办的工作任务大多具有时间紧、要求高、综合性强等特点。因此,对于领导临时交办的工作任务,秘书必须认真对待。

一、领导临时交办的事项的特点

(1)临时性。这些事项大都是领导临时遇到的,需要秘书马上办理或落实。一旦秘书办理完毕,这项工作就宣告结束。对于这些事项,秘书应抓紧时间落实。

(2)广泛性。领导临时交办的事项具有广泛性,既有大事,又有小事,还有一些保密性很强的事项。对于领导交代的这些事项,只要不违反原则,秘书都应积极办理。

(3)急迫性。领导临时交办的事项大都非常急迫,不能被拖延,否则就会误事。因此,秘书应当以最快的速度完成。

（4）具体性。领导临时交办的事项大都具体而琐碎，这就要求秘书嘴勤、腿勤、心细，这样秘书才能高质量地完成任务。

二、领导临时交办的事项的范围

我们通常很难明确领导临时交办的事项的具体范围，领导职权范围内的有关事项和领导想到的或遇到的事项都可能成为秘书必须及时落实的事项。常见事项包括接待工作有关事项、联络工作有关事项、办文工作有关事项、办会工作有关事项、信息工作有关事项、调研工作有关事项、信访工作有关事项、督查工作有关事项、协调工作有关事项等。

三、处理领导临时交办的事项的原则

（1）尽心尽力。对于领导临时交办的事项，秘书的态度必须是积极主动的。秘书必须尽心尽力地做好每件事，减轻领导的负担，替领导排忧解难。

（2）灵活变通。领导临时交办的事项有时候是领导不方便出面办理的事项，秘书办理起来有一定的难度。秘书不要在办理的过程中消极等待，要灵活变通地落实各项工作。同时，秘书应自觉遵守相关政策规定，不要搞特殊。

（3）及时回复。对于领导临时交办的事项，秘书应该认真落实、及时回复，千万不要让这些事项"一去无影踪"。秘书要将事项办理的结果、出现的问题及时反馈给领导。

项目五　文字记录

秘书在日常工作中经常要做文字记录。秘书应做到记录速度快、记录质量好，这就要求秘书掌握一些记录的方法和技巧。

一、记录的准备工作

秘书要准备足够的签字笔、铅笔、笔记本和专门用于做记录的纸。为了便于事后补充记录的文本，秘书还要备齐录音设备，如录音机、录音笔等。如果是为会议做记录，秘书还要备好会议议程表和其他相关资料、文件，供查找、核对相关数据时使用。

二、记录的主要内容

秘书记录的主要内容包括会议情况、领导与员工的谈话和领导交办的事项。

（1）会议情况。秘书需要记的主要内容包括会议类型、会议议题、时间、地点、参会人员姓名、讨论发言、决议结果等。

（2）领导与员工的谈话。秘书需要记录的主要内容包括谈话主题、时间、地点、领导和员工的姓名、谈话结果、记录人等。

（3）领导交办的事项。领导交办的事项主要指领导交代秘书办理的具体事项。在发生临时情况或紧急情况时，领导会指派秘书落实或协调部分工作，诸如拟写应急文件、处理信访事项、接待来访人员、分析调研信息、统计数据、检查任务执行状况、沟通具体事项等。

三、常见的记录方法

（1）详细记录法。采用这种方法时，秘书要把讲话者的讲话内容全面、完整地记录下来。秘书在记录时要做到准确无误。

（2）要点记录法。采用这种方法时，秘书要简明扼要地记录讲话的主要内容。这种方法一般用于记录不是很重要的讲话。秘书在记录时要抓住讲话者的讲话重点，分清主次。

（3）速记法。采用这种方法时，秘书要借助简便、易写的特殊符号或编码，采用科学的缩写汉语词句的方法。

（4）速录法。速录法是一种利用电子设备、记录软件记录语言的方法。

（5）手记与录音并用法。秘书用笔记录讲话内容时，可借助录音机或录音笔对记录内容进行补充。这种方法一般在允许录音的情况下使用，两者可以互相补充，但采用这种方法容易分散秘书的注意力。

四、文字记录的要求

（1）秘书应确保记录的内容准确无误，若内容上有任何模糊之处，秘书一定要与有关人员进行核对或借助录音设备进行核实和补充。

（2）秘书做记录是为了落实或办理某些事项，因此秘书还要将记录的内容整理成正式的文稿并打印出来。秘书一定要认真检查打印出来的文稿，确保其内容与记录内容一致。

（3）对于需要紧急传送的材料，秘书要快速成文，及时呈送给直属领导、相关执行部门和人员。

项目六　收发邮件

邮件处理工作是秘书的一项日常工作，任何一个单位每天都要收进和寄发一定数量的邮件。如果邮件处理工作做得不好，工作的进程就会受到影响，因此秘书必须规范地处理邮件。

一、收进邮件

邮件的收进包括邮件的分拣、邮件的拆封、邮件的登记和邮件的分办这几个环节。在邮件进出量较少的单位，邮件处理工作通常由单位办公室的秘书负责。如果邮件进出量较大，单位一般会设立专门的总收发室，由收发人员负责处理邮件，但是收发人员的职责仅限于邮件的分拣、登记和分发，不包括邮件的拆封和承办。

（一）邮件的分拣

秘书在日常工作中收到的邮件主要包括：特快专递等急件，业务往来信函或写明领导亲启的信函，汇票、汇款单，报纸、杂志，同事的私人信件。秘书收到邮件后，首先要对邮件进行分类。分类的方法如下。

（1）将私人邮件与公务邮件分开。

（2）将办公室内部邮件与外部邮件分开。

(3) 将需要优先处理的邮件放在一起。

（二）邮件的拆封

拆封并不是一件简单的事情,秘书要注意邮件的安全问题和拆封的权限问题,否则会引起麻烦。

1. 邮件的拆封顺序

(1) 轻敲邮件。开启之前,秘书应轻轻敲击邮件底部,使封内的邮件落到下面,以防处在封口边缘处的邮件被剪坏。

(2) 小心开启。秘书应用裁纸刀或自动拆封机开启信封,小心地取出邮件。

(3) 仔细查看。取出邮件后,秘书还要仔细查看信封内部是否还有其他邮件,以免遗漏一些重要的邮件。

(4) 核对邮件。秘书应根据邮件中的附件核对邮件是否完整。如果缺少了部分文件,秘书应在邮件上标明。秘书最好将附件用回形针或订书针固定在邮件上。

2. 拆封时需要注意的问题

(1) 注意不要剪到邮票、邮戳和信封上的文字,保证信封的完整性,便于核对。

(2) 对邮件的页码进行核对,发现错误要及时标明。

(3) 不能开启写有"亲启""保密"字样的邮件,除非得到领导的授权。

(4) 如果在无意中拆开不该拆的邮件,应该立即封口,在信封上注明"误拆"字样,并签上自己的姓名,尽快交给收件人。

(5) 如果接收的邮件是报刊、小册子之类的印刷品,拆封时一般应先把所有的包装纸除去并把材料铺平。

（三）邮件的登记

在处理邮件的过程中,邮件登记是一个十分重要的环节。一般的做法是设计一个邮件收发登记表,秘书应对所有重要的邮件进行登记。秘书在登记过程中需要注意以下事项。

(1) 除私人信件、普通广告、推销信、征订单外,秘书应对其他所有的邮件进行登记,以便于管理。

(2) 登记时应写明编号、收到日期、收件人、邮件种类、处理办法等信息,如表3-13所示。

表3-13 邮件收发登记表

编号	收到日期	收到时间	发出日期	发件人	收件人	邮件种类	处理日期	处理办法	备注

（四）邮件的分办

邮件的分办主要是指邮件的分发和传阅,主要包括两种情况:一是向领导呈交有阅办要求的邮件,二是将邮件分发给其他人员。对于同事的私人邮件,秘书可放入专门的信袋中或顺路送交,报纸、杂志要及时上架。

1. 向领导呈交有阅办要求的邮件时应注意的问题

(1) 应立即呈送有阅办要求的邮件。

（2）区分放置有不同处理要求的邮件。秘书可以使用不同颜色的文件夹放置有不同处理要求的邮件，如用红包文件夹放置优先处理的邮件，用黄色文件夹放置例行性备忘录，用蓝色文件夹放置特殊信函，用绿色文件夹放置私人信函。

（3）呈送时应将重要的邮件放在上面，将其余的邮件放在下面。

（4）如果领导处理邮件时需要参考资料，则要将两者放在一起后呈交给领导。

（5）标出邮件的重要内容。秘书可以用笔标出信件的重要部分，供领导参考。

2. 控制传阅的常见做法

有些邮件需要多个部门或人员处理，秘书应控制传阅过程。传阅邮件的要求为：及时分发需要传阅的邮件，明确传阅范围，做好登记工作。常见的控制传阅的做法有以下几种。

（1）若邮件涉及多个部门，秘书可以打印一份邮件列表，将邮件交给部门负责人处理。部门负责人领取邮件后，秘书便可标注在列表上。

（2）秘书可以将邮件的原件交给主要负责部门，并告知该部门将邮件内容转告其他相关部门；秘书也可以复印邮件，将复印件分发给有关部门。

（3）对于需要多人传阅的邮件，秘书可以设计一个邮件传阅顺序提示表（如表 3-14），请有关人员按提示表的顺序传阅邮件。

表 3-14 邮件传阅顺序提示表

请按顺序传阅				
传阅姓名	传阅顺序	签名	日期	备注
张×	1			
李×	2			
王×	3			

二、寄发邮件

在很多单位，邮件的寄发往往由办公室的秘书负责。寄发邮件的要求为：确保邮件完整，了解邮寄规定，准确分发邮件。整个寄发过程可分为签字、核查邮件、封装邮件和寄送邮件四个环节。

（1）签字。秘书在寄发邮件之前应先确认是否需要领导签名，领导的亲笔签名会引起收件方对邮件的重视。

（2）核查邮件。在寄发邮件之前，秘书需要仔细核查附件是否齐全、正确，核查信封的书写格式是否正确，核查姓名、地址、邮政编码是否正确，核查标记是否已注明。标记有两种类型：一种是体现邮件性质的标记，如"私人""保密"等；另一种是体现邮寄方式的标记，如"挂号信""特件"等。

（3）封装邮件。核查完毕的邮件被装入信封后，秘书要仔细封好信封并贴上邮票。

（4）寄送邮件。鉴于不同类型的邮件有着不同的寄发要求，所以，如果需要寄发的邮件的数量和种类较多，秘书可以先对邮件进行汇总、分类，如分成平信、特快专递等。分类能够帮助秘书快速地按要求处理邮件。秘书可以采取多种方式寄送邮件，如果时间充裕，一般可通过所在地的快递网点邮寄。如果时间紧迫，秘书可以采用电子邮件、传真等方式传递信息。

项目七 印章管理

印章是指盖在正式材料上,代表单位、组织和个人权利的图章。

一、印章的种类

秘书手中一般掌握着三种印章:一是单位印章(含钢印),它是单位对外行使权力的标志;二是可公用的单位领导的私章;三是秘书部门的印章。

二、印章的管理

(一)专人管理

印章应由责任心强的管理者保管,单位不可随意更换管理者或将印章交给他人管理。一般而言,印章的管理者也是具体工作中的用印者。因此,单位应严格挑选和审查印章的管理者,并加强对其的教育和考察。

(二)保障安全

管理者应选择安全、保险的地方存放和保管印章,可将其放在机要室或办公室的保险箱内。如果印章被存放在办公桌的抽屉里,管理者应当确保锁具足够牢固。管理者不得将钥匙委托他人保管,也不得将钥匙插入锁孔后离去,以免印章被人盗用,造成严重后果。

(三)防止污损

管理者要爱护印章,避免让印章破损。同时,管理者要注意经常清理印章,以保证图案和印文足够清晰。

三、印章的使用

印章是公文的生效标识。使用印章的程序包括申请用印(填写用印申请单并由专人审核签字)、正确用印、用印登记三个步骤。

(一)申请用印

用印人应填写用印申请单,由单位主要负责人或得到主要负责人授权的工作人员负责审核,通过批准后方可用印。若开具一般证明时需要用印,可由办公室主任审核,或遵循惯例。使用职能部门的印章时,本部门的主要负责人审核批准后方可用印。用印申请单的格式如表 3-15 所示。

表 3-15 用印申请单

文件标题			
用途		份数	
用印日期		用印申请人	
批准人		备注	

（二）正确用印

为正式公文盖章时，盖章者应在文本落款处盖章，上不压正文，骑年压月。为带存根的公函、介绍信、证明信盖章时，盖章者应分别盖骑缝章和文末落款章。印章要端正、清晰，印油要均匀。

用印时，实际盖章的文件数量应和用印申请单上的份数完全一致。

（三）用印登记

用印人用印后应当进行用印登记。登记的项目有序号、用印日期、文件标题、用途、份数、用印人、批准人、备注等。各单位一般都有统一的用印登记表的模板，格式通常如表3-16所示。

表3-16　用印登记表

序号	用印日期	文件标题	用途	份数	用印人	批准人	备注

四、公章的刻制和新公章的启用

（一）刻制公章

一般情况下，单位申请刻制公章时，负责人需要携带营业执照原件、法人身份证原件、经办人身份证原件、刻章申请书、授权委托书等材料，到有资质的印章店办理公章的刻制。相关负责人应当仔细核对刻制好的印章的材质和印刷效果，确保其符合单位的使用要求。

（二）启用新公章

启用新公章前，单位应向有关单位发出正式启用通知并附上印模。单位在规定的启用日期前不得使用新公章。取新公章时应双人同行，新公章被取回后交由办公室负责人拆验，由指定人员保管。单位启用新公章时，要将有关印模和启用日期的文件报送上级主管部门，双方都要保存好相关材料。

五、公章的缴销

若因机构变动、名称改变或公章损坏而停止使用旧公章，相关负责人应将旧公章缴回制发机关封存或销毁。

项目八　介绍信

介绍信是指在对外联系和商洽工作等公务活动中用于证明单位职工身份及有关事项的专用信件。介绍信用纸一般由单位统一印制，人们通常不用空白纸和便笺写介绍信。秘书写信时必须按规定逐项填写被介绍人的姓名、职务、人数等信息。介绍信中的内容应准确无误，秘书不得向使用者开具空白介绍信。介绍信能够起到介绍、证明的作用。

一、介绍信的内容

介绍信一般包括标题、称谓、被介绍者简况、事由、署名、日期和有效期等内容。不同形式的介绍信的内容与写法也略有差异。

二、介绍信的结构

介绍信由存根联、正式联和间缝构成。

(一) 存根联

存根联的第一行正中间写有"介绍信(存根)"这几个字,字号要大。"介绍信(存根)"右下方写有"××字××号"字样。正文包括被介绍人的姓名、人数、身份介绍、前往何单位、具体办理什么事情、有什么要求等内容。结尾处可注明成文日期和单位名称。

(二) 正式联

正式联第一行正中间写有"介绍信"三个字,字体较大;其右下方写有"××字××号"字样,其正文内容与存根联正文内容一致。

(三) 间缝

存根联与正式联之间有一条虚线,虚线上标有"××字××号"字样。写信者可依照存根联第二行的"××字××号"填写,字号要大一些。相关人员从虚线处将介绍信撕开后,存根联和正文联都留有一半的字迹。同时,相关责任人应在虚线正中间加盖公章。

三、介绍信的管理

(1) 介绍信与印章管理紧密相关,单位应指定专人负责管理介绍信。一般而言,介绍信由印章管理者管理。

(2) 介绍信的保管方式同印章的保管方式一样。介绍信应被锁在抽屉中,随用随开,以防被盗或丢失。

(3) 管理者要按编号顺序使用介绍信。

(4) 管理者要保留好介绍信的存根。管理者在使用介绍信时,要将相关信息记在存根上。若涉及重要事项,管理者要请批准人在存根上签字。若批准人口头批准,管理者要在存根上记下批准人姓名。若有批条,管理者要将批条贴在存根上。

(5) 对于开出后未被使用的介绍信,管理者应及时将其收回。

(6) 持信人如将介绍信丢失,应及时告知单位或部门负责人,并通知介绍信管理者。若涉及重要事项,管理者还应通知办事单位,以防有人冒名顶替。

四、介绍信的使用要求

(1) 严格履行审批手续。开具单位介绍信必须经领导或办公室负责人批准。

(2) 内容明确、具体。介绍信的内容不能含糊、笼统,以免被不法分子钻空子。

(3) 填写有效时间。介绍信上必须写明有效时间,以体现严谨性。

(4) 严格检查。管理者要对开出的介绍信负责,检查无误后方可用印。

(5) 遵守"一文一个单位"的原则。一份介绍信只能发给一个单位,不能发给两个单位。

持信人不能将介绍信转借给他人使用。

（6）保证填写的信息真实准确。介绍信上应写有持信人的真实姓名和身份，不能弄虚作假，随意提高持信人的地位。

（7）正式联与存根联内容一致。存根联的正文内容要同正式联的正文内容一致，正文内容应与持信人的真实情况相符。

（8）保持清洁。介绍信上的字迹要工整、清楚，书写者不能随意涂改；如有涂改，管理者需要在涂改处加盖公章，否则介绍信将被视为无效文件。

（9）填写介绍信时要用黑色签字笔，禁止使用铅笔、圆珠笔或红色签字笔书写。

项目九　值班工作

一、值班工作的内容

值班是秘书部门的工作之一，各单位的值班任务都非常庞杂。值班工作主要包括以下几项。

（一）处理领导交办的事项

当领导临时有需要处理的紧急工作且一时找不到其他部门处理时，会交由秘书部门处理。因此，秘书部门的工作之一就是处理领导交办的事项。领导交办的事项通常数量很多，且范围也很广，需要秘书根据具体情况灵活处理。常见的事项有如下几种。

1. 反馈工作

秘书有时需要查问有关部门和人员对领导提出的某一批示或要求的落实情况，并将查问的结果及时反馈给领导。

2. 临时性会议的通知工作

如果领导临时决定召开会议，则需要由秘书通过电话或其他方式召集有关部门和有关人员来参加会议。

3. 服务工作

秘书有时要为领导服务，如整理文件、打印资料等。

（二）传达与沟通

上级部门经常派人到本单位检查工作、了解情况，下级单位经常会派人来汇报工作、反映问题，平级单位或无隶属关系的单位也常派人协调工作。秘书要根据不同情况，请有关负责人或有关部门进行接洽。对于上级的各项指示、通知和下级的请示、汇报，秘书都要认真登记、及时汇报、及时处理。对于本单位发生的一些突发事件，秘书也有责任将掌握到的情况如实报告给领导，通知有关人员及时处理。

（三）处理来电、来函

日常的函电往来是由业务部门处理的，但在下班后或节假日期间，负责值班的秘书应担负起函电的处理工作。对于其中的急电、急件，秘书应及时通知相关人员知悉。对于电话请示，秘书一般只负责传达，不予以答复，也不能随意表态，以免使领导在工作中陷入被动。若领导有批示或指示，秘书则要按领导的要求及时落实相关工作。

（四）负责接待工作

值班工作中的接待工作主要有两种：一种是公务接洽，另一种是个人来访。接待工作包括以下几种。

（1）对于上级单位派来的了解情况或指导工作的人员，秘书应根据相应规定并结合来访者的意愿作出适当的安排。

（2）对于其他单位派来的参观、学习、考察的人员，秘书要热情接待，向来访者介绍单位的简要情况。

（3）对于专程前来反映意见的人员，秘书要虚心听取来访者的意见，并尽可能满足来访者的要求。

（五）掌握领导的外出活动情况

秘书要随时掌握和记录领导外出的有关信息。若领导在外出差，秘书要及时与领导联系，了解领导的外出地点和电话号码，以便有急事时能随时找到领导，保证工作的正常开展。

（六）负责安全保卫工作

秘书要协助有关人员做好安全保卫工作，防止单位的财产被盗或丢失。

二、值班工作的要求

（一）坚守岗位

在规定的值班时间内，秘书必须做到人不离岗，始终保证通信畅通。秘书有事要提前请假，如无人接班，秘书不得离开岗位。

（二）认真处理事务

值班工作庞杂、琐碎，如果出现差错或处理不当，轻则耽误工作，重则造成严重后果。因此，秘书必须有认真负责的工作态度，不得大意或马虎。秘书要真正起到问事员、联络员、收发员的作用。

（三）做好记录

秘书应在值班期间做好以下几项记录工作。一是做好接待记录。秘书要登记清楚来访者的姓名和单位、来访时间、事由、接洽部门等信息。二是做好值班电话记录。秘书除了要接待来访者外，还要接打电话，联系、处理有关事务。因此，秘书必须认真做好值班电话记录。三是写好值班日记。对于外来的信函、值班时出现的情况，秘书要认真记录，并将相关内容整理成值班日记。

（四）热情接待来访者

秘书应根据情况恰当地处理接待工作。对于前来洽谈的来访者，秘书应检查身份证件，在问清意图后协助其与洽谈对象沟通有关事务。对于一般来访者，只要不涉及机密，秘书应尽可能地给予帮助。

（五）加强安全保卫意识

秘书的职责之一就是做好单位的安全保卫工作，秘书要严格执行安全制度，严防不法分子混入单位。如遇到紧急情况和可疑人员，秘书应及时向领导和保卫部门报告。秘书要有保密观念,不能把亲戚、朋友带到单位留宿。

(六)处理好交接班工作

值班结束后,秘书要注意以下几点。

(1)必须当面交接班。

(2)转交值班记录,说明值班时出现的问题及处理方法。

(3)在值班记录表上签名,确认记录内容。

项目十　备用金的管理

为了方便工作,经单位领导和财务负责人批准,秘书可管理一部分备用金。备用金可用于支付接待费、茶点费、交通费、停车费或办公用品费等费用。秘书应认真保管备用金,并按规定使用备用金。

一、备用金的管理

(1)秘书应详细记录备用金的开支情况,将其记录在备用金账簿上。记录内容包括:收到现金日期、收据编号、支出现金日期、用途、金额和余额等。

(2)秘书应严格遵守单位财务制度,不能协助领导私设"小金库"。

(3)秘书应设计备用金凭单,内部工作人员需要现金时应认真填写备用金凭单。备用金凭单的样式如表 3-17 所示。

表 3-17　备用金凭单

编号	
用途	金额
申请人签名	日期
审批人签名	日期
支付人签名	日期

(4)秘书应认真核对备用金凭单,核对无误后方可支付现金。

(5)秘书要认真核对发票与备用金凭单上的内容是否吻合,核对无误后将发票等凭证附在备用金凭单后面。

(6)秘书在支出现金后应及时做好记录。

(7)支付的备用金达到一定数额时,秘书应到财务部门申请备用金,以保证有充足的用于周转的备用金。

二、报销的程序

对于领导和工作人员的出差费用,一般由本人提出报销申请,然后由秘书办理或协助办理结算手续。报销前,秘书需要得到领导的批准,然后再按单位的有关报销规定履行报销手续。秘书要及时报销,不要拖拖拉拉。

(1)出差结束后,报销申请人或秘书应填写出差报销单,详细写明费用金额、出差人员、时间、用途等。

（2）秘书应将发票附在出差报销单的背面。报销申请人签字后，秘书应将其提交给财务部门的出纳人员，出纳人员根据报销申请人先前领取的金额进行结算，遵循"多退少补"的原则。如果费用是由出差人先行垫付的，其应提交出差报销单和票据，出纳人员核实无误后方可办理报销手续。

（3）用于报销的票据必须合乎财务部门的要求，符合有关规定。报销申请人应提交正规的发票。

（4）如果出差人的出差费用超出了预算费用，出差人应请示单位相关领导，得到批准后，超出预算的金额才能得到报销。

项目十一　突发事件

一、突发事件的种类

突发事件通常是一些偶发性事件，即意料之外的事情或突然发生的事情。对于这类事件，秘书应及时掌握事件进展并妥善处理。地震、水灾、台风、火灾、交通事故、食物中毒、工伤事故都属于突发事件。

二、处理突发事件的原则

突发事件的处理应遵循以下原则。

（一）快速反应

处理突发事件的第一要务是尽力控制事态的发展。突发事件的发展过程包括四个阶段，即突发期、扩展期、爆发期、衰退期。随着突发事件的发展，平息突发事件的成本将快速增加。所以，单位的反应要快，行动要及时。单位应积极应对突发事件，以有效化解危机。

（二）以人为本

面对突发事件时，单位应以保护人的生命安全为第一准则。单位应在第一时间组织人员撤离至安全地带，不要组织非专业人员开展抢救工作，以免造成不必要的伤害。单位要尽可能地维护公众的利益，降低公众的损失。如果相关人员遭受损失，单位应主动承担责任。

（三）公开透明

面对突发事件时，采取封锁消息、掩盖真相的做法是极其愚蠢的。正确的做法是主动联系新闻媒体，以真诚、实事求是的态度面对公众，坦诚地向公众说明有关情况，给公众一个明确的交代。

（四）重塑形象

对单位来说，突发事件是不可避免的。发生突发事件后，单位要及时化解危机，重塑自身形象，尽快取得公众的信任。

三、突发事件的应对方法

（一）偶发性自然灾害的应对方法

（1）应对火灾的方法。值班员接到火灾的报告后，要问清火灾地点、火情、扑救情况等，视情况处置。如果是小火,秘书应报告领导。如果是大火,秘书应在报告领导的同时做好下列工作:了解火势大小,若消防力量不足,应立即向消防部门求助;通知公安部门派人来到现场;通知电信部门,保证通信畅通。

(2) 应对台风、冰雹等灾害的方法。灾害发生后,秘书要立即报告领导,和受灾人员联系,详细了解有关情况。秘书应根据领导的意见通知有关部门做好救灾工作,并把准备情况报告给领导。秘书应通知办公室负责人做好准备,一旦有需要,办公室负责人应随领导一起赶赴救灾现场。

(二) 偶发性人为事故的应对方法

(1) 应对大型食物中毒事件的方法。若发生了涉及人数较多、病情较重的食物中毒事件,秘书在了解情况后应做好下列几项工作:立即向领导报告地点、中毒人数、病情;通知医院做好救治准备,迅速派医务人员和救护车辆前往现场并采取措施;如果本地医院住不下,秘书还要和外地医院取得联系;向上级领导机关和主管部门报告有关情况。

(2) 应对大型交通事故的方法。若单位内部发生大型交通事故,领导有协助处理的责任和义务。秘书在通知领导的同时要做好下列几项工作:立即将事故地点、大致情况向领导报告,并听取领导的处置意见;根据领导意见通知公安部门保护现场,并维持秩序;通知医院,要求其派医务人员组织抢救。

(三) 刑事案件的应对方法

如果出现重大的刑事案件,如持枪杀人、抢劫银行、流氓团伙行凶伤人等,秘书要立即通知公安部门组织力量奔赴现场,阻止事态的发展,抓获罪犯,尽量减小事件所造成的影响和损失,同时向领导报告。

(四) 偶发性政治事件的应对方法

聚众或恶意闹事、张贴反动标语都属于这一范畴。处理这类事件时,秘书应通知公安部门采取措施。在紧急情况下,秘书也可以先组织得力人员赶赴现场并控制局面。需要注意的是,对于一些群众性行为,秘书要妥善处理,不能使矛盾激化。如出现游行示威、静坐、罢工、罢课等情况,秘书一定要及时报告领导,听取领导的意见,联系有关部门及时处理问题。

四、事故情况记录表

事故发生后,秘书应及时做好记录,填写事故情况记录表。这样做既符合法律规定,有助于单位有效应对有关赔偿的要求,也有助于领导详细了解情况。事故情况记录表应包含事故发生时间、事故发生地点、事故涉及的人员、事故证人、事故过程概述。填写者应在事故情况记录表上签名。

五、工伤情况报告表

如果有人在事故中受伤,秘书还要填写工伤情况报告表,主要信息如下。
(1) 事故涉及人员的姓名、出生日期、住址、职务。
(2) 事故发生的时间和地点。
(3) 事故的发生过程和细节,有关人员对事故的看法。
(4) 采取的急救行动和医疗处理情况。如果受伤人员被送往医院,表上则要写明医院的名称和地址。

(5) 事故证人的姓名和职务。

(6) 表格填写者的姓名和职务。

(7) 填写者签名和填写日期。

项目十二 督查工作

督查工作是秘书的一项经常性工作,是协助领导推进工作的有效手段;其在推动决策执行、提高工作效率方面起着举足轻重的作用。秘书的督查工作是在领导的授权下进行的。

一、督查工作的特点

(1) 复杂性。秘书需要督查的事项大都是复杂、棘手、涉及面广、影响较大的事项,因此督查工作的工作难度很大。这就需要秘书具有较强的解决复杂问题的能力,做到查则必清、清则必办、办则必果。

(2) 原则性。若督查工作涉及政策、利益方面的问题,秘书应坚持原则、分清是非,不当"和事佬"。

(3) 规范性。秘书的督查工作是在领导的授权下进行的。秘书应履行职责,注重督查工作的方式和方法,不越权,灵活地完成督查工作。

(4) 时限性。秘书开展督查工作时要注重工作效率;对于落实难度大的事项,秘书要全程跟踪督办。

二、督查工作的原则

秘书作为领导的参谋和助手,经常受命对有关部门和人员的工作开展情况进行督查。在督查过程中,秘书想要使督查工作发挥应有的作用,就要坚持以下几项原则。

(1) 实事求是原则。

(2) 主动性原则。

(3) 多层次落实原则。

(4) 时效性原则。

(5) 督查与帮办相结合的原则。

三、督查工作的内容

一般而言,秘书的督查工作包括:上级领导和本单位领导要求秘书督办的事项;上级部门的重要工作部署与会议精神的落实情况;本单位的重要工作、文件和会议精神的落实情况;本单位对外界提出的建议和批评的处理情况;相关部门对职代会、股东大会所提出的议案、提案和建议的落实情况;相关部门对下级单位提出的请示的处理情况。

四、督查工作的程序

督查工作的程序由交办、转办、承办、催办、检查、办结、办结回告、审核、立卷归档等环节组成。

(一) 交办

领导向有关督查人员交办具体工作时,可采用不同的交办方式。从交办形式的角度来看,交办方式包括批示交办、口头交办、文件交办、会议交办。从交办对象的角度来看,交办方式包括集体交办、个别交办。从交办范围的角度来看,交办方式包括公开交办、单独交办。

(二) 转办

交办事项并非都由督查人员亲自办理,督查人员应将部分工作转交给相关部门和人员,由其具体实施有关工作。督查人员的职责是催办与督查,但督查人员有时也需要协助承办者落实有关工作。对于需要转办的事项,督查人员应填写正式的转办通知单,并注明交办的事项、交办的要求及办结回告的时间。

(三) 承办

有些事项是领导要求督查人员亲自处理的,领导往往会采取个别交办、口头交办、单独交办的方式将事项转交给督查人员,这些事项往往具有一定的保密性质。其中的一些事项是领导顾及不过来的事项或领导不宜出面处理的事项,领导会将这些事项交给某位督查人员处理。

在承办这类事项时,督查人员应做到以下几点。

(1) 要积极、认真地去办。

(2) 要按领导的要求去办。

(3) 要按有关规定和政策去办。

(4) 要遵守办事纪律,绝不可外传不应让他人知道的事项,完成任务后回告领导即可。

(四) 催办

催办主要针对的是那些领导交办给督查人员后,督查人员又转交给其他部门或人员的事项。催办的方式包括发正式催办通知单、电话催办、口头催办、登门催办、会议催办等。督查人员应根据领导要求及时催办。

(五) 检查

对于转办事项,督查人员要对有关部门和人员的办理情况、办理结果进行检查。督查人员不仅要听取有关人员的口头汇报、核查文字回告,还要了解实际情况。督查人员的检查工作可在事项办理过程中进行,或在办理完毕之后进行。前者的检查内容是办理的进展,后者的检查内容是办理结果和实际效果。

(六) 办结

办结是指将领导交办的事项办理完毕。对于办结的事项,督查人员必须向领导报告办理结果。

(七) 办结回告

督查人员或有关部门、人员在办理完领导交办的事项后,应向领导反馈办理结果。办结回告的方式可以是书面的或口头的,应视领导的要求而定。办结回告一定要真实地反映办理结果,切不可弄虚作假,也不能回避存在的问题和矛盾。督查人员或有关部门、人员还要依据存在的矛盾和问题提出建议和意见。办结回告一般应包括以下内容。

(1) 领导交办的时间。
(2) 交办的问题或事项内容。
(3) 办理的过程及办理过程中所采取的方法与措施。
(4) 办理的结果与实际效果。
(5) 办理过程中和办理完毕后存在的问题。
(6) 有助于改进的建议、意见、措施等。

(八) 审核

审核是指对办结回告进行审查评估。如果事项被转交给有关部门或人员,那么督查人员应先对办结回告进行初步审核,并签署意见,然后再呈送给领导。审核办结回告时,督查人员要做到以下几点。

(1) 认真审核办结回告的内容。
(2) 听取有关部门或人员的口头汇报。
(3) 了解办结后的实际效果。
(4) 对办结结果进行评估。
(5) 对存在的问题提出改进意见、建议。

(九) 立卷归档

办结回告经领导审核、认可之后,督查人员应按有关规定将相关的书面材料规范地装订在一起,装入有关卷宗,并保证有关材料能反映领导交办的事项的办理过程。

五、督查工作的主要方式

依据督查工作的轻重缓急,督查人员可采取不同的督查方式。具体来说,督查方式主要有以下几种。

(一) 书面督查

书面督查即根据领导的指示,以通知等书面形式将上级领导的有关批示转给被督查的有关部门或主管人员,请他们根据督查要求核实情况并予以处理,将处理情况及时报送上级主管单位和上级领导。督查报告的内容应反映办理的过程、好的做法与经验、正面典型、存在的问题或建议、意见。

(二) 会议督查

会议督查即运用召开会议的方法开展督查工作。会议督查适用的场合有如下几种。

(1) 若某项督查事项、问题涉及多个单位,督查人员常常采取召开督查协调会的方式协调督查工作。实际上,督查工作中召开的各类协调会均采用的是会议督查的方法。

（2）在办理某项督查事项的过程中，若有关部门、单位之间发生了某些矛盾、纠纷，督查人员往往会通过召开会议进行协调。

（3）若没有明确的职能部门负责有关事项，督查人员还需要通过召开会议的方式委托、指定有关部门落实有关工作。

（4）有关部门分别召开会议，有关人员分别汇报各自的任务完成情况或落实情况。

（5）在采取联合督查、综合督查等方式开展督查工作时，督查人员经常采用会议督查的方法。

（6）督查"老大难"问题的落实情况和重大突发事件的处理情况时，督查人员也会采用会议督查的方法。

如果督查人员能合理运用会议督查的方法，督查工作的效率将得到提高，从而起到事半功倍的作用；但是在使用会议督查这一方法时，督查人员一定要事先做好充分的准备，要有明确的意见或建议，同时还必须注意参加会议的单位、人员不宜过多。召开的会议应为小型的座谈会、汇报会等。督查会议可以在领导部门召开，也可以在其他有关部门召开，在其他有关部门召开效果更好。

（三）电话督查

在督查过程中，对于一些比较急迫而又简单的问题，通过函件沟通十分不便，督查人员可通过打电话的方式直接询问或核实有关问题，或通知有关部门抓紧核查，以免延误时间。进行电话督查时，督查人员应注意如下事项。

（1）受话者应是承办人、负责人或熟知具体情况的有关人员。

（2）督查人员应在通话后将对方在电话中所陈述的办理情况记录下来，并注明通话日期、受话者的姓名等。

（3）督查人员应及时向对方提出尽快办理、落实有关事项的建议和具体要求。

（4）督查人员可将了解到的情况通过口头或书面的形式向领导反馈，如果领导对该事项的办理有新的意见或要求，督查人员应及时转告承办人。

（5）督查人员应及时将督查日期、了解到的情况记入督查事项登记簿。对于某些领导口头交办且只需要承办人口头回告的督查事项，督查人员应做好电话催办记录。

（四）专项督查

对于领导交办的重要事项，督查人员应对其进行专项督查。督查人员应跟踪催办，要求承办人按时上报办理结果。若遇到特殊情况，督查人员应向领导报告。

（五）登门督查

若督查人员遇到特殊情况或重大问题，采用上述办法不能完全解决问题，领导会派督查人员开展实地调查，掌握第一手材料，弄清事情的真相和问题的实质。督查人员应与有关部门的领导和人员协商，协助部门领导查出问题、解决问题。

六、协调工作的基本原则

（1）以组织的整体利益为出发点。

（2）考虑事项的重要程度。

（3）遵循多次协调的原则。

（4）虚心听取各方意见。

项目十三　保密工作

开展保密工作的目的是防止泄密、失密和窃密等事件发生。但凡有保密物品丢失,无论其是否被找到,皆视为失密;若保密事项被外人获知,则视为泄密;若有人采取非法手段获取、买卖本单位的机密,则视为窃密。为了保护本单位的利益,秘书必须加强保密意识,严格遵守保密规定。

一、需要保密的内容

(1) 上级下发的或本单位的含有机密内容的文件。
(2) 含有机密内容的各项会议文件。
(3) 专利技术、发明创造、科研成果、工艺配方等。
(4) 有关机构设立及变更、产权变动、资产重组的资料。
(5) 各种证件。
(6) 人员的考核材料。
(7) 涉及机密的档案。

二、各类信息的保密措施

信息可分为口头信息、纸面信息、电子信息。对于不同类型的信息,秘书可以采用不同的保密措施。

(一) 口头信息的保密措施

(1) 不要在组织内部和外部(包括同事、客户、朋友或亲属)谈论单位的保密信息。
(2) 在没有确认对方的身份和对方是否有权获得信息之前,不要通过电话、电子邮件透露保密信息。
(3) 只向来访者提供单位允许提供的信息,若超出范围,应提前向领导汇报。

(二) 纸面信息的保密措施

(1) 只将文件或其他纸面信息发给被授权的人员,并要求其亲自签收文件。
(2) 对于密级较高的文件,可以由办公室工作人员亲自交给收件人。
(3) 在传递保密文件或资料时,要将其放在文件夹、文件盒中,以防丢失。
(4) 所有保密文件都应被保存在专用文件夹中,并标明"机密"二字。秘书可将文件夹保存在带锁的、防火的柜子里。离开办公室时,秘书不能把机密文件留在办公桌上,应将其锁入抽屉或柜子中,并关好门窗。
(5) 文件复印完成后,秘书应立即将含有机密内容的原件取走,不要将其留在复印机的玻璃板上。

(三) 电子信息的保密措施

(1) 计算机的显示器应被放置在他人看不到屏幕的地方,如果来访者走近,应迅速关闭页面、降低屏幕亮度,或关闭显示器。

(2) 在提交电子信息之前,应发给上级领导核对,不能将其发给未被授权的人。

(3) 秘书应设置计算机密码,并经常更换密码。

(4) 秘书应经常给计算机杀毒;为了安全,不要安装不正规的程序。

(5) 对于重要的文件,秘书要做好备份工作,并将其存储在安全、加密的地方。U盘或磁盘不能被保存在过热或过冷的地方。

(6) 存有保密信息的U盘或磁盘不应被带出单位,以防止数据落到不法人员手上。

三、保密工作的有关制度

秘书在开展保密工作时应遵守《中华人民共和国保守国家秘密法》,以保守国家秘密,维护国家安全和利益。《中华人民共和国保守国家秘密法》第十四条规定:"国家秘密的密级分为绝密、机密、秘密三级。绝密级国家秘密是最重要的国家秘密,泄露会使国家安全和利益遭受特别严重的损害;机密级国家秘密是重要的国家秘密,泄露会使国家安全和利益遭受严重的损害;秘密级国家秘密是一般的国家秘密,泄露会使国家安全和利益遭受损害。"

资源拓展
《中华人民共和国保守国家秘密法》

《中华人民共和国保守国家秘密法》第二十条规定:"国家秘密的保密期限,应当根据事项的性质和特点,按照维护国家安全和利益的需要,限定在必要的期限内;不能确定期限的,应当确定解密的条件。国家秘密的保密期限,除另有规定外,绝密级不超过三十年,机密级不超过二十年,秘密级不超过十年。机关、单位应当根据工作需要,确定具体的保密期限、解密时间或者解密条件。机关、单位对在决定和处理有关事项工作过程中确定需要保密的事项,根据工作需要决定公开的,正式公布时即视为解密。"

项目十四 工作计划

制订科学的工作计划可以帮助人们提高工作效率,取得事半功倍的效果。

一、工作计划的种类

按照不同的标准,工作计划可分为不同的种类。

(一) 按时间长短分类

按时间长短分类,工作计划可分为长期工作计划、中期工作计划和短期工作计划。

(1) 长期工作计划的计划时间一般为2~5年,此种计划要与单位整体发展目标相适应。

(2) 中期工作计划的计划时间一般为1~2年,此种计划要与单位的阶段性发展目标相适应。

(3) 短期工作计划的计划时间一般为1个季度~1年,此种计划要与单位具体项目的工作目标相适应。

(二) 按性质分类

按性质分类,工作计划可分为政策型工作计划、目标型工作计划、规划型工作计划、程序型工作计划和方法型工作计划。

（1）政策型工作计划由单位最高管理层制订，是指导各部门领导制定决策、确定目标的指导性文件。

（2）目标型工作计划是针对单位要实现的各项目标而制订的计划。

（3）规划型工作计划是一种具有综合性、前瞻性和战略性的计划，它旨在为长期目标的实现提供全面的指导。

（4）程序型工作计划是指为处理经常重复出现的工作制订的计划。

（5）方法型工作计划的制订目的是为执行者提供一套清晰、可操作的指导方案，以确保工作能够按照预定的路径高效、有序地进行。

二、工作计划的内容

工作计划可以表格的形式呈现，也可以文字的形式呈现。除了起始时间、各阶段的时间安排和最终期限，工作计划还应包含以下内容。

（1）每项任务的具体目标。

（2）每项任务的质量要求。

（3）每项任务所需的资源。

（4）每项任务的负责人或负责部门。

（5）监督工作的相关要求。

三、制订工作计划的方法

制订工作计划时，秘书不但要科学地安排时间，还要考虑其他方面的因素，以保证制订的计划能推动工作的顺利开展。秘书在制订工作计划时可采用如下几种方法。

（1）列出任务。秘书可根据领导确定的工作目标和期限要求列出在某一阶段要完成的所有任务。

（2）明确优先级。秘书应找出重要的任务和紧急的任务，根据任务的轻重缓急安排工作。

（3）列出数字编号。秘书应根据任务的轻重缓急用数字编号标记出完成任务的先后顺序，给需要花时间的工作留出充足的时间。

（4）列出所需资源。秘书应列出完成每项任务所需的资源和相关信息，包括人力、财力、物力等。

（5）明确评估指标。秘书应明确用于评估任务完成情况的指标。

（6）指定专人负责。若需要他人协助，秘书应明确每项任务的负责部门或负责人。

（7）估算完成时间。秘书应根据最终完成时间推算各阶段工作的完成时间，确定后将其填入工作计划表中。

（8）建立报告制度。秘书应了解工作进展情况，并明确出现问题向谁报告、何时报告。

四、制订与实施工作计划的注意事项

秘书在制订和实施工作计划的过程中应注意以下几个方面。

（1）制订工作计划要实事求是，不要设立不切实际的工作目标。

（2）秘书要善于授权，明确分工，不要因为帮助他人完成任务而导致自己的工作无法完成。

(3) 秘书要定期检查所需的资源是否充足。
(4) 秘书要及时与同事沟通工作进展和出现的问题。
(5) 秘书要监控计划的实施,发现问题应及时应对。

项目十五 团队管理

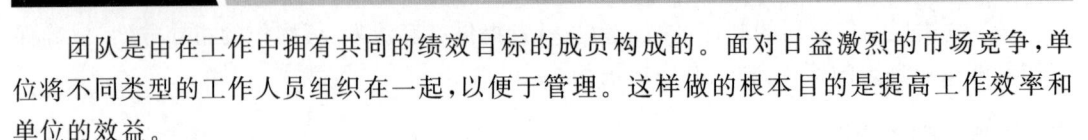

团队是由在工作中拥有共同的绩效目标的成员构成的。面对日益激烈的市场竞争,单位将不同类型的工作人员组织在一起,以便于管理。这样做的根本目的是提高工作效率和单位的效益。

一、明确团队目标

在确定团队目标时,团队管理者应做到以下几点。
(1) 明确任务。
(2) 确定任务范围。
(3) 确定任务完成情况的评估标准。
(4) 确定阶段性目标。
(5) 预留弹性时间。

二、为团队成员分配任务

为团队成员分配任务时,团队管理者应充分考虑任务的完成时间、关键点和所需资源,结合团队成员的特长、爱好和经验,公平合理地分配任务,调动团队成员的积极性。同时,在团队成员执行任务的过程中,团队管理者若发现任务分配不科学,应及时进行调整。

三、保证沟通顺畅

团队管理者要保证团队与上级管理部门沟通顺畅。团队管理者应定期向上级管理部门报告团队的工作情况,还可通过会议等形式让上级领导了解团队的工作进展。同时,团队管理者也可从上级领导部门那里了解最新信息,实现双向沟通。

四、开展团队建设

在开展团队建设的过程中,团队管理者要做到以下几点。
(1) 定期召开团队工作会议,布置、总结工作;最好在舒适的地方开会,以使团队成员身心愉悦。
(2) 鼓励团队成员积极参加社会活动,以增强团队凝聚力。
(3) 推动团队的内部建设,及时解决问题和矛盾,加强对团队成员的培训。

五、对团队管理者的要求

(1) 认真履行职责。
(2) 调动团队成员的工作积极性。
(3) 分配任务时要做到科学、合理。

(4) 给团队成员提供充足的资源。
(5) 公正、平等地对待所有团队成员。
(6) 及时与团队成员沟通。
(7) 关心成员,兑现承诺。
(8) 善于激励团队成员。
(9) 代表团队向上级提出要求。
(10) 妥善处理团队和团队成员出现的各项问题。
(11) 明确团队任务的最终期限,要求团队成员按时完成任务。

项目十六　随从工作

一、开展随从工作的基本原则

开展随从工作的基本原则是以维护单位的整体利益为出发点,考虑各事项的重要程度。秘书在完成随从工作的过程中要遵循多次协调的原则,虚心听取各方的意见。

二、随从工作的类型

按工作类型划分,秘书的随从工作可分为以下几种类型。
(1) 商务谈判型。
(2) 会议型。
(3) 检查考核型。
(4) 处理问题型。
(5) 调查研究型。
(6) 慰问看望型。

三、随从工作的特点

(一) 工作要求高

随从工作对秘书的能力提出了很高的要求,因为此项工作涉及领导所要参与的各项活动,秘书必须亲自完成有关工作并负责到底。在办事、写作、组织、沟通等方面能力较强的秘书才能有效协助领导顺利完成工作。

(二) 情况变化快

随从工作的最大特点就是情况变化快,这就要求秘书增强工作的预见性、计划性,做事仔细、周到,保证随从工作不出纰漏。领导的活动计划经常会被许多意想不到的事情打乱,这就要求秘书具备灵活应变的能力,及时采取措施并调整活动计划。

(三) 时限性强

领导的日程安排都是事先确定好的,工作安排不能随便被改动,这就要求秘书具有很强的时间观念,保证按时完成任务。

（四）环境复杂

随从工作需要秘书面对陌生的环境，处理复杂的人际关系。因此，秘书在开展工作前要先进行调查研究，了解了情况后再向领导提出建议。

四、随从工作对秘书的要求

（一）态度积极

秘书要以积极的态度开展工作，主动出主意、想办法、提建议。

（二）细心办事

对待随从工作，秘书要一丝不苟、周密严谨。

（三）谨慎说话

秘书要谨言慎行，不擅自表态。

（四）以身作则

秘书在外工作时要遵守规定、以身作则、不搞特殊。

项目十七　调查研究

一、调查研究的方法

调查研究是秘书发现问题、解答问题的重要方法。常见的调查研究方法包括以下几种。

（一）普遍调查法

普遍调查法也叫普查，是指对每个调查对象都进行全面调查的方法，适用于重大的基本情况调查。

普遍调查法的优缺点如下。

（1）优点：收集到的信息较为全面、系统、准确、可靠。

（2）缺点：涉及面广、工作量大、时间较长，而且需要大量的人力和物力，组织工作较为繁重。

（二）典型调查法

典型调查法是一种非全面调查，它需要调查者从众多的调查对象中有意识地选择若干个具有代表性的调查对象，进行深入、系统的调查研究。

典型调查法的优缺点如下。

（1）优点：调查范围小，调查对象少，便于操作；节省人力、财力和物力。

（2）缺点：很难在实际操作中选择真正有代表性的调查对象；容易受人为因素的干扰，从而导致调查结果不够客观。

（三）抽样调查法

抽样调查法是一种从全部调查对象中抽选一部分调查对象进行调查，并据此对全部调查对象的总体情况进行估计和推断的调查方法。抽样调查法虽然是非全面调查，但调查者的目的是获取能反映总体情况的信息和资料。

抽样调查法有以下特点。

(1) 按随机原则抽选样本。

(2) 总体中的每个单位都有被抽中的可能性。

(3) 调查者可将误差控制在规定的范围之内。

根据抽选样本的方式划分,抽样调查法可分为概率抽样和非概率抽样。

常见的抽样方式有简单随机抽样、分层抽样、整群抽样、等距抽样、多阶段抽样、双重抽样等。

(四) 开调查会法

开调查会法就是召集少量调查对象开会并进行调查的方法。想要保证调查效果,调查者就要选好调查对象,确定人数。调查对象应是真正了解情况并敢于讲真话的人,人数一般以 3~8 人为宜。调查者要事先通知调查对象,让调查对象明确调查的目的和内容,以便有所准备。

开调查会法的优缺点如下。

(1) 优点：调查对象集中,可以相互启发、相互补充;简便易行,不需要调查者花费很多时间。

(2) 缺点：受时间、空间的限制;很难获得数据性资料;需要调查者和调查对象面对面交流,对保密事项的调查不宜采用此方法。

(五) 个别调查法

个别调查法是一种通过与某个调查对象交谈来了解情况的方法。这种调查方法简便易行,有利于调查者深入挖掘有效信息,并有利于保密。通过个别调查法获得的信息通常只用于参考。调查者应核查数据性资料的准确性。

采用此方法时,调查者要注意调查对象的选择,选择能提供所需信息的知情人;调查者要做好调查对象的思想工作,解除其顾虑,使其愿意提供真实材料;调查者要尊重对方,注意礼貌,不能以类似于审讯的方式进行调查;调查者要采取适当的记录方式,不轻易录音,不轻易要求对方签字或盖章;调查者要善于提问题,不要提无关的问题。

(六) 实地调查法

实地调查法是一种通过直接观察现场的情况,就地发现、核实某些问题的调查方法。调查者开展实地调查时要注意考察现场的真实性,防止有人事前布置现场,避免弄虚作假的现象发生。所以,秘书在安排领导进行实地调查时,最好不提前通知有关人员。除了事先安排好的调查地点外,调查者还应自行选择几个调查地点进行调查,并进行比较。

二、调查研究的注意事项

(1) 避免主观、片面地看问题。

(2) 避免自以为是。

(3) 不要急于求成。

(4) 参考多方意见。

（5）重视数据和事实。

（6）从多个角度分析调查结果。

三、确定调查研究课题的方法

（一）从原始信息中寻找调查研究课题

原始信息中蕴含着有价值的信息，调查者应从中发现线索，确定调查研究课题。这种做法有助于调查者抓住具有典型性、本质性的问题，获得有价值的调研信息。

（二）根据领导意图确定调查研究课题

领导的意图反映了领导对有关信息的需求。秘书要认真分析、领会领导的意图，抓住其中的要点，确定调查研究课题。

（三）根据员工反馈确定调查研究课题

收集员工的意见是掌握信息、科学决策的重要途径，但员工的反馈难免存在主观性和片面性，也不成体系。调查者可将员工反馈的问题中具有普遍性、代表性的问题作为调查研究课题，这将对领导解决问题大有裨益。

（四）根据中心工作确定调查研究课题

单位在每个阶段都有其工作重点和关键，领导会围绕这个工作重点开展活动。开展中心工作的过程中会出现一些意想不到的情况和问题，如果调查者能及时对这些问题进行调研，将有助于中心工作的顺利开展。调查者根据中心工作的需要确定调查研究课题还有助于协助领导推进工作。

思考与实训题

1．举例说明处理办公室日常事务的重要性。秘书在改进办公室日常事务工作流程时应该注意哪些事项？

2．请设计一份会议室预订登记表和一份用车预订登记表。

3．什么是时间管理？进行时间管理的技巧有哪些？

4．领导临时交办事项的特点有哪些？

5．秘书在日常工作中经常要做记录。秘书要掌握哪些记录的方法和技巧？

6．签收邮件是秘书的一项日常性工作。邮件的收进包括哪几个环节？

7．秘书一般会掌握多种印章。印章的使用程序是怎样的？请设计一份用印申请单。

8．开具介绍信要遵守哪些要求？

9．值班是秘书部门的工作之一。值班工作的任务与要求都有哪些？

10．秘书不是财务部门的出纳，但可以管理一部分备用金。这些备用金一般都用来做什么？

11．报销包括哪些程序？

12．若单位出现突发事件，秘书应及时做好记录，填写事故情况记录表。事故情况记录表应包含哪些内容？请设计一份事故情况记录表。

13．督查工作是秘书的一项经常性工作，是协助领导推进工作的方法和手段。一般来说，督查工作包括哪些环节？

14. 秘书必须加强保密意识,严格遵守保密规定。需要保密的内容有哪些?
15. 制订科学的工作计划可以提高秘书的工作效率。请详细说明制订工作计划的方法。
16. 对于团队管理而言,团队管理者的作用是什么?
17. 随从工作的类型有哪些?
18. 请用表格的形式说明不同类型的调查研究方法的优缺点。

第四节 办公用品和设备的使用与管理

理论知识

项目一 办公用品与设备的订购、接收和管理

一、办公用品的种类

办公用品主要包括以下几类。
(1) 笔尺类用品,如铅笔、钢笔、签字笔、彩笔、尺子等。
(2) 纸簿类用品,如复印纸、信纸、复写纸、信封、笔记本等。
(3) 归档用品,如档案袋、文件夹等。
(4) 办公低值易耗品,如墨盒、色带、磁盘等。
(5) 装订类用品,如订书机、订书钉、曲别针、打孔机、起钉器等。

二、订购办公用品与设备

(一) 选择供应商

选择供应商时,秘书要考虑以下几个方面。
(1) 价格和费用。第一,秘书应考虑供应商的要价。第二,秘书要考虑购买后产生的费用和损耗,如存储过程中的损耗、设备更新所造成的办公用品的报废。因此,在选择供应商时,秘书要综合考虑价格及费用。
(2) 质量和交货时间。秘书应仔细检查、比较货品的质量,最好选择那些允许更换不合格货品的供应商,以免造成浪费。秘书还要比较供应商的交货时间,选择能快速交货的供应商。
(3) 服务和位置。秘书要考虑供应商提供的服务是否周到,联系是否便捷,是否可以定期结算,是否可以退货,是否可以供应单位所需的全部办公用品和设备等。同时,秘书应尽量选择离本单位近一些的供应商,以便于联络和交货。
(4) 安全性和可靠性。秘书要考虑供应商在整个供货过程中能否保证货品的安全,供应商的相关手续及其提供的相关发票、单据是否齐全。秘书还要了解供应商的规模和信誉度。

（二）选择订购方式

办公用品和设备的订购方式通常有以下几种。

（1）商店购买。秘书可以直接去商店购买单位所需要的办公用品和设备。

（2）邮件订购。秘书可以给供应商发邮件，在邮件中详细列出所要订购的货品的名称、数量、类型和送货时间。供应商会按照要求送货上门。

（3）电话订购。秘书可以通过打电话的方式从供应商那里订购大多数的日常办公用品和设备。

（4）网上订购。秘书可在各人线上购物平台订购办公用品和设备。

三、接收办公用品与设备

在接收办公用品和设备时，秘书要做到以下几点。

（1）核对送来的货品与订购单是否完全一致。

（2）核对货品数量和型号，做好记录。

（3）准确、详细地填写库存卡，保证办公用品和设备准确无误地入库。

（4）更新原库存卡上的库存数据。

（5）按要求存放办公用品和设备。

四、管理办公用品与设备

办公用品与设备入库后，秘书必须将其保存在安全的地方，并进行有序的摆放，以防出现损坏、失窃等情况。此外，秘书应将办公用品与设备放到需要时容易找到的地方。

办公用品与设备的管理要求如下。

（1）安排专人管理办公用品与设备。

（2）秘书应了解办公用品与设备的规格、数量，认真完成验收、登记、入库等工作，精心保管办公用品与设备，使办公用品与设备处于随时可供使用的状态。

（3）库房应通风良好。

（4）秘书要及时填写库存卡，定期盘点和清理库存，做到账物相符。为方便盘点，秘书应在各办公用品与设备上贴上管理序号。

（5）秘书要根据库存和需求情况定期制订采购计划。

（6）办公室负责人应制定相应的设备维修制度。秘书若发现故障，应尽早与有关人员联系，对设备进行维修。

（7）对于那些对工作影响重大的办公用品与设备，秘书需要定期组织专人进行检查和维护。若有必要，秘书可事先准备替代品。

（8）必要时，秘书应指导借用者正确使用特殊的办公用品与设备。

（9）办公用品与设备的摆放要整齐、美观。大而重的物品应被放在下面；小物品应被放在前面，以便于人们发现；新物品应被放在旧物品下面，便于人们先领取旧物品，避免物品过期并造成浪费。

项目二 办公用品与设备的采购和发放

为了实现专业化、规范化、科学化管理,满足人们的日常办公需求,控制费用支出,大部分单位通常实行集中采购、统一管理的办法。在采购办公用品与设备之前,一般由秘书拟订计划并负责采购和发放。

一、调配与利用办公资源的基本要求

办公资源的合理利用有助于减少资源浪费,提高办公资源的利用率。基本要求包括以下几个方面。

(1) 掌握所有资源的基本情况,包括名称、功能、放置地点等。

(2) 进行分类管理,可根据实际情况分类,如分为设备类、用品类等。

(3) 建立办公资源档案,为每类办公资源建档,并记录使用情况。

(4) 定期进行数据分析,根据记录情况定期分析利用率。

二、办公用品与设备的采购程序

(1) 申请。申请购买者需要填写申请表,说明所需物品的详细信息。

(2) 审批。申请表经部门领导签字后,交由财务部门处理,由财务部门落实经费来源。

(3) 招标。若进行的是大宗交易,秘书还可发布招标书,以选择合适的供应商。

(4) 签订合同。经过比较或评估选出供应商后,单位应与之依法签订供货合同。双方应依据合同填写订货单与交货单。

(5) 接货入库。收到供货商提供的货品后,秘书应对照订货单与交货单严格地验收货品,并做到及时入库。

(6) 支付货款。秘书应将发票送至财务部门,财务部门审核无误后可支付货款。

三、编制预算方案的注意事项

(1) 要根据单位实际情况,在调研后编制预算方案。

(2) 要根据实际需要选择合适的办公用品与设备。

(3) 购置利用率高的办公用品与设备。

(4) 谨慎选择供应商。

(5) 编制预算方案时要广泛征求意见。

(6) 编制的预算方案要切实可行。

(7) 编制好的预算方案要经领导审核。

四、发放办公用品与设备的流程

秘书应根据本单位的有关制度发放办公用品与设备。秘书可按照以下流程进行发放。

(1) 审核申请表。领用人根据工作需要领取办公用品和设备时,必须详细填写申请表。部门领导签字批准后才能领取。秘书和领用人也要在申请表上签字。

（2）发放办公用品与设备。秘书要严格按照申请表发放办公用品与设备，在发放前核对办公用品与设备的名称和数量，不得擅自增减。

（3）更新库存记录。发放办公用品与设备后，秘书要及时更新库存记录，以便准确掌握办公用品与设备的供应情况。

（4）填写备案清单。发放完毕后，秘书还要填写备案清单，在上面详细记录何人在何时领取了何物，以备查询。

思考与实训题

1．秘书在选择办公用品与设备的供应商时要考虑哪几个方面？
2．办公用品入库后，秘书应如何管理办公用品与设备？
3．办公用品与设备的采购程序是怎样的？
4．发放办公用品与设备包括哪些流程？
5．秘书在接收办公用品与设备时要注意哪几个方面？
6．秘书在调配办公资源前需要开展相关的调研工作吗？
7．请为某次办公用品与设备的采购拟写一份预算方案，并以文字和表格的形式呈现出来。

第四章 文书拟写与处理

第一节 文书的拟写、审核与签发

理论知识

项目一 党政机关公文的拟写

为了适应中国共产党机关和国家行政机关工作需要,2012年,中共中央办公厅、国务院办公厅联合印发了《党政机关公文处理工作条例》,自2012年7月1日起施行。《党政机关公文处理工作条例》提及了十五种公文,它们分别是决议、决定、命令(令)、公报、公告、通告、意见、通知、通报、报告、请示、批复、议案、函、纪要。本书只对基层常用的通知、通告、函、会议纪要、报告、请示、意见、决定、通报这几种公文进行讲解。

资源拓展

《党政机关公文处理工作条例》

一、通知

(一)通知的概念

通知是一种用于发布、传达要求下级机关和有关单位周知或执行的事项,批转、转发公文的文书。

(二)通知的特点

通知具有适用广泛、主题单一、时效性强、表述形式灵活的特点。

(三)通知的类型

通知分为事项性通知和转发、批转性通知。事项性通知是指用于传达有关事项的通知,包括事务通知和会议通知两种类型。转发、批转性通知是发文机关以通知的形式转发或批转给上级机关、同级机关和不相隶属机关的公文。转发、批转性通知包括转发性通知和批转性通知。

（四）通知的结构和写法

1. 事项性通知的结构

事项性通知通常包括标题、主送机关、正文、附件说明、发文机关、成文日期这几个部分。

（1）标题。事项性通知的标题有以下几种形式。

① 发文机关＋事由＋文种。内容较重要的通知往往采用这种形式的标题，如《××市人民政府关于实施稳定就业扩大就业六项措施的通知》。

② 事由＋文种。一般性通知和内容单一的通知往往采用这种形式的标题，如《关于开展20××年度××市新闻系列高级职称评审工作的通知》。

③ 文种。在单位内部张贴、传递的通知有时可以仅以"通知"作为标题，正式发文的通知不能采用这种形式的标题。

（2）主送机关。事项性通知的发送指向很明确，因此其必须标明主送机关。只有一个主送机关时，通知上可以直接体现其名称。主送机关较多时，可采用主送机关的规范化简称或统称，并将主送机关依次排序，如"各区、县人民政府，市政府各委、办、局，各市属机构"。

（3）正文。事项性通知的正文包括发文缘由、通知事项、执行要求或期望。

① 发文缘由。发文缘由用来说明下发通知的意义、根据等。发文缘由的结束部分常出现"特此通知如下""现通知如下""特作如下通知"等语句。

② 通知事项。通知事项是正文的主体部分。这部分的主要写作要求是表述清楚。若通知事项较多，写作者可分条对事项进行说明。

③ 执行要求或期望。此部分应具体阐述发文机关的执行要求或期望，如"希望各核算单位本着实事求是、精细准确的原则，认真做好编制20××年度决算报表的工作"。该部分也可采用特定结束语，如"请遵照执行""特此通知，望认真执行""本通知自下发之日起实行"等。有的通知没有执行要求。

（4）附件说明。如果有附件的话，写作者应在正文下空一行写附件说明。附件应与通知正文一起装订。

（5）发文机关。发文机关位于正文右下方，成文日期上方。

（6）成文日期。成文日期位于发文机关下方，年、月、日应用阿拉伯数字表示。

2. 转发、批转性通知的结构

转发、批转性通知包括标题、主送机关、正文、发文机关、成文日期、转发文件这几个部分。

（1）标题。转发、批转性通知的标题一般由批转或转发机关、原发文机关、事由、文种构成。

（2）主送机关。主送机关即受文办理单位，写作者应顶格写主送机关。

（3）正文。与事项性通知相比，转发、批转性通知的正文结构比较特殊。

其结构是：批语（转发语、按语）＋转发要求（＋意义＋执行要求）。

基于从简的精神，目前不少转发、批转性通知省略了意义与执行要求这两项内容。有的时候，意义被放在批语（转发语、按语）前。

(4) 发文机关。发文机关位于正文右下方、成文日期上方。

(5) 成文日期。成文日期位于发文机关下方,年、月、日应用阿拉伯数字表示。

(6) 转发文件。成文日期下方应附上转发文件的原文。

(五) 经典例文

1. 事项性通知

关于开展20××年度重大技术装备进口税收政策工作的通知

各相关单位:

按照《关于组织开展重大技术装备进口税收政策企业申报工作的通知》要求,市经济和信息化局就受理20××年度××地区重大技术装备生产企业申请进口关键零部件、原材料税收政策有关事项通知如下:

一、政策内容

对符合规定条件的企业及核电项目业主(以下简称企业),为生产国家支持发展的重大技术装备或产品而确有必要进口的部分关键零部件及原材料,免征关税和进口环节增值税。

二、申报要求

申请享受政策的企业一般应为生产国家支持发展的重大技术装备或产品的制造企业,承诺具备较强的设计研发和生产制造能力以及专业比较齐全的技术人员队伍,并应同时满足以下条件:

(一) 独立法人资格;

(二) 不存在违法和严重失信行为;

(三) 具有核心技术和知识产权;

(四) 申请享受政策的重大技术装备和产品应符合《国家支持发展的重大技术装备和产品目录(20××年版)》有关要求;

(五) 申请享受政策的核电项目业主应为核电领域承担重大技术装备依托项目的业主。

三、申报方式

新申请享受政策企业需要报送加盖公章的申请文件4份(格式见附件1)及电子版光盘2份,并于20××年××月××日前提交申报材料。

受理地点:××市××区××路××号××大厦××办公室

联系方式:××××××××××

四、其他事项

(一) 对于《国家支持发展的重大技术装备和产品目录(20××年版)》中执行年限为20××年到期的产品,企业无须申请。

（二）特殊情况下，享受政策企业名单未能在下年度××月××日前印发，企业可凭工业和信息化部开具的《申请享受重大技术装备进口税收政策受理通知书》（附件2），向主管海关申请办理有关零部件及原材料凭税款担保先予放行手续。
　　特此通知。

　　附件1：享受重大技术装备进口税收政策申请报告
　　附件2：申请享受重大技术装备进口税收政策受理通知书
　　附件3：免税政策相关目录(20××年版)
　　附件4：工财函〔20××〕××号文

××市经济和信息化局
20××年××月××日

2．转发性通知

**××市××区人民政府办公室转发区文化委
关于切实履行文物保护属地责任实施意见的通知**

各相关单位：
　　现将《关于切实履行文物保护属地责任的实施意见》转发给你们，请认真依照执行。

　　附件：关于切实履行文物保护属地责任的实施意见

××市××区人民政府办公室
20××年××月××日

3．批转性通知

**××市人民政府批转市发展改革委
关于我市20××年深化经济体制改革重点工作意见的通知**

各区人民政府，各委、局，各直属单位：
　　市人民政府同意市发展改革委《关于××市20××年深化经济体制改革重点工作的意见》，现转发给你们，望遵照执行。

　　附件：关于××市20××年深化经济体制改革重点工作的意见

××市人民政府
20××年××月××日

二、通告

（一）通告的概念

通告是各级机关、社会组织、社会团体、企事业单位在一定范围内向人民群众或有关方面公布应当遵守或周知的事项时使用的文体。

（二）通告的类型

通告分为制约性通告和告知性通告。

1. 制约性通告

制约性通告用于公布具有强制性的行政措施。为了确保某一事项得以执行，制约性公告会给出具体的规定，要求相关单位和个人遵守。有些制约性通告甚至具有法律效力。

2. 告知性通告

告知性通告主要用于公布某一事项，其所公布的事项不具有行政约束力，仅供人们知晓。

（三）通告与公告的区别

1. 制发者不同

通告通常由各级机关、企事业单位与社会团体发布，而公告则由国家行政机关或权力机关发布。

2. 适用范围不同

通告的适用范围小于公告。通告的发布主要面向国内，而公告的发布可以面向国内或国外。

3. 宣布事项不同

公告宣布的事项重于通告。通告常常用于告知人们应当遵守某项规定或了解某个具体事项，而公告则用于公布国家的重要事项或法定事项。

（四）通告的结构和写法

通告通常包括标题、正文、发文机关、成文日期四个部分。

1. 标题

通告的标题有以下四种形式。

（1）发文机关＋事由＋文种。对外发布的通告或电子公文系统下发的公告一般采用这种形式的标题，如《××市人民政府关于实行错时上下班措施的通告》。人们一看标题就能大体知道通告的主要内容。

（2）发文机关＋文种。有的通告的标题省略了事由，如《××公司通告》。

（3）事由＋文种。有的通告省略了发文机关，如《关于禁止利用公司名义从事商业牟利活动的通告》。

（4）文种。有的通告的标题只有"通告"二字。在部门、单位内部发布通告时，写作者可以采用这种形式的标题。

2. 正文

通告的正文包括发文缘由、通告事项、尾语三个部分。

（1）发文缘由。写发文缘由时，写作者应写明发布通告的意义、依据、背景等，然后用"现通告如下"等语句引出下文。

（2）通告事项。写作者应在此部分写明通告的具体事项或规定；若事项单一，可以只写一段；若事项复杂，可以分条阐述。

（3）尾语。尾语多是对通告内容的强调。通告一般以"特此通告"或"本通告自20××年××月××日起施行"作为尾语。写作者也可以在结尾处提出要求、号召或说明其他问题。有的通告不加尾语，正文只包括发文缘由和通告事项两部分。

3. 发文机关

通告的发文机关的位置与通知的发文机关的位置相同，位于正文右下方、成文日期上方。

4. 成文日期

成文日期大多被列在文末，但有时可位于标题之下。

(五) 经典例文

1. 制约性通告

××市水务局关于申报交纳20××年上半年河道工程修建维护费的通告

根据《××省河道工程修建维护费征收使用管理办法》等有关规定，现将我市20××年上半年河道工程修建维护费申报纳费有关事宜通告如下。

一、20××年上半年河道工程修建维护费申报纳费时间为20××年××月××日至××月××日（节假日休息）。

二、凡在我市市内四区、高新园区行政区域内的企业、其他经济组织（含经营性事业单位）均应办理申报纳费。对逾期不办理申报纳费的，按有关规定予以处理。

三、申报纳费需要携带20××年××月财务报表（征收部门留存）及1月至6月增值税、营业税纳税申报表主表（原件），实行网上报税的企业需要携带网上打印的增值税、营业税纳税申报表主表，增值税、营业税免税企业需要携带税务部门相关免税证明及复印件，新成立的单位需要携带营业执照副本及复印件，以上资料需要加盖单位公章。

四、申报纳费地址及电话：
××市公共行政服务中心
地址：××市××区××路××号
咨询电话：××××××××

五、监督电话：××××××××、××××××××

××市水务局
20××年××月××日

2. 告知性通告

××市人民政府关于提取住房公积金有关政策的通告

各区人民政府，市政府各委、办、局：

　　为进一步规范本市职工提取住房公积金行为，维护住房公积金所有者合法权益，依据《××市住房公积金管理条例》有关规定，现就职工提取住房公积金有关政策通告如下：

　　一、本市行政区域内既有房屋由于老旧小区改造提升、城市更新后增加面积的，房屋产权人（公有房屋承租人）及其配偶、直系血亲可以就房屋增加面积部分交纳的改造成本费申请提取住房公积金。

　　提取申请人应当在竣工后两年内一次性申请提取住房公积金，对于同一套房屋，提取住房公积金总额不得超过房屋增加面积部分交纳的改造成本费。

　　二、职工与单位解除或终止劳动关系且未在异地继续缴存的，住房公积金账户封存满半年后，可以提取本人住房公积金账户内全部存储余额，并注销住房公积金账户。

　　三、职工被纳入本市城镇居民最低生活保障范围或最低生活保障边缘家庭范围的，可以提取本人及其配偶住房公积金账户余额，提取金额合计不得超过被纳入最低生活保障范围或最低生活保障边缘家庭范围期间及之前缴存的住房公积金。

　　四、职工本人或其配偶、未成年子女患重大疾病住院治疗的，可以在出院之日起一年内，申请提取本人及其配偶住房公积金账户余额。提取金额合计不得超过住院费用个人负担部分。重大疾病以中国保险行业协会、中国医师协会发布的重大疾病范围为准。

　　职工按本通告提取住房公积金时，本人及其配偶应当均无本市未结清的个人住房公积金贷款。

　　本通告自20××年××月××日起施行，有效期五年。

××市人民政府
20××年××月××日

三、函

（一）函的概念

　　函是不相隶属机关之间商洽工作、答复问题或不相隶属的部门向有关主管部门请求批准事项时所使用的公文。

（二）函的特点

　　函是一种典型的平行文种。函具有适用范围广、内容单一、格式灵活和表达简练的特点。

(三) 函的类型

函分为以下三种类型。

1. 商洽函

商洽函是不相隶属机关为商洽、沟通或协调某一问题而发布的函。发商洽函的目的常常是要求对方协助办事，就某一问题与对方沟通和联络，或向对方提出处理某事的意见。

2. 问答函

问答函是不相隶属机关就工作问题进行询问或答复的函。问答函是询问函与答复函的合称。询问函为去函，答复函为复函。

3. 请批、批答函

请批、批答函是为请求批准事项或答复审批事项而发布的函。它是请批函与批答函的合称。

(四) 函的结构和写法

函包括标题、主送机关、正文、发文机关、成文日期这几个部分。

主送机关、发文机关、成文日期的写法与通知的写法相同，这里具体介绍标题和正文的写法。

1. 标题

函的标题有以下三种形式。

(1) 发文机关＋事由＋文种。例如，《国务院办公厅同意在北京奥运会特许商品上使用国旗图案的函》。

(2) 事由＋文种。例如，《关于请求拨款维修市政府院内办公用房的函》。

(3) 发文机关＋事由＋去(复)函机关＋文种。例如，《××部关于报批修改和补充××标准给××局的函》。

2. 正文

正文包括发函缘由、事项、尾语这几个部分。

(1) 发函缘由。写作者应在此部分说明发函的意义、根据或背景等。

(2) 事项。写作者应在此部分说明要求对方协办的事项、通报的信息，或要求对方解决的问题等。

(3) 尾语。不同类型的函常常使用不同的尾语。商洽函常用的尾语有"恳请协助""不知贵方意见如何，请函告""望大力协助，盼复"等。询问函常用的尾语有"盼复""请予复函""即请复函"等。请批函常用的尾语有"请审查批准""当否，请审批"等。答复函和批答函常用的尾语有"此复""特此专复""特此函复""专此函告"等。

(五) 写作注意事项

函是平行文种，写作者在拟写的过程中一定要注意以下几个方面。

1. 根据行文关系正确选择文种

在公文写作中，写作者有时会把函和其他文种相混淆。正确选择文种的关键在于把握行文关系。

2. 根据函的流通范围正确选用格式

对于机关与机关之间来往的函,写作者必须采用标准的信函格式;对于机关内部各部门之间来往的函,写作者可以采用便函的格式。

3. 用语平和,措辞得体

写作者在拟写函的过程中应注意对收函方的礼貌和尊重,措辞得体才能使收函方感受到发函方的诚恳态度。

4. 直陈事项,言简意赅

函的内容应简明扼要。写作者应直接陈述事实和请求,避免叙述无关紧要的事。

(六) 经典例文

1. 商洽函

××省××厅关于商洽委托代培涉外秘书的函

××大学文学院:

　　随着人才流动政策的贯彻落实,我厅部分秘书先后调整到很多涉外部门工作,近期上岗的秘书缺乏专门的涉外秘书知识,业务素质亟待提高。据了解,贵院将于20××年××月起开办涉外秘书培训班,系统讲授涉外秘书业务、公关礼仪、实用文书写作等课程。这个培训项目为我厅新上岗的涉外秘书提供了一个难得的在职学习的机会。为了尽快提高我厅涉外秘书的从业素质,我厅拟选送12名在岗秘书委托贵院代培,安排他们在该班进修学习。有关委托代培费用以及其他相关经费,我厅将根据贵院规定如数按时拨付。

　　如蒙慨允,即请回复为盼。

××省××厅

20××年××月××日

---

2. 问答函

××高等职业技术学院关于了解网络工程在职师资培训班有关情况的函

××师范学院:

　　据报载,贵校将于今年起开办网络工程在职师资培训班。我校对有些情况的了解不太具体,比如何时招生、招生名额是多少、是否需要考试、开设哪些课程、报名条件有哪些、学费是多少等。我校急需了解相关信息,以便选派合适人员参加培训。

　　上述事宜,敬请函告。

××高等职业技术学院

20××年××月××日

3．批答函

国务院办公厅关于××经济技术开发区的复函

××省人民政府：

　　你省《关于要求批准××经济技术开发区为国家级经济技术开发区的请示》收悉。经国务院领导同意，现函复如下：

　　一、同意××经济技术开发区为国家经济技术开发区，实行现行的国家经济技术开发区的政策。

　　二、××经济技术开发区位于××市南郊，东以××路、××路、××路为界，西至××公路、××路、××走廊、××大道、××公路，南至××路，北至××大道、××广场，规划范围总用地××平方千米。

　　三、××经济技术开发区的建设和发展，纳入××市经济技术发展总体规划，建设发展资金由你省自筹解决。

　　四、××经济技术开发区要坚持以工业项目为主、吸收外资为主、出口为主和致力于发展高新技术的方针，积极改善投资环境，逐步完善综合服务功能。

　　五、要加强领导和管理，促进××经济技术开发区各项工作的健康发展。

国务院办公厅
20××年××月××日

四、会议纪要

（一）会议纪要的概念

会议纪要是记录、传达会议主要情况和议定事项的公文。它是根据会议的宗旨，依据会议记录、会议文件和会议情况加工整理而成的反映会议基本情况和主要精神的纪实性文件。

（二）会议纪要的特点

1．纪实性

会议纪要记录的是会议的基本情况和主要精神，写作者必须据实写作。会议未涉及的内容不能被写在会议纪要中；如果参会人员的意见不一致，写作者应写多数人的意见，或者把几种意见都写在会议纪要中，不能凭空杜撰。纪实性是会议纪要的主要特点。

2．纪要性

写会议纪要时，写作者不应把会议所涉及的所有问题无一遗漏地写出来，而是要把那些主要情况、会议研究决定的重大问题、决策意见写出来，摘其要而记之，切忌面面俱到、堆砌材料。

3．约束性

会议纪要一经下发，便要求参会单位和有关人员遵守、执行有关规定。在这一点上，会议纪要与决议具有一定的相似性，但其严肃性比决议弱一些。

(三) 会议纪要的类型

会议纪要分为情况会议纪要和议定事项会议纪要。

1. 情况会议纪要

情况会议纪要是记录、传达会议基本情况的纪要。它往往供参会单位或有关人员了解会议基本情况时使用。印发此类会议纪要的目的是传递信息、通报情况,加强各方面的联系与沟通。

2. 议定事项会议纪要

议定事项会议纪要是记录、传达会议议定事项的纪要,它所记录和反映的往往是会议的重要精神与结论性意见。印发此类会议纪要的目的是指导人们贯彻执行会议精神。

(四) 会议纪要的起草程序

一般来说,会议纪要的起草程序如下。

(1) 会前阅读会议文件,熟悉会议宗旨与领导意图,在此基础上拟写会议纪要的提纲。

(2) 会中听取小组发言,做好会议记录,将掌握的第一手材料补充到提纲中,最好在会中就形成初稿。

(3) 会后提交初稿,征求领导的意见并进行修改。

(五) 会议纪要的结构和写法

会议纪要包括标题、成文日期、正文这三个部分。

1. 标题

会议纪要的标题通常有以下三种形式。

(1) 会议名称+文种。例如,《××工作例会会议纪要》。

(2) 事由+文种。例如,《关于研究××省农业开发问题的会议纪要》。

(3) 发文机关+事由+文种。例如,《××市人民政府关于城市发展规划的会议纪要》。

会议纪要也可采用正副标题的形式,如《广告的设计与策划——××有限责任公司广告工作会议纪要》。

2. 成文日期

会议纪要的成文日期的位置较为灵活。一种方式是写于标题之下,另一种方式是同其他公文一样写于文末。如果正文的会议概况部分明确陈述了会议时间,成文日期可以被省略。

3. 正文

会议纪要的正文一般包括会议概况、会议事项和尾语三个部分。

(1) 会议概况。会议概况是全文的导语。写作者要简洁地说明会议时间、地点、主持单位、参会人员及会议议题等内容。写作者还可以在此部分写明会议程序或概述会议的总体情况。写作者要简明扼要地说明有关情况,不能拖泥带水。

(2) 会议事项。会议事项是会议纪要的主体。写作者应在此部分陈述会议的主要精神、参会人员反映的情况、研究的问题、提出的决定性意见和解决问题的措施等。说明会议的主要情况时,写作者要写明会议主要讨论了什么事,语言要尽量精练。说明会议的主要精神时,写作者要概括出参会人员对会议议题的主要看法。写作时,写作者可采用综合反映的方法,在每段的开头用"会议指出""大会认为""大家提出""会议强调"等语言对会议的主要精神进行高度概括,准确无误地总结会议主旨。写作者可根据会议议定事项的内容确定写法；若内容较多，可以采取分条列项的写法，力求做到条理清晰、具体明确。

（3）尾语。写作者应在此部分说明会议号召、召开会议的意义，以及主办单位对贯彻会议精神提出的一些要求。有的会议纪要没有这一部分。

（六）写作注意事项

拟写会议纪要时，写作者最容易出现的问题就是忽视会议纪要与会议记录、会议决议和会谈纪要的区别。

1. 会议纪要与会议记录的区别

会议记录是对会议情况的原始记录。写会议记录时，写作者应忠实地记录会议议题、发言与进程，存档备查。会议纪要是对会议内容的概括，它不仅记录了会议情况，还反映了会议的基本风貌。印发会议纪要便于向有关单位传达会议情况和议定事项。

2. 会议纪要与会议决议的区别

会议决议的主要内容是经会议讨论通过的重要决策事项；它只反映决策内容，不反映会议过程。会议纪要既能如实反映会议的概况、议程、参会人员的不同意见与观点，也能反映会议的重要决策事项。

3. 会议纪要与会谈纪要的区别

会谈纪要不是行政公文，它是一种用于记录会谈结果的文件。会谈各方往往会在反复磋商后共同草签此类文件，因此它是各方正式签约前签署的过渡性文件。会议纪要是用于记录会议情况与会议精神的行政公文，参会单位应共同落实会议精神。

（七）经典例文

××社区居委会会议纪要

20××年××月××日上午，××社区在社区会议室召开了党员代表、居民代表会议，就社区社会治安综合治理工作进行了专题研究。

我社区将在××街道办事处综合治理领导小组的领导下，高度重视社会治安综合治理工作，做好综合治理的基础工作。会议强调了下一步的工作重点。

一、社区要把社会治安综合治理工作纳入社区建设工作，全面落实社会治安综合治理目标责任制。

二、深入开展矛盾纠纷排查工作，及时化解各类矛盾纠纷，重点化解"急、大、难"问题，集中整治突出问题，确保社区秩序稳定。

三、结合社区建设工作开展一系列有特色、有意义的综合治理活动，创造性地做好社区各项工作。

四、依法打击非法宗教活动，维护国家安全。

五、深入开展法治宣传工作，大力弘扬见义勇为精神，树立社会正气，不断增强居民的守法意识和防范意识，积极引导居民主动参与社会治安综合治理。

××社区居委会
20××年××月××日

五、报告

（一）报告的概念

报告是下级机关向上级机关汇报工作、反映情况或答复上级机关询问的陈述性文件。报告通常具有汇报性和陈述性。

（二）报告的类型

根据不同的标准划分，报告可分为不同的类型。根据性质划分，报告可分为综合报告和专题报告；根据时间期限划分，报告可分为定期报告和不定期报告；根据内容划分，报告可分为汇报工作报告、反映情况报告和答复询问报告。下面将主要介绍汇报工作报告、反映情况报告和答复询问报告。

（1）汇报工作报告。汇报工作报告是指向上级机关或在重要会议上汇报工作情况的报告。它主要用于总结工作，反映机关在某一阶段、某个方面贯彻落实政策、法令、批示的情况，如《20××年××市政府工作报告》。

（2）反映情况报告。反映情况报告是指用于向上级机关反映工作中的重大情况、特殊情况和新动态的报告。上级机关可根据此类报告了解下级机关的情况，及时采取措施并指导工作。此类报告的内容不限于某项具体工作，通常以陈述情况为主。一般来说，在发生特殊情况、重大事故、突发事件时，人们常常采用这种报告。

（3）答复询问报告。答复询问报告是下级机关对上级机关提出的询问进行答复时所写的报告。

（三）报告的结构和写法

报告包括标题、主送机关、正文、发文机关、成文日期这几个部分。

下面具体介绍标题、主送机关和正文的写法，发文机关和成文日期的写法与一般公文相同。

1. 标题

报告的标题的一般形式为：发文机关＋事由＋文种。例如，《××县林业局关于20××年春季植树造林工作的报告》。

2. 主送机关

主送机关应为直接上级机关，即负责接收报告的机关。报告的主送机关通常只有一个。发文机关如还需要将报告呈送其他上级机关，应采用抄送的形式。

3. 正文

报告的正文由发文缘由、报告事项和尾语组成。

（1）发文缘由。写作者应在发文缘由部分概括说明报告的目的、意义、根据，或简要介绍所报告的事项、情况等，然后用"现将××情况报告如下"一语引出下文。

（2）报告事项。报告事项是报告的核心部分。在不同类型的报告中，报告事项的侧重点往往有所不同。写汇报工作报告时，写作者应在总结情况的基础上重点提出下一步的工作安排，可采用序号、小标题区分层次；写反映情况报告时，写作者应将突发情况或某个事项的经过、结果、性质表述清楚；写答复询问报告时，写作者应根据上级机关的询问和要求真实、全面地回答问题。

(3) 尾语。报告的尾语一般为"特此报告""专此报告""请审阅""请指正"等。写作者有时也可在尾语处提出工作意见或建议。

(四) 写作注意事项

(1) 注意不要将报告与请示混淆。报告事项不得夹带请示事项，否则会因报告不需要上级机关批复而影响请示事项的处理。

(2) 内容要真实。向上级机关汇报工作应本着实事求是的态度。无论是成绩还是失误，报告都应该全面、真实地反映情况，不能报喜不报忧，也不能夸大和虚构。写作者应在调查研究、全面掌握有关情况的基础上撰写报告。

(3) 主旨鲜明。报告的内容涉及的面较广，写作者很容易将报告写得很长，使重点不够突出。好的报告应当观点鲜明、条理清晰、简洁、深刻。

(五) 经典例文

××市文物局关于市政府残工委20××年无障碍环境建设重点任务工作进展的报告

市政府残工委：

贵委《市政府残工委20××年无障碍环境建设工作方案》收悉。根据工作方案要求，现将我局20××年上半年无障碍环境建设工作进展情况报告如下：

一、高度重视无障碍环境建设工作

我局将"优化公共服务场所无障碍环境"作为工作目标，局属各博物馆结合自身特点，因地制宜，落实无障碍环境设施建设工作，推动相关工作落实到位。

二、持续完善无障碍设施设置

××保护中心、××博物馆、××博物馆、××管理处、××博物馆等单位设置了无障碍通道、无障碍升降梯等，使特殊需要的观众能够顺利进入展厅参观；在卫生间内设置无障碍设施，包括安全扶手、无障碍马桶、无障碍洗手盆等；设置无障碍标识及导向标识等；配备轮椅，供有需要的人群参观展览时免费使用。

此外，我局牵头编制《文物保护单位无障碍设施设置规范》，目前在征求相关部门的意见。

三、不断提升针对特殊人群的服务水平

我局积极组织无障碍服务培训工作，提高博物馆的服务能力和质量；组织志愿服务团队为需要帮助的特殊人群提供特定讲解等服务；举办特殊人群博物馆体验日活动。

特此报告。

××市文物局

20××年××月××日

六、请示

(一) 请示的概念

请示是下级机关向上级机关请求批示、批准等事宜,并要求予以答复的公文。

(二) 请示的特点

1. 针对性

只有当本机关遇到无法决定的重大事项(如涉及机构设置、人事安排、重要决定、重大决策、项目安排的事项)时,或在工作中遇到新问题、新情况或克服不了的困难时,写作者才需要写请示。写请示的目的是请上级机关给予指示、答复或批准某个事项。因此,请示具有很强的针对性。

2. 呈批性

请示是有针对性的上行文,对于呈报的请示事项,上级机关无论同意与否,都必须进行批复。

3. 单一性

写作者应做到"一文一事",一般只写一个主送机关。发文机关若需要将请示同时呈送其他机关,应采用抄送的形式。

4. 时效性

请示的写作目的是请上级机关针对本机关当前工作中出现的情况和问题作出指示,如果请示能够被及时发出,问题就有可能被及时解决。写作者要在事前行文,不可先斩后奏。

(三) 请示的类型

请示可分为请求指示性请示和请求批准性指示。

1. 请求指示性请示

请求指示性请示是用于请求上级机关给予政策、认识上的指示的文种。

2. 请求批准性请示

请求批准性请示是用于请求上级机关给予批准、认可等指示的文种。

(四) 请示的结构和写法

请示包括标题、主送机关、正文、发文机关、成文日期、附注这几个部分。

下面具体介绍标题、正文和附注的写法,主送机关、发文机关和成文日期的写法与一般公文相同。

1. 标题

请示的标题一般有两种形式。

(1) 发文机关+事由+文种。例如,《××市环保局关于申请更换市容清洁车辆所需经费的请示》。

(2) 事由+文种。例如,《关于开展春节拥军优属工作的请示》。

2. 正文

请示的正文一般由发文缘由、请示事项和尾语组成。

(1) 发文缘由。发文缘由是请示正文的开头,它是下级机关提出请示事项的背景和原因,也是上级机关批复的根据。只有将原因写得客观、具体,将理由写得合理、充分,上级机关才能及时作出决断,并予以批复。

(2) 请示事项。请求事项是请示正文的核心。写作者应在此部分写明向上级机关提出的具体请求。这部分的内容要单一,只应陈述一件事。另外,写作者应将请示事项写得具体、明确、条理清晰,以便上级机关给予明确批复。

(3) 尾语。请示的尾语一般为"当否,请批示""妥否,请批复""以上请示,请予审批""以上请示如无不妥,请批转各部门研究执行"等。

3. 附注

在使用请示这一文种时,写作者可根据需要写明附注。写作者应在附注部分注明发文机关联系人的姓名和联系电话。

(五) 写作注意事项

(1) 请示和报告不能被混用。请示和报告的区别主要体现在两个方面。第一,行文目的不同。写请示是为了请求上级机关作出指示或给予批准,上级机关必须进行批复。写报告是为了向上级机关汇报工作、反映情况,它是一种陈述性文种,旨在让上级机关了解有关情况,不需要上级机关答复。第二,请示需要写作者在事前行文,而写报告没有此类限制,在事前行文、事中行文、事后行文都可以。

(2) 要坚持"一文一事"的原则,做到主旨鲜明。

(3) 保证内容的真实性,不要为了让上级领导批准而虚构情况,也不要因为没能认真调查而片面地陈述情况、说明问题。

(4) 理由要充分,请示事项要明确、具体。

(5) 语气要平实、恳切,以引起上级领导的重视;既不能语气生硬,也不要过于谦卑。

(六) 经典例文

××公司关于执行绩效薪酬分配政策问题的请示

××省人力资源和社会保障厅:

为全面贯彻绩效薪酬分配原则,进一步调动职工的劳动积极性,现就有关绩效薪酬分配政策的两项具体问题请示如下:一是拟用20××年本公司超额利润的××%为本公司职工提升工资等级,在册职工每人晋升一级,先进工作者再晋升一级;二是拟用20××年本公司超额利润的××%,一次性为每位职工增发奖金,具体金额按劳动绩效计算。

以上请示,妥否,请批示。

××公司

20××年××月××日

七、意见

（一）意见的概念

意见是发文机关对重要问题提出见解和处理办法时使用的公文。

（二）意见的特点

1. 指导性

意见虽然在字面含义上不具有明显的指导色彩，但它实际上是一种具有很强的指导性的文体。

2. 针对性

意见有着较强的针对性。发文机关需要根据现实需要，针对某一重要问题提出见解或处理意见。

3. 原则性

意见通常不体现具体的工作安排。发文机关会从宏观上提出见解和意见，要求主送机关结合具体情况，参照文件精神来落实有关工作。在落实相关精神时，与执行指示相比，主送机关有更大的灵活处理的空间。

4. 多向性

意见可作为发给上级机关的上行文，如请示；可作为发给下级机关的下行文，如批复；可作为呈送给不相隶属机关的平行文，如函。

（三）意见的类型

按照性质划分，意见分为指导性意见、建议性意见和协商性意见。

1. 指导性意见

指导性意见的主要内容是上级机关为解决某个重要问题向下级机关提出的有关工作原则、具体措施与执行要求的指示。指导性意见通常都具有一定的约束力。

2. 建议性意见

建议性意见的主要内容是下级机关向上级机关提出的改进某项工作或解决某个问题的思路、设想和建议，供上级机关决策时参考。

3. 协商性意见

协商性意见的主要内容是某个机关向不相隶属机关提出的具有协商性的建议和办法。

（四）意见的结构和写法

意见包括标题、主送机关、正文、发文机关、成文日期这几个部分。

下面具体介绍标题、主送机关和正文的写法，发文机关和成文日期的写法与一般公文相同。

1. 标题

意见的标题有以下两种常见写法。

（1）发文机关＋事由＋文种。例如，《××市人民政府办公室关于深化消防执法改革的实施意见》。

（2）事由＋文种。例如，《关于进一步支持企业快速发展的若干指导意见》。

2. 主送机关

上行意见、平行意见通常只有一个主送机关；下行意见有时有一个主送机关，有时有多个主送机关。

3. 正文

意见的正文由发文缘由、意见条文、尾语组成。

（1）发文缘由。发文缘由是正文的起始部分，应体现发布意见的背景、根据、目的、意义等，但不必面面俱到。篇幅可长可短，写作者可以"现提出以下意见""特制定本实施意见"等过渡性语句引出下文。

（2）意见条文。意见条文是意见的主体，写作者要把对重要问题的看法或处理办法一一写明。如果意见的内容繁多，写作者可列出小标题，并在小标题下分条表述，从而划分出层次。如果内容较为单一，写作者不必再设小标题，直接分条表述即可。

（3）尾语。意见的尾语应体现发文机关对有关工作提出的一些要求。如无必要，写作者可省略此部分。

（五）写作注意事项

写作者应在写作时注意以下两点。

（1）在选择文种时，若相关内容不具有重要性，则不应采用意见这一文种。

（2）若意见属于上行意见，相关用语应体现对上级机关的尊重。发文机关应当按照请示性公文的报送程序进行报送。

（六）经典例文

××市××区教育委员会关于××区20××年义务教育阶段入学工作的意见

××教发〔20××〕××号

根据《中华人民共和国义务教育法》《××市实施〈中华人民共和国义务教育法〉办法》等法律法规及《中共××市委教育工作领导小组关于印发〈××市关于进一步深化教育教学改革全面提高义务教育质量的意见〉的通知》精神，按照《××市教育委员会关于20××年义务教育阶段入学工作的意见》（××××〔20××〕××号），为依法保障本区适龄儿童少年平等接受义务教育权利，现就20××年本区义务教育阶段入学工作提出如下意见。

一、指导思想

以习近平新时代中国特色社会主义思想为指导，全面贯彻落实党的二十大和二十届二中全会精神，锚定教育强国建设目标任务，严格落实教育部阳光招生专项行动要求和市委市政府决策部署，不断提高"四个服务"水平，大力促进教育公平。进一步完善入学机制，严肃工作纪律，严格规范要求，加强入学工作管理，确保本区义务教育阶段入学工作有序推进，努力让每个孩子都能享有公平而有质量的教育。

二、工作原则

（一）坚持政府统筹，将义务教育阶段入学工作作为政府责任予以落实。

（二）坚持区级为主，区教委负责组织实施我区义务教育阶段入学工作。

（三）坚持免试就近，确保每一名适龄儿童少年平等地接受义务教育。

（四）坚持有序规范，严格规范程序，严肃执纪问责，确保平稳有序。

三、入学条件及方式

（一）根据学位供给情况和户籍、房产等因素，推进以登记入学为主，单校划片和多校划片相结合的入学方式，形成更加公平、完善的就近入学规则。

（二）凡年满6周岁（20××年8月31日以前出生）的本市户籍适龄儿童均须按照区教委划定的学校服务范围，参加学龄人口信息采集，免试就近入学。

（三）本市非××区户籍的无房家庭适龄子女按照《××区20××年本市非本区户籍无房家庭承租人适龄子女入学审核实施细则》执行。

（四）按本市户籍对待的适龄儿童少年入学。区台办认定的台胞子女、区侨务部门认定的华侨子女、国家或××市博士后管理部门认定的在×在站博士后研究人员子女、符合随军进×落户条件及正在办理随军手续的现役军人子女、父母一方为本市户籍或持有登记居住地址为××区的《××市工作居住证》的适龄儿童少年入学，按本市户籍对待。

（五）非本市户籍的适龄儿童少年入学。按照《××区20××年非本市户籍适龄儿童少年接受义务教育证明证件材料审核工作方案》相关要求进行材料审核，审核通过后进入入学程序。区级建立日常联合审核机制并积极稳妥做好义务教育全学段审核，切实维护适龄儿童少年接受义务教育的合法权益。

（六）残疾儿童少年同等条件下在服务范围内就近就便优先入学。

（七）区级以上引进人才的子女入学、××科学城科研院所、××区"服务包"企业等单位引进的中高级人才子女入学，由区教委和相关部门审核，通过后根据学位情况统筹协调解决。

（八）烈士子女、台籍学生、华侨子女、现役军人子女、全国劳动模范子女按有关规定在同等条件下给予照顾。

（九）强化部门联动审核。区教委联合相关部门共同审核入学资格，特别加强对空挂户、实际住所的审核，住所应适宜居住，能保障适龄儿童少年的安全，地下室、半地下室、办公用房、商业用房、人防空间、储藏室、过道房、车库房、非合法建筑、危房等，均不得作为入学资格条件。

四、工作要求

（一）落实区级主责。区教委是本区义务教育阶段入学工作的主责单位，成立招生入学工作领导小组，统一组织入学工作，加强对本区义务教育学校入学工作的指导、监督和检查，会同街道办事处、乡镇人民政府组织和督促适龄儿童少年在新学年开学时入校就读，做好控辍保学工作。严格按义务教育阶段入学工作意见要求，做好招生入学的具体实施工作。区教委对义务教育学校入学工作开展重点督导检查。

（二）严格执行招生政策。各校应加强招生工作的规范管理，加强入学资格审核，严格执行区教委确定的义务教育登记入学范围和招生计划。各民办学校要严格执行市、区教委统一规定的时间表和招生程序，与公办学校同步报名、同步开展录取、同步注册学籍，严格执行招生简章、广告备案制度，公示招生计划、招生范围、收费标准等，以招收××区学生为主，确保入学工作平稳有序。

（三）规范入学管理。严禁以考试成绩和各类竞赛证书、培训竞赛成绩、考级证明等作为招生依据。严禁以面试、评测、接收简历等形式选拔学生。严禁学校和校外培训机构以培训班、校园开放日、夏令营等形式提前招生、选拔学生。严禁任何学校以实验班、特色班、国际部、国际课程班等名义招生。对存在违规行为的应依据有关规定严肃处理。

（四）做好政策宣传。各学校要严格执行区教委统一规定的时间表和入学程序，在明显位置公示招生政策、流程、时间安排等内容，向学生和家长宣传相关招生政策。

本意见自印发之日起实施，下一年度招生工作意见印发时自行废止。

××市××区教育委员会

20××年××月××日

八、决定

（一）决定的概念

决定是指用于部署重要事项或重大行动、奖惩有关单位和人员、变更或者撤销下级机关不适当的决定事项的公文。它是各级机关、企事业单位与社会团体普遍使用的一种指令性公文。

（二）决定的特点

决定具有决策性和制约性。

1. 决策性

决定体现了上级机关对重要事项或重大行动的安排和指示，体现了上级机关的指挥意志和处置意图。

2. 制约性

决定的内容具有制约性，下级机关必须遵照执行。

（三）决定的类型

根据决定的性质划分，决定可分为指挥性决定和知照性决定。

1. 指挥性决定

发布指挥性决定的目的是对重要事项或重大行动进行安排。指挥性决定着眼于工作部署，对下级机关具有较强的行政约束力。

2. 知照性决定

发布知照性决定的目的是将决定事项告知有关单位和人员。常见的决定事项包括表彰先进、设置机构、人事变动、召开重要会议、变更或撤销下级机关决定等。

（四）决定的结构和写法

决定包括标题、主送机关、正文、附件说明、发文机关、成文日期这几个部分。

1. 标题

决定的标题有以下两种形式。

(1) 发文机关＋事由＋文种。例如,《中共中央关于进一步全面深化改革 推进中国式现代化的决定》。

(2) 事由＋文种。例如,《关于颁布20××年度××市科学技术奖的决定》。

2．主送机关

主送机关应为下级机关,有的决定可不写主送机关。

3．正文

正文由发文缘由、决定事项、要求组成。

(1) 发文缘由。写作者应在发文缘由部分写明发文的意义、根据或背景等。

(2) 决定事项。写作者可以采用分条列项的方式或直叙的方式阐述决定事项。

(3) 要求。指挥性决定中的要求是执行要求,知照性决定中的要求是告知性要求,二者的内容和语气都有所不同。

4．附件说明

如果有附件的话,写作者应在正文下空一行写附件说明。

5．发文机关

发文机关一般位于正文右下方、成文日期上方。

6．成文日期

写作者可根据情况确定成文日期的位置。

(1) 置于发文机关下方。

(2) 以题注的形式在公文标题之下的括号内标明,这种写法适用于会议通过的决定。例如,"(2024年7月18日中国共产党第二十届中央委员会第三次全体会议通过)"。

(五) 写作注意事项

写作者在写作时一定要注意以下两个方面。

(1) 不可将文种作为标题,标题绝对不可以同时省略发文机关和事由。

(2) 慎重使用该文种,只有在安排重要事项或重大行动时,发文机关才能发布决定,千万不能小题大做。

(六) 经典例文

1．指挥性决定

××市人民政府关于废止和修改部分文件的决定

×政发〔20××〕××号

各区人民政府,市政府各委、办、局,各市属机构：

按照国家关于开展妨碍统一市场和公平竞争政策措施清理工作的要求,本市对相关规范性文件进行了全面清理。经清理,现决定废止和修改下列文件。

一、废止《××市人民政府办公厅转发市金融办等部门关于××市小额贷款公司试点实施办法的通知》(×政办发〔20××〕××号)。

二、废止《××市人民政府关于印发〈××市交易场所管理办法〉的通知》(×政发〔20××〕××号)。

三、修改《××市人民政府办公厅关于印发××市大型商业零售经营单位知识产权保护指导规范的通知》(×政办发〔20××〕××号),将文中第六条第二款"大型商业零售经营单位应当将本经营单位知识产权保护制度、知识产权管理机构和人员配置情况向市知识产权局备案"删除。

本决定自公布之日起施行。

××市人民政府
20××年××月××日

2. 知照性决定

中共××街道委员会

××街道办事处

关于表彰20××年度先进单位和先进个人的决定

20××年,在街道党委、办事处的正确领导下,街道上下认真学习贯彻党的二十大及二十届三中全会精神,围绕市委、市政府建设"区域性中心城市"的总体目标,努力打造城市品质卓越的中心城区、生态环境优美的宜居家园、高端品牌集聚的商贸中心、专业市场繁荣的物流枢纽、现代要素活跃的创业基地、文化资源富足的活力名城,圆满完成了全年各项目标任务,有力推动了经济社会又好又快发展,涌现出了一大批表现突出、成绩优异的先进单位和先进个人。

为表彰先进,进一步激发街道各部门、各单位和广大干部群众的积极性,街道党委、办事处决定,对在20××年度工作中做出突出贡献的先进单位和先进个人进行表彰。授予××社区等3个单位"社区年度工作一等奖",授予××社区等4个单位"社区年度工作二等奖",授予××有限公司等32个单位"先进单位"称号,授予××等74名同志"先进个人"称号,授予××有限公司等10个单位"招商引资暨重点项目建设突出贡献单位"称号,授予××工作组等5个工作组"重点项目建设帮扶先进工作组"称号,授予××分局等10个单位"优化重点项目建设环境先进单位"称号。

希望受到表彰的先进单位和先进个人再接再厉、再铸辉煌。街道各部门和广大干部群众要以先进单位和先进个人为榜样,开拓创新、锐意进取,为加快建设"区域性中心城市"而努力奋斗!

附件:××街道20××年度先进单位和先进个人名单

中共××街道委员会
××街道办事处
20××年××月××日

九、通报

(一) 通报的概念

通报是各级机关、社会组织、社会团体、企事业单位在一定的范围内所使用的用于表彰先进、批评错误、传达重要精神、告知重要情况的公文。

(二) 通报的特点

1. 奖励性与告诫性

通报可用于表彰先进、批评错误,因而具有奖励性和告诫性。

2. 传达性与晓谕性

通报具有告知功能,而且其传达的是重要精神或重要情况。通报往往在机关或系统内部使用。

(三) 通报的类型

根据作用和应用范围划分,通报可分为表彰通报、批评通报和情况通报。

1. 表彰通报

表彰通报用于在一定范围内表彰先进典型。

2. 批评通报

批评通报用于在一定范围内批评错误,纠正不良倾向。

3. 情况通报

情况通报用于告知有关方面其应当掌握和了解的信息、动态。

(四) 通报的结构和写法

通报包括标题、主送机关、正文、附件说明、发文机关、成文日期这几个部分。

下面具体介绍标题、主送机关和正文的写法,附件说明、发文机关和成文日期的写法与一般公文相同。

1. 标题

通报的标题通常由发文机关、事由和文种构成,有时可省略发文机关,只体现事由和文种。

2. 主送机关

对于正式发文的通报,写作者应写明主送机关。主送机关应为下级机关,可以是一个,也可以是多个。

3. 正文

通报的正文由发文缘由、通报事项、情况分析、决定、号召或要求组成。

(1) 发文缘由。写作者应在发文缘由部分写明通报的背景、意义、依据或事项提要。

(2) 通报事项。通报事项是正文的主体。写作者应在此部分说明表彰事迹、错误的事实、事故经过、重要情况等内容。无论是表彰通报还是批评通报,写作者都要写明时间、地点、当事人或单位、事情经过、结果,阐述主要情况或事实。

(3) 情况分析。写作者要依据实事中肯地说明并分析有关情况,不能脱离通报事项本身并借题发挥。

(4) 决定。表彰通报与批评通报均应体现上级机关的决定和意见,而情况通报一般没有有关决定的内容。

(5) 号召或要求。发文机关应根据通报内容向指定的对象提出号召或要求。

(五) 写作注意事项

1. 了解通知与通报的区别

(1) 内容、范围不同。发文机关可以通知的形式发布行政法规和规章,批转和转发公文,传达需要告知人们的事项;发布通报的目的是表扬先进、批评错误,传达、交流重要的情况、信息。两者虽然都有告知的作用,但通知通常告知的是工作的情况以及需要人们了解的事项,通报的告知内容是正反面典型或重要精神。

(2) 目的、要求不同。发布通知的目的是告知事项、布置工作、部署行动,使主送机关了解自己要办什么事、该怎样办理、不能怎样办理;发布通报的目的是通过宣传正面典型、剖析反面典型来教育人们,宣传先进的思想,提高人们的认识。

2. 注重时效性

发布通报要抓住时机,及时将先进典型和经验向社会宣传推广,对反面典型予以批评,让人们引以为戒。对于某些重大事项和重要情况,发文机关应及时予以通报,以起到交流情况、指导工作的作用。若错过了时机,通报就失去了时效性。

3. 注重指导性

发文机关要将对工作具有普遍指导意义的事项作为通报的主要内容。通报要有普遍的指导意义,写作者应选择典型的人物或事件。先进的典型要能反映时代的精神。反面的典型应有一定的代表性,能起到警示大众的作用。所以,只有选准、选好典型,通报才能起到正面的作用。

(六) 经典例文

关于20××年××月份全市政府网站和政务新媒体抽查监管情况的通报

各区市县人民政府、各先导区管委会办公室,市政府各委办局、各直属机构办公室,各有关单位办公室:

市政府办公室对照《××省政府网站与政务新媒体检查指标、监管工作年度考核指标》,对××月份全市政府网站和政务新媒体运行情况进行了抽查和监管,现将有关情况通报如下。

一、总体情况

(一) 政府网站抽查情况。全市在全国政府网站信息报送系统内的网站共55个,本次进行了全覆盖检查,未发现不合格网站,总体合格率为100%,但仍有部分网站存在空白栏目、更新不及时、错别字或表述不规范等问题,如××区网站存在空白栏目的问题。

（二）政务新媒体抽查情况。全市共开设政务新媒体313个，按开设主体分类，市级部门开设政务新媒体105个，各区市县、先导区开设政务新媒体208个。本次进行了全覆盖检查，合格率为100％，总体情况较好，但部分政务新媒体仍存在错别字或表述不规范等问题。

（三）向市政府门户网站报送信息情况。各地区、各部门向市政府门户网站报送各类信息共1291条。报送信息量前三名的部门是：××局40条、××局27条、××局23条；前三名的地区是：××区85条、××区51条、××区44条。

（四）办理网友找错情况。各地区、各部门政府网站共受理省政府办公厅转办"我为政府网站找错"留言9条，涉及7个地区和部门，其中有7条问题属实，全部按时办结。

二、近期工作要求

（一）严把信息发布审核关，牢牢守住网络意识形态阵地。各地区、各部门要提高政治站位，按照"谁提供、谁负责，谁发布、谁负责"的原则，严格落实信息发布保密审查和"三审三校"制度，对文字、图片等信息内容全面审核、认真校对，先审后发，确保发布信息内容准确、表述规范，坚决杜绝因信息内容不当引发相应舆情。

（二）压实监督管理责任，持续提升安全运维水平。各地区、各部门要加强组织领导，配齐配强工作力量，认真对照考核指标体系，加强常态化监管，定期开展内容安全和更新情况全面自查，针对发现的问题制定有效的改进措施。及时跟进国家和省有关要求，细化网络安全管理措施，强化监测预警，修复安全漏洞，确保政府网站、政务新媒体安全稳定运行。

××市政务公开领导小组办公室
20××年××月××日

资源拓展　公文常用词汇

资源拓展　公文常用词语释义

项目二　经济文书的拟写

一、意向书

（一）意向书的概念

意向书是当事人双方或多方在正式签订合同、达成协议之前签订的文件。

(二)意向书的特点

1. 协商性

意向书是一种具有临时性、协商性的文书,对任何一方都没有约束力,也不具备法律效力。意向书的签订有助于促进各方进一步沟通和协商。

2. 灵活性

在协商过程中,各方均可以按各自的意图和目的提出意见。在正式签订协议、合同前,各方可对意向书中的内容进行补充和完善。

3. 简略性

意向书通常是各方在合作的起始阶段签订的,此时各方可能还在探索合作的可能性,具体的合作细节和条款尚未完全确定。因此,意向书的内容往往比较简略,只涵盖合作的基本框架和主要意向。

(三)意向书的结构和写法

意向书包括标题、正文、尾部这几个部分。

1. 标题

意向书的标题有以下两种形式。

(1)项目名称+文种。例如,《第二届中国国际供应链促进博览会参展意向书》。

(2)文种。例如,《意向书》。

2. 正文

意向书的正文由导语、主体、结尾组成。

(1)导语。写作者应在导语部分写明合作各方的全称以及双方接触的简要情况,如商谈的时间、地点、原则,然后用"本着……原则,现达成如下意向"或"双方达成意向如下"等过渡句引出下文。

(2)主体。意向书的正文应当明确体现合作各方的合作意向,清晰阐述各方对项目的理解、合作的模式和对各方的要求与期望。

(3)结尾。结尾处一般应写明"未尽事宜,在签订正式合同或协议书时再予以补充",以留有余地。

3. 尾部

尾部应体现签订意向书的各单位的名称、代表人的姓名、日期,并加盖公章。

(四)经典例文

意 向 书

××公司(以下简称"甲方")与××公司(以下简称"乙方")于20××年××月××日在××市对建立合资企业事宜进行了初步协商,达成意向如下。

一、甲、乙两方愿以合资的形式建立合资企业,其名称暂定为××有限公司。建设期为×年,即于20××年建成。双方签订意向书后,即向各方上级主管部门申请批准,批准时限为×个月。

> 二、总投资额为××万元。××部分投资×万元,××部分投资×万元。甲方投资×万元,乙方投资×万元。
> 三、利润分配:各方按投资比例或协商比例分配利润。
> 四、双方将在各方上级主管部门批准后再具体协商有关合资事宜。
> 本意向书一式两份。
> 未尽事宜,在签订正式合同或协议书时再予以补充。
>
> 甲方:××公司(盖章)　　　　　　　　乙方:××公司(盖章)
> 代表:×××　　　　　　　　　　　　　代表:×××
> 20××年××月××日　　　　　　　　　20××年××月××日

二、合同

(一) 合同的概念

本部分所提及的合同是经济合同。经济合同是自然人、法人或组织为实现自己的经济目的,按照法律规定确定彼此的权利和义务的协议。

(二) 合同的特点

1. 符合法律规定

当事人在处理某一特定的经济事务并签订合同时,应确保合同的各项条款符合法律规定。依法签订的合同受法律保护,具有法律效力。

2. 平等协商

当事人签订合同是为了实现一定的经济目的,各方当事人达成一致后,合同才能成立。

(三) 合同的类型

1. 按形式划分

按形式划分,合同可分为表格式合同、条款式合同和表格条款相结合的合同。

2. 按内容划分

按内容划分,合同可分为买卖合同、赠予合同、借款合同、租赁合同等。

3. 按期限划分

按期限划分,合同可分为长期合同、短期合同和中期合同。

(四) 合同的结构和写法

合同包括标题、当事人信息、正文、尾部这几个部分。

1. 标题

合同的标题通常有以下两种形式。

(1) 合同性质+文种。例如,《借款合同》。

(2) 合同标的+合同性质+文种。例如,《汽车租赁合同》。

2. 当事人信息

各方当事人应在合同上写明单位全称、当事人的真实姓名以及相关信息。

3. 正文

合同正文由引言、主体、结尾组成。

(1) 引言。引言部分应体现各方签订合同的依据和目的。合同也可以没有引言。

(2) 主体。合同的主体通常包括标的、数量、质量、价款、酬金、履行期限、履约的地点和方式、违约责任、解决争议的方法及其他必要条款。各方当事人应尽可能将每项都写得具体、明确,将各方的责任和义务规定得一清二楚。

(3) 结尾。结尾应体现合同的份数、效力,如"本合同一式两份,具有同等效力,双方各执一份"。

4. 尾部

各方当事人应在合同的尾部写明单位全称及代表人(或代理人)的姓名,并加盖公章、注明签订日期。落款的格式常常是甲方在左、乙方在右。

(五) 写作注意事项

当事人在签订合同时必须注意以下几点。

(1) 合同内容必须符合国家的方针政策、法律法规。

(2) 贯彻平等互利、协商一致、等价有偿的原则。

(3) 拟写合同时,要按照统一的合同文本格式行文。

(4) 合同内容要具体、完备,语言要准确、严谨。

(六) 经典例文

广告位租赁合同

甲方:××工程有限公司

乙方:××广告有限公司

经甲、乙双方协商同意,就甲方租用乙方广告位一事达成如下协议。

一、广告位地点:××高速公路××段,不包括河北岸立柱的南侧广告牌。

二、广告牌尺寸:18米×6米。

三、广告位租用期限及费用

广告位租用期限为一年,即20××年××月××日至20××年××月××日。租赁费为××××元/月,一年的租赁费为×万元整。

四、付款时间:甲方应在20××年××月××日前支付一年的租赁费。

五、甲方负责放置广告,如发现问题与乙方无关。

六、甲、乙双方必须根据《中华人民共和国广告法》等有关法律法规签订本合同。

七、甲方应按合同规定的时间交纳广告位租赁费,若逾期付款,甲方应赔偿乙方5%的租赁费。

八、甲、乙双方必须严格履行合同中的各项规定,如有一方违约,另一方有权依法向工商行政管理部门申请仲裁或向人民法院起诉。

> 九、本合同一式三份,甲、乙双方签字、盖章后生效。
>
> 甲方:××工程有限公司(盖章)　　乙方:××广告有限公司(盖章)
> 代表人:×××(签字)　　　　　　代表人:×××(签字)
> 20××年××月××日　　　　　　20××年××月××日

三、招标书

(一) 招标书的概念

招标书是招标单位利用投标者之间的竞争选择投标人的一种告知性文书,其中的内容是招标单位为了征召承包者或合作者而对招标的有关事项和要求所做的解释和说明。招标书具有明确性、具体性、规范性和竞争性等特点。

(二) 招标书的类型

招标书有多种类型,如工程建设招标书、企业承包招标书、大宗商品交易招标书、劳务招标书、技术引进或转让招标书等。

(三) 招标书的结构和写法

招标书包括标题、正文、尾部这几个部分。

1. 标题

招标书的标题一般由项目名称和文种或招标单位和文种组成,如《××工业大学学科设备购置项目招标书》《××工程设备有限公司招标中心公告》。标题也可以是《招标书》《招标启事》《招标公告》等。

2. 正文

正文由引言、主体、结尾组成。

(1) 引言。引言是招标书的导语,写作者要用较为简练的语句简要、明确地说明招标单位的基本情况和招标的目的。

(2) 主体。主体包括文件编号、招标项目名称、招标范围、投标方法、招标时限、招标地点等。

(3) 结尾。写作者应当在结尾写明招标单位的名称、地址、电话号码和传真号码等。

3. 尾部

招标书的尾部通常由附件说明、发文机关、成文日期和附件原文构成。

(四) 写作注意事项

(1) 招标方案应切实可行。

(2) 招标信息应准确、具体。

(3) 格式应符合规范。

（五）经典例文

<h3 style="text-align:center;">××镇20××年拆违腾地项目建筑垃圾清运工程招标公告</h3>

受××市××区××镇人民政府委托，××工程咨询有限公司现就××镇20××年拆违腾地项目建筑垃圾清运工程进行公开招标，请有实力、信誉好、有经验、符合条件并能提供优质服务的潜在供应商参加投标。

一、采购人：××市××区××镇人民政府

地址：××市××区××镇

电话：××××××××××

二、招标代理机构：××工程咨询有限公司

地址：××市××区××路××号××大厦××××室

电话：××××××××××

三、项目概况

（一）项目名称：××镇20××年拆违腾地项目建筑垃圾清运工程。

（二）项目说明：××镇镇域范围内建筑垃圾清运。

（三）资金来源：政府资金。

四、项目预算：50元/米^2

五、合格的投标人

（一）在中华人民共和国境内合法注册，具有独立法人资格、有效营业执照；在法律和财务上独立、合法运作并独立于采购人和采购代理机构之外；投标人具有良好的财务状况和较好的信誉。

（二）投标人必须向采购代理机构购买招标文件并登记备案，未向采购代理机构购买招标文件并登记备案的潜在投标人均无资格参加本次投标(逾期的投标文件将被拒绝)。

（三）投标人必须满足《中华人民共和国政府采购法》第二十二条之规定。

1．具有独立承担民事责任的能力；

2．具有良好的商业信誉和健全的财务会计制度；

3．具有履行合同所必需的设备和专业技术能力；

4．有依法缴纳税收和社会保障资金的良好记录；

5．参加政府采购活动前三年内，在经营活动中没有重大违法记录；

6．法律、行政法规规定的其他条件。

（四）具备合法有效的道路运输经营许可证和行政主管部门备案的从事建筑垃圾经营性收集、运输服务的许可。

六、发售招标文件时间、地点、报名方式

（一）发售招标文件时间：20××年××月××日至20××年××月××日(节假日、公休日除外)。招标文件售价为××元，售后不退。

（二）地点：××市××区××路××号××大厦××××室。

（三）报名方式：报名及获取招标文件时请携带以下有效期内的材料原件及复印件（加盖公章）。
　　1. 营业执照副本复印件（加盖公章）；
　　2. 如报名人为法定代表人，需要携带法定代表人身份证明文件原件、本人身份证原件；如报名人为授权代理人，需要携带法定代表人授权委托书原件、本人身份证原件。
　　七、投标截止时间及开标时间：20××年××月××日××时××分
　　八、递交投标文件地点及开标地点：××市××区××大街××号（××区公共资源交易中心××层）
　　九、联系方式
　　招标人：××市××区××镇人民政府
　　地址：××市××区××镇
　　联系人：××
　　联系电话：×××××××××××
　　招标代理机构：××工程咨询有限公司
　　地址：××市××区××路××号××大厦××××室
　　联系人：×××、×××
　　联系电话：×××××××××××
　　电子邮箱：×××××××@qq.com

四、投标书

（一）投标书的概念

投标书是投标单位为参加投标竞争活动而写的文书。从实质上讲，投标是对招标单位提出的要求的响应、回答或承诺。投标单位需要给出具体的标价，作出相应的承诺，以达到中标的目的。

（二）投标书的特点

1. 竞争的公开性

目前，随着我国市场经济发展的日趋成熟，经济活动中的招投标竞争也逐步规范起来。为促进正当、合法的竞争，投标单位大都进行公开竞标，以体现公开、公平、公正的原则。

2. 编写的规范性

投标单位应根据国家对招投标工作的有关规定和具体办法编写投标书。

3. 承诺的可行性

投标单位应保证在投标书中作出的各项承诺（包括项目标价、规格、数量、质量及进度要求等）具有可行性。投标单位一旦中标，必须严格履行承诺，绝不能反悔。

4. 时间的限定性

招投标活动一般都有严格的时间限定，投标单位必须在限期内将投标书递交给招标单位。同时，招标单位对投标项目的进度也有严格的时间限定。

（三）投标书的结构和写法

投标书包括标题、致送单位、正文、尾部这几个部分。

1. 标题

投标书的标题一般由项目名称和文种组成，如《××工业大学学科设备购置项目投标书》；有时标题也可为《投标书》或《投标单》等。

2. 致送单位

致送单位即投标书的致送对象，如招标单位或招标办公室。写作者应写其全称或规范化简称，以示尊重。

3. 正文

正文由引言、主体、结尾组成。

（1）引言。引言是投标书的导语。写作者要用较为简练的语言简要、明确地说明投标的目的或依据。

（2）主体。主体是投标书的写作重心，写作者必须着力写好此部分。主体要紧紧围绕招标文件的具体要求，充分展现本单位的实力和竞争能力。在具体写法上，写作者可以采取表格的形式，也可以采取分条列项的形式，将有关内容依次陈述清楚即可。写作者要注意：投标书所提及的数据必须完整、准确，所提目标必须确凿可信，所提措施必须切实可行。

（3）结尾。结尾部分应当体现投标单位的名称、地址、电话号码和传真号码等。

4. 尾部

投标书的尾部通常由附件说明、投标单位名称、成文日期和附件原文构成。

（四）经典例文

××大厦建筑安装工程投标书

××公司招标办公室：

在研究了××大厦建筑安装工程的招标条件和勘察、设计、施工图纸，参观了建筑安装工地之后，经认真研究、核算，我方愿意承担上述全部工程的施工任务。我方的投标书内容如下。

一、标函内容（略）

此部分包括工程名称、建筑地点、建筑面积、建筑层数、结构形式、设计单位、工程内容、包干形式等。

二、标价

总造价：100万元（包括直接费、间接费等）。

每平方米造价：100元（包括直接费、间接费等）。

其他：（略）

三、工期（略）

此部分包括开工日期、竣工日期、合计天数等。

四、质量（略）

此部分包括质量要求、保证质量的主要措施、施工方法等。

> 五、投标企业概况(略)
> 此部分包括企业名称、地址、所有制形式等。
> 六、技术力量(略)
> 七、施工机械装备情况(略)
> 八、营业执照(略)
>
> 我方愿意从20××年××月××日至20××年××月××日接受贵单位的中标通知。一旦我方的投标被接纳,我方将与贵单位协商,按招标书所列条款的内容正式签署××大厦建筑安装工程施工合同,并切实按照合同要求进行施工,保证保质保量并按时完工。
> 我们承诺,本投标书一经寄出,不得以任何理由更改,中标后不得拒绝签订施工合同,不得拒绝施工;一旦我方中标,在签订正式合同之前,本投标书连同贵单位的中标通知将成为具有法律约束力的协议文件。
>
> 投标书发出日期:20××年××月××日××时
> 投标单位:××建筑有限公司
> 企业负责人:×××
> 联系人:×××
> 电话:××××××××××
> 地址:××市××区××路×号
>
> 附件:××建筑有限公司相关资料
>
> ××建筑有限公司(公章)
> 20××年××月××日

五、订货单

(一)订货单的概念

订货单是用于订购货物的单据。订货单有多种样式,卖方可依据所售货物的特点设计订货单,由买卖双方填写。

(二)订货单的特点

1. 协约性

买卖双方都应信守订货单中的各项条款。

2. 严肃性

买卖双方都应严肃对待订货单,不可随意更改订货单上的内容。

(三)订货单的结构和写法

订货单形式多样、结构灵活,在写法上也没有严格的规定。需要说明的是,订货单可以采用表格的形式。

订货单通常包括标题、正文、尾部这几个部分。

1. 标题

标题的写法比较灵活。标题可由货物名称和文种或单位名称和文种构成，也可以只体现文种。

2. 正文

订货单的正文应包括如下内容。

（1）买卖双方的信息。例如，公司名称、联系人、邮政编码、公司地址、电话号码、传真号码、电子邮箱等。

（2）订货信息。例如，商品编号、商品名称、商品单价、订货数量等。

（3）配送方式及配送地点。

（4）支付方式及银行账户。

（5）买方的意见和要求。

3. 尾部

经办人应在订购单尾部签字、加盖公章，并注明成文日期。

（四）经典例文

订 货 单

卖方	×××公司	买方	××××公司
地址	××市××区××路××号	购买人	×××
电子邮箱	×××××××@163.com	电子邮箱	×××××××@sina.com
联系电话	×××-××××××××	联系电话	×××-××××××××

订单日期：20××年××月××日

订单号：×××××××

币种：人民币

序号	名称	型号	数量/个	单价/元	金额/元	备注
1						
2						
3						
合计金额						
备注	1. 交货时间： 2. 交货地址： 3. 运输费用： 4. 付款方式： 5. 质量要求：					

购买人（签章）：

经办人（签章）：

20××年××月××日

六、商品说明书

(一) 商品说明书的概念

商品说明书是商品的生产者为了向消费者介绍其商品的特点、成分、性质、构造及注意事项等有关信息而写的说明文。消费者可通过阅读商品说明书加深对某种商品的了解,正确使用该商品。

(二) 商品说明书的特点

1. 真实性

商品说明书的内容必须真实可信。真实性是商品说明书的基本特征。

2. 准确性

商品说明书要准确、清晰地介绍商品的性能、构造、使用方法及注意事项等内容。

3. 条理性

商品说明书以介绍商品、指导操作为目的,往往采用分条式写法,以便于消费者阅读。

4. 通俗性

商品说明书的语言应尽量浅显易懂,以便于消费者理解。

(三) 商品说明书的结构和写法

商品说明书可分为简单商品说明书和复杂商品说明书。

1. 简单商品说明书

简单商品说明书包括标题、正文、落款这几个部分。

(1) 标题。简单商品说明书的标题可由商品名称和文种构成,也可仅体现商品名称。

(2) 正文。正文是简单商品说明书的主体部分,一般包括商品性能、功效、特点、用途、使用方法等内容。在选择需要说明的项目时,写作者可以根据商品的特点有所侧重,不一定要面面俱到;写作者也可以适当采用描写、议论等手法。

(3) 落款。落款部分通常由企业地址、联系电话、网址等信息构成。

2. 复杂商品说明书

复杂商品说明书包括封面、目录、概述、正文、封底这几个部分。

(1) 封面。封面应体现商品的商标、规格、型号、名称、图样及"说明书"字样。

(2) 目录。目录部分应体现商品说明书的内容条目。

(3) 概述。概述部分是对商品的总体介绍。有的商品说明书没有这部分内容。

(4) 正文。正文是商品说明书的主体部分。商品不同,正文的内容也有所不同。正文部分一般应包括性能、规格、各部分名称、使用方法、保养和维修方法、注意事项等内容。

(5) 封底。封底部分一般包括企业地址、联系电话、网址等信息,便于消费者联系商品的生产者。

(四) 经典例文

1. 简单商品说明书

医用棉签说明书

【产品名称】医用棉签

【型号规格】10cm

【产品结构组成】医用棉签以医用脱脂棉为原料,医用脱脂棉缠绕在竹棒上。

【产品性能】医用棉签手柄表面应光洁、无毛刺。棉头成型大小应均匀,棉头不得轻易脱落。棉头应符合医用脱脂棉 YY/T 0330—2015 中的性状要求。环氧乙烷残留量应不大于 10mg/kg。

【适用范围】吸取消毒剂,对完整皮肤进行消毒处理。

【使用方法】打开包装,捏住无棉头端,用棉头吸取消毒剂,对需要消毒的部位进行消毒。

【注意事项、警示以及提示的内容】本产品属于一次性使用无菌产品,在打开包装后应一次性使用完毕,拆封后勿用手触摸棉头。本产品为密封的无菌产品,请勿使用包装已破损的产品。产品使用完毕后请按医疗垃圾处理方法妥善处理。

【贮存条件、方法】应贮存于常温、干燥、通风、无腐蚀性气体的环境中,远离火源及易燃物。

【运输条件、方法】运输时应防止重压、阳光直晒。

【生产许可证编号】××药监械生产许××××××××号

【医疗器械注册证编号】×械注准××××××××

【生产企业名称】××××生物工程有限公司

【生产地址】××市××镇××工业园区××号

【联系方式】×××-××××××××/××××××××

【产品有效期】三年

【生产日期、生产批号、失效日期】见包装

【说明书修订日期】20××年××月××日

---

2. 复杂商品说明书

××豆浆机使用说明书

(以下为使用说明书目录,其余内容略)

目　录

产品介绍 ·· 1

第一部分　部件及功能 ·· 2

第二部分 使用方法	4
第三部分 注意事项	9
第四部分 技术参数	11
第五部分 采用标准	12
第六部分 故障分析及排除	13

七、市场调查报告

（一）市场调查报告的概念

市场调查报告是一种书面报告，旨在全面而系统地分析和阐述有关目标市场或特定产品、服务、行业的信息。调查者通过对市场数据、消费者行为、竞争态势、政策环境、技术趋势等内容的深入研究，为企业提供战略规划、产品开发、市场营销等方面的参考依据。

（二）市场调查报告的特点

1. 针对性

市场调查报告的针对性主要表现为两个方面。第一，写作者必须以市场活动为对象，有的放矢地说明某一问题。第二，写作者必须明确市场调查报告的读者对象，因为生产经营者与消费者所关心的问题是不同的。如果写作者既不明确要解决什么问题，又不明确读者对象，市场调查报告就会缺乏针对性。

2. 创新性

市场调查报告应体现市场活动的新动向，阐述通过调查研究才能发现的新问题。写作者可在此基础上提出新观点，形成新结论。只有具有创新性的市场调查报告才能起到指导企业开展市场经营活动的目的。

3. 时效性

市场调查报告的内容要顺应瞬息万变的市场形势，具有时效性，及时反映市场的最新情况。

4. 真实性

写作者应当对真实材料进行客观的分析，从而得出正确的结论。

（三）市场调查报告的结构和写法

市场调查报告包括标题、前言、正文、结尾这几个部分。

1. 标题

一般来说，市场调查报告的标题形式是比较灵活的。标题是对文章内容的高度概括，因此，写作者应当用精练、简洁的文字概括中心思想。

市场调查报告的标题通常包括以下两种形式。

（1）单标题。例如，《20××年大连地板市场调查报告》。

（2）正副标题。例如，《"泥巴换外汇"——陶瓷品出口情况调查》。

2. 前言

写前言部分时,写作者应简明扼要地说明撰写报告的依据、调查目的、调查范围、调查时间、调查地点及所采用的调查方法。同时,写作者也可以简要概括全文的主要内容和观点。

3. 正文

写作者应在正文部分具体、详细地阐述概况、预测、建议这三个方面的内容。

(1) 概况。写作者应采用叙述的方法,结合图表等形式说明调查内容和调查结果。写作者要根据调查对象的特点,从预测、分析的需要出发说明调查的有关情况,做到客观、全面、准确、重点突出。

(2) 预测。写作者应在深入分析调查对象过去和现在的情况的基础上,预测调查对象未来的发展前景。

(3) 建议。写作者应根据对调查对象未来发展前景的预测提出建议,建议应当具体、可行。

4. 结尾

有前言的市场调查报告一般都要有结尾,以与前言互相照应。写作者可在结尾处重申观点或总结重点内容。

(四) 经典例文

积极探索水果销售新路子,促进全县经济健康发展
——长沙、武汉、郑州、岳阳四市水果销售情况市场调查报告

为促进全县水果流通,解决全县水果销售问题,特别是橙类水果销售难的问题,及时掌握外地水果销售情况,畅通我县橙子销路,学习、借鉴外地先进的销售经验及做法,20××年××月××日—××日,县委、县政府组织流通办人员及县内水果销售大户代表等一行人赴长沙、武汉、郑州、岳阳,对水果销售情况进行调查。调查情况如下。

一、调查目的

开展这次调查的目的是对长沙、武汉、郑州、岳阳的水果销售市场进行调查。目前,我县水果销售已面临严峻的挑战,特别是橙子的销售,全县还有4.2万吨橙子未被售出,因此我县很有必要开拓销售市场。鉴于此,县委、县政府果断决定,派出由7人组成的调查小组开展市场调查,由流通办的×××担任组长,其他成员为流通办人员和县内水果销售大户代表。调查小组赴长沙、武汉、郑州、岳阳调查了水果的销售情况,掌握了水果的市场行情,针对我县具体情况提出了销售建议。这有助于解决全县水果(尤其是橙子)销售难的问题,确保农民增产增收,提高果农种植的积极性,促进全县经济健康发展。

二、调查的基本情况

调查小组于××月××日早上出发,于××月××日凌晨回到××,历时6天,前往了三省(湖南、湖北、河南)四市(长沙、武汉、郑州、岳阳)。调查小组对多个水果批发市场的销售情况进行了调查。调查小组开展了以下几项工作：一是询问当地商户经营情况，并进行实地探访；二是与当地销售大户座谈，请他们介绍情况；三是向当地经销商发放有关我县水果的宣传资料，并向当地果商宣传我县的优质果品；四是请当地果商品尝我县的橙子，针对销售大户，调查小组还赠送了部分橙子，用于宣传和推广；五是请当地市场管理部门的工作人员、果商销售代表为我县提建议。

××月××日下午，调查小组到达长沙，前往当地的市场监督管理局，得到了工作人员的接待，于当日下午走访了4个临时摊点。××日上午，调查小组对长沙的两个最大的批发市场（×××果品批发市场、××果品批发市场）进行了调查。×××果品批发市场位于市中心，××果品批发市场位于城市南部。调查小组走访了×××果品批发市场的31个摊点和××果品批发市场的22个摊点。这两大市场水果品种繁多，有西瓜、芒果、菠萝、枇杷、早李、苹果、梨等水果。当地脐橙的批发价为2.2～3.5元/斤。当地果商品尝了我县的橙子后一致认为口感、甜度都不错，就是果太小，没有品牌，没有市场竞争力。

××月××日下午，调查小组对武汉的两大果品批发市场（×××果品批发市场、××水果批发市场）进行了调查。两个市场的水果品种基本与长沙类似，不同的是潮州柑在这两大市场上销售量大。潮州柑的价格达到了3.3元/斤。当地果商品尝了我县的样果后一致认为口味不错，就是果子没有卖相、果皮难剥。果商建议我县果农对果品进行分级包装，并进行打蜡。同时，他们表示愿意帮我县试销果品，××老板准备购买一些我县的水果。

××月××日下午，调查小组到达郑州。××日上午，调查小组对郑州的××水果市场进行了调查。该市场的水果品种明显不如长沙、武汉丰富。调查小组向当地最大的经销商了解了情况。该经销商认为我县的橙子口味不错，就是果品太小、包装太差，没有市场吸引力。×××老板建议果农根据果品等级用不同类型的纸箱包装，并对水果进行打蜡，提升水果的档次。近期，×××老板准备派人到我县看果，购买几车回去销售。

调查小组于××月××日上午对岳阳的×××水果批发市场进行了调查。该市场的果品情况与长沙的×××果品批发市场相似，各品种的价格也比较相似。调查小组在这个市场见到了我县的橙子，价格为3.5～3.75元/斤。我县的橙子刚进入市场，销量不是很大，当地的老板表示未来准备到我县采购水果。

我们可以通过调查情况看出，我县橙子的销售形势不容乐观。目前，脐橙的产量大，且外地水果个头大、包装好，易于被市民接受。同时，部分水果（如西瓜、菠萝、香蕉、早李、枇杷等）冲击着橙子的销售市场，我县橙子失去了占领市场的先机。面对现在的市场情况，我县既要巩固已开发的南方市场，也要努力开发北方市场，拓展东部地区和西部地区的市场。

三、建议

水果的销售与种植是相辅相成的,种得好才能卖得好。了解市场的需求也很重要,满足了市场需要才能获得收益,才能提高果农种植的积极性。针对当前我县的水果销售形势,现提出以下几点建议。

（一）转变思想、提高认识,认识到销售形势的严峻性。（略）

（二）积极开展市场调研,了解客户需求。（略）

（三）注重包装,采取分级售果的方法。（略）

（四）通过多种方式吸引客户或商户。（略）

（五）注重打造品牌。（略）

（六）加大招商引资力度,发展龙头企业。（略）

（七）提高果品质量,增强其市场竞争力。（略）

八、可行性研究报告

（一）可行性研究报告的概念

可行性研究报告是企业在启动重大项目之前,组织有关专家在进行深入而细致的调查研究、科学预测和论证的基础上,针对项目的技术先进性、经济合理性写出的书面报告。

（二）可行性研究报告的类型

根据不同的划分标准,可行性研究报告可分为不同的类型。

1. 按性质划分

按性质划分,可行性研究报告可分为综合性可行性研究报告和专题性可行性研究报告。

2. 按内容划分

按内容划分,可行性研究报告可分为经济建设项目可行性研究报告和事业建设项目可行性研究报告。

（三）可行性研究报告的结构和写法

可行性研究报告包括标题、正文、附件、落款这几个部分。

下面具体介绍标题、正文的写法和附件的主要内容,落款的写法与一般公文相同。

1. 标题

可行性研究报告的标题主要有以下两种形式。

(1) 事由＋文种。例如,《关于兴建××食品厂的可行性研究报告》。

(2) 合作单位＋项目内容＋文种。例如,《××公司与英国××公司合作生产××的可行性研究报告》。

2. 正文

在可行性研究报告的正文部分,写作者应将与项目有关的可行性研究成果进行汇总和论述。正文一般包括以下几项内容。

(1) 总论。该部分涉及项目名称、项目负责人、项目背景、项目具备的条件、利用外资方式等内容。

(2) 主要技术与设备的选择及来源。该部分涉及技术、工艺、设备的选择、技术和设备的来源等内容。

(3) 选址方案。该部分涉及地理位置分析、资源分析、交通情况分析、选址优缺点分析等内容。

(4) 企业组织的设置与人员培训。该部分涉及组织结构、人员投入计划、培训计划、培训要求等内容。

(5) 环境保护措施。该部分涉及环境现状、环保标准、环境管理、环境监测等内容。

(6) 资金概算及资金来源。该部分涉及合资各方的投资比例、资本构成、资金投入计划等内容。

(7) 项目实施计划。该部分涉及项目实施进程、项目组织规划等内容。

3. 附件

研究的项目和内容不同,可行性研究报告的附件内容也各不相同。附件一般包括项目单位资质文件、资金证明文件、风险评估报告等文件。

(四) 写作注意事项

(1) 论述要全面、准确。

(2) 分析要客观、科学。

(3) 报告应重点突出、脉络清晰。

(五) 经典例文

××公司可回收垃圾处理项目可行性研究报告

(以下为目录部分,其余内容略)

目 录

第一章 总论

    1.1 项目背景

    1.2 项目概况

    1.3 问题与建议

第二章 项目建设的必要性

    2.1 项目区域可回收垃圾现状

    2.2 项目必要性分析

第三章 项目建设条件分析

    3.1 自然地理条件

    3.2 社会经济概况

    3.3 公用设施现状

第四章 项目建设方案

    4.1 工程建设规模

    4.2 产品方案

4.3 设计原则与方向
4.4 工艺系统
4.5 工程设计方案

第五章 总图及运输
5.1 项目建设用地区划
5.2 总平面布置
5.3 交通运输方案

第六章 消防、安全及卫生保障
6.1 消防
6.2 防洪及防风沙
6.3 劳动安全、卫生安全

第七章 环境影响评价
7.1 主要污染源、污染物及控制措施
7.2 环境保护管理和监测
7.3 环境影响分析

第八章 招标方案
8.1 招标范围
8.2 招标组织形式

第九章 项目组织管理
9.1 组织机构与人员配置
9.2 人员培训
9.3 项目建设管理
9.4 经营管理

第十章 项目进度安排
10.1 项目进度计划
10.2 项目进度监控

第十一章 投资估算与资金来源
11.1 投资估算
11.2 资金来源

第十二章 财务评价
12.1 财务评价内容
12.2 销售收入和销售税金估算
12.3 总成本及经营成本估算
12.4 财务效益分析
12.5 不确定性分析
12.6 评价结论

第十三章 综合评价
13.1 结论
13.2 建议

项目三 礼仪文书的拟写

一、请柬

(一) 请柬的概念

请柬又称请帖,是人们在举行节庆活动或举办聚会时为邀请客人、表示对客人的尊重而向客人发出的文书。

(二) 请柬的结构和写法

请柬有印制和手写两种形式。请柬一般包括封面和封里两部分,又分横式和竖式两种。各类请柬的结构大致相同,包括标题、称谓、正文、结尾、落款这几个部分。

下面具体介绍标题、称谓、正文和结尾的写法,落款的写法与一般公文相同。

1. 标题

请柬的封面上应体现"请柬"或"请帖"二字。有的请柬的标题能够体现活动的事由。

2. 称谓

称谓是指被邀请方(单位或个人)的姓名或名称,如"××先生""××公司"等。称谓一般需要顶格写,称谓后面应加上冒号。

3. 正文

正文位于称谓的下方。请柬要写明活动内容、时间、地点、活动方式等信息。邀请方如果准备请客人观看表演,还应将入场券附在请柬后面。邀请方若有其他要求,需要通过请柬提前告知客人,如"请准备发言"等。

4. 结尾

请柬的结尾部分通常是礼节性的问候语,如"期待您的光临""敬请光临"等。

(三) 经典例文

请　　柬

×××先生:

　　您好!兹定于20××年××月××日至××月××日在××大厦召开××名酒展销会,并于××月××日中午××时××分在××大酒店举行开幕式,敬备酒席恭候。请届时光临。

　　　　　　　　　　　　　　　　　　　　　　　　　××酒业有限公司
　　　　　　　　　　　　　　　　　　　　　　　　　20××年××月××日

二、邀请信

（一）邀请信的概念

邀请信是邀请方为邀请朋友、合作伙伴到指定地点赴会或参加活动而写的文书。

（二）邀请信和请柬的区别

邀请信与请柬都是邀请方为邀请某人、某单位前来参加活动而写的文书。二者的不同之处在于：邀请信用于邀请对方前来参加某项实质性活动，如学术讨论会、成果鉴定会、订货会等；而请柬用于邀请对方参加礼仪性的活动，如婚礼、剪彩仪式等。另外，邀请信往往会对活动的作用、意义进行介绍，而请柬一般只体现活动的名称和内容。

（三）邀请信的结构和写法

邀请信通常包括标题、称谓、正文、落款这几个部分。

下面具体介绍标题、称谓和正文的写法，落款的写法与一般公文相同。

1. 标题

（1）事由或会议名称＋文种。例如，《云计算技术应用大会邀请信》。

（2）文种。例如，《邀请信》。

2. 称谓

称谓是指被邀请方（单位或个人）的姓名或名称，如"××先生""××公司"等。称谓一般需要顶格写，称谓后面应加上冒号。

3. 正文

邀请信的正文由信首问候语、主体、信末问候语组成。

（1）信首问候语。邀请信正文的开头通常是问候语"您好"等。信首问候语位于称谓的下方。

（2）主体。主体部分应体现邀请原因、活动内容、活动安排和邀请方的邀请。

（3）信末问候语。信末问候语位于正文主体下方，应左空两格书写。

（四）经典例文

关于诚邀参加第×届中国国际进口博览会的邀请函

各有关单位：

中国国际进口博览会（以下简称"进博会"）是世界上首个以进口为主题的国家级博览会，是中国主动向世界开放市场的重大宣示和行动。在国际社会的积极参与和大力支持下，进博会连续×届成功举办，发挥国际采购、投资促进、人文交流、开放合作"四大平台"作用，质量效益显著提升，国际影响更加广泛，已成为中国构建新发展格局的窗口、推动高水平开放的平台。进博会让展品变商品、让展商变投资商。自2018年首次举办以来，进博会累计吸引181个国家和地区参加，约1.6万家企业参展，意向成交额超4200亿美元。

第×届进博会将于20××年××月××日至××日在国家会展中心(上海)举办,展会由国家综合展、企业商业展、虹桥国际经济论坛、专业配套活动和人文交流活动等组成。企业商业展在食品及农产品、汽车、技术装备、消费品、医疗器械及医药保健、服务贸易六大展区的基础上,进一步创新展览题材,设立创新孵化专区,意在为全球小微企业提供在中国展示创意、宣传产品的机会。同时,进博会还将继续举办贸易投资对接会,全面升级线下对接规模,邀请展客商进行"一对一"、多轮次高效洽谈和精准对接,促进展客商深度交流与合作。

××市委、市政府高度重视进博会工作,为充分发挥其"四大平台"作用,促进国内国际双循环,加快推进××国际消费中心城市和区域商贸中心城市建设,由市商务局牵头各相关部门和各区人民政府成立××市交易团(下设23个交易分团),广泛组织××市各类企业赴沪参会,并在展会期间组织相关论坛活动,持续放大进博会溢出效应。

目前,第×届进博会专业观众报名工作已启动,现诚挚邀请贵单位加入××市交易团,利用进博会平台共享机遇。请有意愿报名参加第×届进博会的各界同仁登录进博会官网("企业商业展—专业观众")并完成报名注册。工作人员审核通过后会通过EMS快递将参会证件邮寄给参会人。专业观众参观报名通道关闭日期为××月××日。

我们将全程为贵单位提供参会服务,期待您加入我们,成为××市交易团的成员单位。让我们同赴进博盛会,共享发展机遇。

附件:
1. 第×届进博会企业商业展观展邀请宣传册
2. ××市交易团及交易分团联系电话
3. 第×届进博会专业观众信息系统说明

20××年××月××日

××市交易团联系人:市商务局×××、×××
报名咨询电话:×××××××、×××××××

三、贺信

(一) 贺信的概念

贺信是各级机关、企事业单位、社会团体或个人向其他集体、单位或个人表示祝贺的一种专用书信。贺信不仅可以表达祝福,还可以表达感谢之情。发送贺信有助于增进关系、加深感情。

(二) 贺信的结构和写法

贺信包括标题、称谓、正文、结尾、落款这几个部分。

下面具体介绍标题、称谓、正文和结尾的写法,落款的写法与一般公文相同。

1. 标题

贺信的标题通常由文种名构成,位于贺信第一行的正中间。

2. 称谓

称谓即被祝贺单位或个人的名称或姓名。若贺信是写给个人的,姓名后应加上"先生""女士""同志"等称呼。称谓的后面要加上冒号。

3. 正文

贺信的正文应交代清楚以下几项内容。

(1)结合当前的形势或状况,说明对方取得某项成绩的主要背景,或者某个重要会议的历史背景。

(2)概括说明对方都在哪些方面取得了成绩,分析其取得成绩的主观原因、客观原因。贺信应写明对方的贡献及其宝贵品质,这一部分是贺信的中心内容。

(3)写信者应通过贺信表达自己真诚的祝福。写信者可以写些鼓励对方的话,提出自己的期望。

4. 结尾

写信者应在结尾写上表示祝福的话。

(三)经典例文

贺　　信

北京申遗代表团:

　　欣闻"北京中轴线——中国理想都城秩序的杰作"申报世界文化遗产项目在联合国教科文组织第46届世界遗产大会上审议通过,谨向你们表示热烈祝贺!北京中轴线申遗成功,是以习近平同志为核心的党中央坚强领导、亲切关怀的结果,是深入学习贯彻习近平总书记关于文化遗产保护传承重要指示批示精神的结果,是中央宣传部、外交部、教育部(中国联合国教科文组织全国委员会)、国家文物局等有关部门统筹领导、悉心指导的结果,是中央单位与北京市各单位大力协同、通力协作的结果,是全市广大干部群众全力支持、踊跃参与的结果,谨向所有为申遗工作辛勤付出的专家学者、工作人员致以崇高敬意!向所有关心支持申遗工作的国内外各界人士表示衷心感谢!

　　北京中轴线是中华民族的文化瑰宝,是中国城市规划传统乃至中国历史的重要见证,彰显中华文明突出的连续性、创新性、统一性、包容性、和平性。北京中轴线申遗成功,向世界贡献了古都保护与可持续发展的中国案例,向国际社会生动展现了新时代中国的真实面貌,将有力增强中华文化国际影响力。

　　北京中轴线申遗成功是一个里程碑,也是一个新的起点。各有关单位要坚持以习近平新时代中国特色社会主义思想为指导,全面贯彻落实党的二十届三中全会精神,深入学习贯彻习近平总书记关于文化遗产保护传承重要指示批示精神,恪守《保护世界文化和自然遗产公约》,持续推进北京中轴线文化遗产保护,进一步讲好北京中轴线故事,进一步带动北京老城整体保护,进一步加强同世界各国文化交流,践行全球文明倡议,为推动构建人类命运共同体注入深厚持久的文化力量!

中共北京市委　北京市人民政府

2024 年 7 月 27 日

四、感谢信

(一) 感谢信的概念

感谢信是各级机关、企事业单位、社会团体和个人为了表达对帮助、支持自己的单位或个人的感谢而写的信。

(二) 感谢信的结构和写法

感谢信包括标题、称谓、正文、落款这几个部分。

下面具体介绍标题、称谓和正文的写法,落款的写法与一般公文相同。

1. 标题

感谢信的标题有如下几种形式。

(1) 文种。例如,《感谢信》。

(2) 感谢对象＋文种。例如,《致×××的感谢信》。

(3) 致谢方＋感谢对象＋文种。例如,《××街道致××公司的感谢信》。

2. 称谓

称谓即被感谢的机关、单位、团体或个人的名称或姓名,个人姓名的后面应附上"同志"等称呼,然后再加上冒号。

3. 正文

感谢信的正文应体现感谢的内容和感谢的原因。

写作者可以在正文结尾处用简洁的语言表达敬意和感谢,如"致以最诚挚的问候"等。

(三) 经典例文

感 谢 信

××文化科技有限公司:

　　5·18 国际博物馆日是全体博物馆人的共同节日。按照国家文物局有关要求和市委市政府统一部署,为提升博物馆影响力、满足广大公众精神文化需求,我局每年均举办 5·18 国际博物馆日系列文化活动。今年,5·18 国际博物馆日的主题为"博物馆的力量";由我局和××博物馆学会主办、贵公司及相关单位协办的主会场活动线上启动仪式已圆满结束,其他系列文化宣传活动也接近尾声。

> 　　从活动筹备开始，贵公司即全力协助我局开展组织策划工作。贵公司全面承担了主会场活动布景、现场协调、节目录制、后期编制等工作，整体节目制作质量较高，节目获得广泛关注；贵公司结合国际博物馆日主题推出5·18博物馆日数字藏品，并在活动启动仪式上免费赠送给观众，成为活动亮点；贵公司承办了20××年××市"文物修复师（纸张书画类）职业技能大赛"暨"20××年××市文物数字化工程师职业技能大赛"，大赛的举办有助于推动博物馆人才队伍建设，夯实博物馆发展基础。
> 　　贵公司在5·18活动中顾全大局、团结一致、勇于担当，工作人员满怀热情，展现了昂扬的精神面貌和一流的工作标准。特向贵公司的大力支持表示衷心的感谢！
> 　　希望贵公司能够继续支持我市博物馆事业的发展，持续关注博物馆之城的建设，与我们共建博物馆之城的美好未来！
>
> ××市文物局
20××年××月××日

项目四　事务文书的拟写

一、备忘录

（一）备忘录的概念

备忘录是一种用于记录重要事项、会议要点或工作安排的公文。它通常用于辅助记忆，确保人们不会遗忘关键信息或任务，并在需要时提供参考。

（二）备忘录的结构和写法

备忘录的写法较为灵活。备忘录一般包括前后两部分，前一部分为内容概述，后一部分是具体的事项。需要注意的是，记录者应在备忘录的开头部分写清楚是谁写给谁的备忘录。备忘录的结尾没有签名或表达敬意的结束语。

（三）经典例文

> **备　忘　录**
>
> 　　发给：杨杨——行政秘书
> 　　发自：李丽——行政部经理
> 　　日期：20××年××月××日
> 　　内容：总经理来京行程安排
> 　　总经理将于20××年××月××日（星期×）到达北京，并将于××月××日下午离京返回香港。希望你安排一下总经理在北京期间的行程，并以邮件的形式将行程安排发给我。

二、传真稿

(一) 传真稿的概念

传真稿是指通过传真机发送的用于传递信息、沟通事项、解决问题的一种文件。传真机可通过扫描技术将传真稿上的图像转化为电子信号,然后通过传输将其发送给接收方的传真机。接收方的传真机可将接收到的电子信号转化为纸质文件。

(二) 传真稿的内容

传真稿应体现收件人姓名、收件人单位、抄送人姓名、抄送人传真号、发件人姓名、发件日期、发件人传真号、发件人电话、总页数、主题及回复要求等信息。

(三) 经典例文

××公司传真稿

收件人:钟苗
单位:寰宇运输公司
抄送:李达
传真号:(×××)×××××××

发件人:杨杨
日期:20××年××月××日
传真号:(×××)×××××××
电话:(×××)×××××××

主题:沟通仓储运输相关事宜
页数:共1页

寰宇运输公司:
  我公司现有100吨化肥急需运往贵州灾区,需要与贵公司商讨仓储运输相关事宜,请贵公司速与我们联系。

××公司(公章)
20××年××月××日

三、启事

(一) 启事的概念

启事是各级机关、社会团体、企事业单位或个人为了公开申明某件事情或希望有关人员参与活动、协助办理有关事项而使用的告知性应用文。

(二)启事的特点

1. 内容的广泛性

启事适用于招生、招聘、开业、商标的使用与更换等多种事宜。

2. 告知的回应性

发布启事的一方希望得到有关人员的回应,以解决自己的问题、达到自己的目的。

3. 参与的自主性

启事不具有强制性和约束力。看到启事的对象有选择是否参与相关活动的权利,可以参与或不参与。

4. 传播的新闻性

发布启事的一方可通过报纸、广播、电视等渠道对启事的相关内容进行公开传播。对社会公众来说,这种启事属于广告性消息。

(三)启事的分类

根据内容、性质来划分,启事可以分为招领启事、迁移启事、房屋租赁启事、开业启事、庆典启事、招聘启事、招生启事、征文启事、征集启事、更名启事、邮购启事等。

(四)启事的结构和写法

启事包括标题、正文、附启、落款这几个部分。

下面具体介绍标题、正文、附启的写法,落款的写法与一般公文相同。

1. 标题

启事的标题形式比较灵活,主要包括以下几种。

(1)事由+文种。例如,《征集启事》《征稿启事》。

(2)文种。例如,《启事》。

(3)启事发布单位名称+事由。例如,《××公司××××培训班即日起开始招生》。

2. 正文

正文是启事的主体部分,写作者应写明发布启事的缘由和具体事项。

3. 附启

附启位于正文之下,应体现单位地址、联系人、联系电话、电子邮箱等信息。

(五)经典例文

××高中百年校庆启事

20××年××月××日是××高中建校100周年纪念日,学校决定于××月××日(星期六)上午××时在田径运动场举行校庆活动。为此,我们诚邀××高中各个时期(含××高级中学、××第一中学、××第二高级中学、××第四高级中学)的校友届时返回母校,共襄盛会,共叙友情,共谋发展。

值此机会,我们向各位校友致以诚挚的问候和良好的祝愿。

```
地址：××市××区××路××号
邮编：××××××
电话：××××××××××
联系人：×××
邮箱：××××××@sina.com


                                        ××高中
                                   20××年××月××日
```

四、简报

（一）简报的概念

简报是各级机关、企事业单位为沟通情况、交流信息而使用的事务性文书。

（二）简报的类型

1．工作情况简报

工作情况简报主要用于反映工作中的动态和工作进展情况。

2．经验交流简报

经验交流简报专门用于介绍工作经验。

3．会议简报

会议简报是指在某一会议召开期间为交流观点、反映会议动态而写的简报。

（三）简报的结构和写法

简报包括按语、标题、导语、主体、结尾这几个部分。

1．按语

写作者可在简报的标题前加注按语，以说明编制这份简报的目的或对文中所列事项进行评价。有的简报没有按语。

2．标题

简报的标题应揭示主题，简短而醒目。

3．导语

导语即简报的开头部分。写作者应在写导语时简明扼要地概括全文的主要内容。

4．主体

主体即简报的主要内容。写作者应利用典型的、有说服力的材料将有关内容具体化。

5．结尾

写作者应在结尾处对主体部分的内容进行归纳和概括，或提出希望和今后的打算。

（四）经典例文

工作简报

【××部、××督导室、××宣传局联合发布"20××年寒假青少年自我保护提示"】

　　为提高青少年的安全防范意识，增强他们的自我保护能力，让青少年度过一个健康、安全、文明、快乐的寒假，20××年××月××日，××部、××督导室、××宣传局在××市××小学联合发布了"20××年寒假青少年自我保护提示"，对青少年在寒假期间的娱乐、出行、心理、家庭安全等方面的注意事项进行提醒。

　　为增强活动的影响力和实效性，有关工作人员发布了文字版、语音版、漫画版和动画版的"20××年寒假青少年自我保护提示"，通过青少年喜闻乐见的形式，运用现代信息技术，把自我保护教育的内容传递给青少年。广大青少年还可以登录××网、××网等网站浏览、下载相关内容。在发布仪式上，××市消防救援总队的专家还为××小学的同学们带来了一堂内容充实、互动性强的自护课，现场演示了消防器材的使用方法，就同学们提出的各种自护小问题进行了耐心、细致的解答。同学们纷纷表示要认真学习安全自护知识，不断强化安全自护意识，切实提高安全自护能力，在学校做自律好学生，在家做自护小标兵，在社会做安全小卫士。

　　有关专家指出，只要安全教育到位，很多由意外伤害导致的死亡是可以避免的。增强青少年的自护意识，提高青少年的自护能力，需要学校、家庭和全社会的共同努力，需要青少年的积极参与。家长要积极承担家庭教育的责任，为孩子们做出表率；学校要高度重视学生的安全教育工作，充实自护项目；有关部门要进一步增强责任感和使命感，立足全局，结合实际，加大投入，广泛普及自护知识，引导全社会关心和爱护青少年，逐步形成学校、家庭、社会"三位一体"的互动机制，为青少年营造一个良好的成长环境。

　　××部、××宣传局先后在20××年暑假和20××年寒假面向全社会发布"青少年自我保护提示"，取得了很好的社会效应，赢得了各界的广泛认可。为扩大本次活动的影响力，××月××日至××月××日，各地团组织、各学校和基层单位还将根据自身实际情况，进一步加强青少年自我保护宣传教育。

　　××部部长×××同志、××宣传局局长×××同志等出席活动并讲话，××小学700余名师生共同参加了此次活动。

五、计划

（一）计划的概念

　　计划是各级机关、社会团体、企事业单位为了对一定时期的工作预先作出安排而写的事务性文书。编制计划的目的是为未来的工作任务预先拟定目标、设想步骤和方法，使工作人员在开展工作前做到心中有数，减少工作的盲目性。

(二)计划的特点

1. 针对性

计划是根据党和国家的方针、政策和有关的法律法规,针对本系统、本部门实际情况制订的,具有一定的指导意义。

2. 预见性

计划是制订者在行动之前制订的,制订计划的目的是实现今后的工作目标,完成下一步的工作任务。

(三)计划的结构和写法

计划包括标题、正文、落款这几个部分。

1. 标题

计划的标题通常由发文机关、时间限定语、事由和文种构成。标题应体现计划的类别,如工作计划、生产计划等。计划的执行范围有时为本单位内部,标题中的单位名称可被省略;比较规范的计划的标题仍应体现单位名称。

2. 正文

计划的正文部分应体现制订计划的缘由和根据,对完成任务所需的主客观条件的分析,以及完成该计划的必要性与可能性。制订者还应在正文部分说明计划的具体内容,即在多长时间内完成哪些任务、完成任务的步骤和方法有哪些。在正文的结尾部分,制订者应总结重点内容并强调有关事项。

3. 落款

发文机关和成文日期一般位于正文下方。若标题已体现发文机关,落款处可不体现发文机关。成文日期可位于标题下方。

(四)经典例文

××市科学技术局20××年度生态环境保护工作计划

为全面贯彻落实党中央、国务院关于推进生态文明建设和加强生态环境保护的决策部署,紧紧围绕市委、市政府工作部署,切实履行生态环境保护工作职责,深入实施创新驱动发展战略,努力发挥科技对生态环境保护工作的支撑作用,特制订本计划。

一、重视生态环保关键技术攻关

加强生态环境保护科技创新的总体部署,聚焦生态环境保护需求,将生态环境保护科技创新纳入项目指南,深入组织实施重点科技研发计划和科技创新基金等项目,对生态环境污染防控、监测、治理等方面的关键核心技术的研发给予支持,推动生态环境保护技术创新、成果转化和产业发展。

二、推动生态环保产学研协同创新

加大对生态环保领域创新资源的整合力度,积极推进产学研联盟的搭建,鼓励和支持高校院所、科研机构、企事业单位等开展合作,集中力量解决生态环境保护问题和前沿技术问题。

> 三、加强生态环保创新平台建设
>
> 充分发挥现有科技创新平台示范引领作用,培育和组建生态环境保护领域重点实验室、工程技术中心、专业技术创新中心等研发平台,完善生态环境保护领域创新平台布局,强化科技资源开放共享和高效利用,对研发平台开展生态环境保护研究予以支持。
>
>
>
> ××市科学技术局
>
> 20××年××月××日
>
>

六、总结

（一）总结的概念

总结是各级机关、社会团体、企事业单位或个人为了对过去一段时期的工作进行分析和评价而写的事务性文书。写总结的目的是总结工作中的经验和教训、明确成绩与不足、找出问题并分析其原因,以便为未来的行动提供借鉴和指导。

（二）总结的类型

从不同的角度划分,总结可分为不同的类型。

按性质分,总结可分为工作总结、学习总结、思想总结、劳动总结等。

按范围分,总结可分为单位总结、部门总结、班组总结、个人总结等。

按时间分,总结可分为年度总结、半年总结、季度总结、月度总结等。

按内容分,总结可分为全面总结和单项总结。

（三）总结的结构和写法

总结包括标题、正文、落款这几个部分。

下面具体介绍标题、正文的写法,落款的写法与一般公文相同。

1. 标题

标题的形式一般包括如下几种。

（1）公文式标题。公文式标题的一般形式为：单位名称＋时间＋事由＋文种。例如,《××公司20××年销售工作总结》。

（2）非公文式标题。例如,《面向国际市场,发挥本土优势——××公司20××年度工作回顾》。

2. 正文

正文一般包括开头、主体、结尾三个部分。

（1）开头。写作者应在总结的开头概述基本情况和背景,交代总结的目的和主要内容,把取得的成绩简明扼要地写出来。

（2）主体。主体是总结的主要部分,应体现情况和做法、成绩和问题、经验和教训等内容。主体部分的篇幅比较长,写作者在写主体部分时要做到层次分明、条理清晰。

主体部分的常见结构有以下三种。

① 纵式结构。采用纵式结构时，写作者应按工作流程或活动过程来进行写作，把时间划分成几个阶段，按时间顺序分别叙述每个阶段的情况。采用这种写法的好处是阅读者能比较清晰地了解工作或活动的全过程。

② 横式结构。采用横式结构时，写作者应按内容的逻辑关系来进行写作。在开始写作之前，写作者要明确总结的主题，围绕这一主题进行写作。写作者应将总结的内容划分为几个相对独立的部分，每个部分都应有一个明确的子主题或观点，确保内容充实、有条理。

③ 纵横结合式结构。这种写法既考虑到了时间的先后顺序和事件的发展过程，又考虑到了内容的逻辑顺序。写作者可先采用纵式结构，写明各个阶段的情况或问题，然后采用横式结构，总结经验或教训。

（3）结尾。这是正文的最后一部分。写作者应在结尾部分写明今后的努力方向和打算，对全文内容进行归纳，突出取得的成绩或指出工作中存在的问题和不足。写作者应将结尾写得简洁、自然、有力。

（四）写作注意事项

（1）坚持正确的指导思想。写作者必须以党和国家的方针、政策、路线为写作依据，正确地评价实际工作情况，总结出有指导意义和价值的经验。

（2）开展调查研究。认真进行调查研究、掌握大量的客观事实是写好总结的基础。总结的目的是概括事实、得出结论。没有事实就无法得出结论，总结也便无从谈起。写作者如果想要了解大量的客观事实，就要深入群众，认真开展调查研究，全面了解情况，熟悉各种材料，掌握尽可能多的数据。写作者还要在此基础上对收集来的大量材料进行认真的鉴别，做到去粗取精、去伪存真，保证材料的真实性和可靠性。写作者应对所掌握的数据进行核实，不能出现差错。有了真实的材料，写作者才能从中分析、概括出符合客观实际的工作经验。

（3）找出规律。写作者应总结规律和工作经验。如果写作者只罗列了现象，叙述了过程，未展现出写作者的思考和总结出的规律，总结的价值就无法体现出来。

（4）重点突出，语言简洁。写作者应当注意，写总结时一定要分清主次、突出重点，语言要简洁、准确。

（五）经典例文

××市金融发展局20××年度环境保护工作总结

××市环境保护委员会办公室：

按照《关于报送环境保护工作情况的通知》要求，结合我局工作实际，现将有关情况报告如下：

一、牢固树立绿色发展理念，不断提高对环境保护工作的认识

一是认真学习领会习近平总书记"保护生态环境就是保护生产力，改善生态环境就是发展生产力""绿水青山就是金山银山"等重要讲话精神；围绕"五位一体"总体布局和"四个全面"战略布局，全面落实创新、协调、绿色、开放、共享的新发展理念，增强做好环境

保护工作的责任感、使命感。二是充分认识环境保护与科学发展的高度一致性,正确处理环境保护与经济发展的关系,树立人与自然和谐共生的生态理念。三是积极开展宣传教育活动,助推人们形成爱护环境、保护生态、节约资源、造福后代的共识。引导所属员工从低碳节能、垃圾分类等方面着手,培养员工的节能环保意识。四是把生态环境保护工作纳入重要议事日程,真正从思想上重视生态文明建设和环境保护工作,把党中央、国务院的环境保护决策部署贯彻落实到位。

二、积极发展绿色金融,不断加大对绿色环保项目的支持力度

一是普及环保科学知识,提高环境保护意识,倡导正确的生活方式。二是引导企业强化绿色环保理念,积极发展绿色金融,支持水污染防治项目的建设。

三、下一步工作打算

一是协助××银监局深入研究支持绿色信贷的具体举措,针对在开展绿色信贷工作方面存在的激励机制有效性不足、业务推动相对滞缓等问题,探讨切实可行的解决方案。二是针对受地区经济结构影响,总体项目类型较为单一的现状,进一步拓展投放渠道。三是针对存在的问题,向市政府相关部门提出合理的意见和建议。四是进一步加大宣传教育力度,提高全员的环境保护意识,从我做起,从小事做起,为创造良好的生态环境做出应有的贡献。

××市金融发展局
20××年××月××日

七、述职报告

(一)述职报告的概念

述职报告是各级机关、企事业单位、社会团体的各级领导干部及工作人员为了向上级部门陈述自己在任职期间的工作情况而撰写的书面报告。

(二)述职报告的特点

1. 针对性

写述职报告时,述职者需要对自己所负责的某一阶段的工作进行全面的回顾,总结成绩、经验和不足之处,对个人履行岗位职责的情况进行客观的评价。

2. 真实性

述职者应实事求是,述职报告的内容应真实、客观、准确、全面。

3. 通俗性

述职者要用通俗易懂的语言充分地说明某一阶段的工作情况。

(三)述职报告的结构和写法

述职报告包括标题、称谓、正文、落款这几个部分。

下面具体介绍标题、称谓、正文的写法,落款的写法与一般公文相同。

1. 标题

(1) 述职期限＋文种。例如,《20××年年度述职报告》《20××年下半年述职报告》。

(2) 文种。例如,《述职报告》《个人述职报告》。

(3) 正副标题的形式。例如,《抓住机遇,迎接挑战——××部门述职报告》。

2. 称谓

接收述职报告的通常是领导或上级部门,述职者可根据实际情况确定称谓。

3. 正文

正文通常由开头、主体、结尾构成。

(1) 开头。述职者应在述职报告的开头部分概述自己的职务、任职期限、任职期间的基本情况,以及对自己在任职期间取得的成绩的总体评价。

(2) 主体。主体部分主要包括履行职务的基本情况、取得的成绩和实践经验、存在的问题和未来的努力方向等内容。

(3) 结尾。述职报告的结尾部分一般为"希望领导和同事们能给予批评和指正"。

(四) 写作注意事项

(1) 实事求是。述职报告的内容应具有真实性,体现工作中的成绩与失误、优点与不足,不能争功诿过,更不能弄虚作假。

(2) 突出特点。述职报告的内容要突出个人的工作特点,尽量避免人云亦云。

(3) 抓住重点。述职报告的内容应主次分明。述职者应突出重要成绩,总结主要教训。

(4) 语言简练。述职报告的语言要简练、朴实,切忌言之无物、拖沓冗长。

(五) 经典例文

述职报告

各位领导:

本人于20××年××月被聘为××县疾控中心副主任。在这一年的工作中,我不断加强学习,以提高自己的政治素养和业务素养,并努力做好本职工作,现对一年来的任职情况进行报告。

一、加强学习,努力提高自身素养

能够被聘为××县疾控中心副主任是领导和组织对我的信任,也是组织对我的一次考验。如何做才能不辜负领导和组织的信任是这一年来我经常在思考的问题。协助主任抓好各项疾控工作是我的职责所在。我深知,只有加强学习,不断提高自身素养,才能更好地履行职责。因此,我经常学习有关卫生改革与发展的方针、政策,以提高自己的政治素养。同时,我也学习了基层建设与管理方面的知识,以提高自己的工作管理水平和业务能力。通过一年来的学习与实践,我认为自己的综合素质有了较大程度的提高。

二、明确定位,积极做好辅助工作

作为××县疾控中心副主任,我既是领导集体中的一员,也是主任的助手。明确自身职责是我任职以来一直在遵守的一大准则。例如,在制订单位发展规划时,我会主动

> 收集群众的意见,利用自己学到的知识和总结的工作经验为主任提供工作方面的意见和建议,给主任当好参谋;对于领导班子形成的决议,我会积极落实相关工作,及时了解阶段性工作的进展情况。
>   在过去的一年中,在主任的领导下,我在工作上取得了一些成绩,但由于自己的各项素质仍有待提高,工作中难免会出现一些问题。我衷心希望各位领导和同志能给予批评和指正。谢谢大家!
>
>   ×××
>   20××年××月××日

八、讲话稿

(一)讲话稿的概念

讲话稿是讲话者为了在公共场合就某一问题发表自己的见解或阐明事理而写的文章。

(二)讲话稿的特点

(1)内容具有很强的针对性。

(2)语言平实、通俗。

(3)具有互动性。

(三)讲话稿的结构和写法

讲话稿的写法比较灵活。一般来说,讲话稿由标题、称谓和正文构成。讲话稿可以没有标题。下面主要介绍称谓和正文的写法。

1. 称谓

讲话者应根据实际情况确定称谓,如"女士们,先生们""同志们""朋友们"等。称谓要恰当,讲话者要注意称谓的先后次序。

2. 正文

(1)开头。讲话者应在开头部分说明讲话的缘由和全文的主要内容。

(2)主体。这一部分是讲话稿的核心。讲话者要围绕主旨层次分明地阐述有关内容。

(3)结尾。讲话者可以在结尾部分对前面的内容进行总结,也可以提出号召。

(四)写作注意事项

(1)结构清晰,逻辑严密。

(2)内容具有针对性,贴近实际。

(3)观点鲜明,主题明确。

(4)语言流畅、生动。

(五) 经典例文

××公司总经理在××年会上的讲话

各位同事、合作伙伴们：

大家好！今天，我很荣幸能够站在这里。作为公司的总经理，我深知我们每一个人都是公司这个大家庭中不可或缺的一员，是大家的努力使公司取得了现有的成绩。在此，我要对大家表示最诚挚的感谢。

回顾过去的一年，我们共同经历了市场的风云变幻，面对了前所未有的挑战。正是因为大家团结一心、奋力拼搏，我们的公司才能够在逆境中稳步前行，取得令人瞩目的成绩。这些成绩的取得离不开每一位员工的辛勤付出和无私奉献，也离不开合作伙伴的鼎力支持和信任。

在此，我要特别感谢那些在市场开拓、产品研发、客户服务等各个领域做出突出贡献的同事们。你们是公司最宝贵的财富，是推动公司不断发展的强劲动力。同时，我也要感谢我们的合作伙伴们，是你们的信任和支持让我们在合作中共同成长，实现了互利共赢。

展望未来，我们要面临新的挑战。市场的竞争日益激烈，客户的需求也在不断变化。我们要继续秉承"创新、务实、高效、共赢"的核心理念，不断提升我们公司的核心竞争力，以更加优质的产品和服务来满足客户的需求，赢得市场的认可。

为了实现这一目标，我们将继续加大在技术研发、人才培养、市场拓展等方面的投入。同时，我们也将进一步优化管理流程，提升经营管理效率，确保公司能够持续、健康、稳定地发展。

在此，我对同事们提出几点期望。

一、保持创新精神。我们要敢于尝试、敢于突破，不断探索新的业务领域和商业模式。

二、强化团队合作。我们要加强部门之间的沟通与协作，形成合力，共同应对市场的挑战。

三、注重客户体验。我们要时刻关注客户的需求和反馈，不断提升我们的服务质量，赢得客户的信任。

四、坚守诚信原则。我们要以诚信为本，真诚地对待每一位客户、每一位合作伙伴，做到言出必行。

最后，我要再次感谢大家的辛勤付出。我相信，在未来的日子里，只要我们携手并进、共同努力，一定能够创造更加辉煌的明天！

谢谢大家！

思考与实训题

拟写任务1　通知

下面是一篇内容被打乱了的通知,请按逻辑关系和公文格式重新整理这篇通知。

国卫办基层函〔20××〕×××号
关于印发重点中心乡镇卫生院建设参考标准的通知

　　各省、自治区、直辖市及新疆生产建设兵团卫生健康委、中医药局、疾控局:选建一批中心乡镇卫生院是落实《关于进一步深化改革促进乡村医疗卫生体系健康发展的意见》《"十四五"推进农业农村现代化规划》要求,促进优质医疗资源扩容下沉和区域均衡布局的重要举措。现印发给你们,请参照执行。为指导各地有序推进工作,我们组织制定了《重点中心乡镇卫生院建设参考标准》。

拟写任务2　通告

请根据所给材料拟写一份通告,部分内容可自拟。

　　第三届物资交流大会定于20××年××月××日至××日在金源物流中心举行,金源物流中心的一层为会议场地。会议承办单位为金源物流中心。本次大会经市政府批准。为了保证会议召开期间附近交通畅通,市公安局办公室需要尽快制发一份通告,提醒相关部门和有关人员会议召开期间附近的道路禁止机动车辆通行,非机动车辆可以通行。

拟写任务3　函

请根据下面这篇答复函的内容,拟写一篇与之对应的询问函。

××市教育委员会关于市×届人大二次会议第××××号建议办理情况的答复函

×××代表:

　　您提出的《关于在全市中小学食堂配备营养师的建议》(第××××号)收悉。经与市人力资源和社会保障局、市大数据发展局、市财政局等协办单位共同研究办理,现将办理情况答复如下:

　　一、工作开展情况

　　学生的营养健康关乎青少年的健康成长和全面发展,市教委高度重视,要求相关部门强化营养健康专业人才队伍建设,全力推进青少年营养健康工作。

（一）强化配餐指导。市教委组织专家编制分学段、性别、城乡、季节的家庭膳食指导等系列参考食谱，通过文件、新闻发布会等形式发布，为学校科学配餐提供参考。

（二）加强队伍建设。在全国率先为学校配备公共营养师，20××—20××年组织多期市级学校公共营养师培训，共培养出1000余名学校公共营养师。

（三）开展专业培训。建立市、区、校三级培训机制，将营养配餐培训纳入培训内容，采取"线上＋线下"等培训方式，全方位培训相关人员，为学校配备营养师。

二、下一步工作打算

针对您提出的"中小学校食堂全面配备营养师""不断加大财政资金支持力度""建立学校营养食谱管理平台""建立营养师的长效管理机制"这几项建议，市教委会同相关部门认真吸纳，以切实提高学生营养健康水平。

（一）进一步要求学校配备营养师。加强同市人力资源和社会保障局、市财政局等部门的合作，支持区县采取公开招聘、考核招聘等形式，积极招聘中小学急需的专业技术人才，并保障工资待遇，为学校配备校园食堂营养师，开展学生营养健康教育和配餐指导。

（二）进一步强化学校营养师培训。联合市卫生健康委和市疾控中心，继续加强市级学校公共营养师培训，将部分学校食堂工作者转化为公共营养师，从学校内部破解专业人才缺乏的问题。

（三）进一步推广科学配餐软件的应用。持续在区县和学校大力推广"学生电子营养师"（各所学校可免费使用这一软件），并邀请营养健康专家对相关人员进行培训。

××市教育委员会
20××年××月××日

拟写任务4　会议纪要

请根据下面这篇会议记录写一篇会议纪要，部分内容可自拟。

福祉科技公司会议记录

时间：20××年××月××日

地点：5楼第三会议室

出席人：公司各部门主任、项目经理

主持人：福祉科技公司副总经理张扬

记录人：办公室秘书王杰

会议内容：

（一）主持人讲话：今天主要讨论的是××是否投入开发以及如何开展前期工作的问题。

> （二）发言
> 技术开发部×××：……
> 办公室主任×××：……
> 市场部主任×××：……
> ……
> （三）会议决议：……
> 散会。

拟写任务5　报告

××能源控股集团有限责任公司××煤矿发生了一起较大的瓦斯爆炸事故，事故造成9人死亡，15人受伤（其中1人重伤、14人轻伤），直接经济损失达1637.73万元。请以该公司办公室的名义拟写一份报告，向上级主管部门反映事故的有关情况。部分内容可自拟。

拟写任务6　请示

请根据所给材料拟写一份请示，部分内容可自拟。

> 为了提高天昊太阳能有限公司产品的知名度，进一步将产品推向全国，天昊太阳能有限公司北京分公司拟于明年3月26日在本公司举办新产品推介会。请以天昊太阳能有限公司北京分公司办公室的名义拟写一份呈送给总公司的请示。

拟写任务7　意见

请根据下列材料，以智学教育培训集团教务处的名义起草一份教学检查的实施意见，部分内容可自拟。

> 一、主要检查内容：
> 1. 教学计划和教学大纲的执行情况、教学进度及教学效果。
> 2. 教学实践、教学管理所存在的问题。
> 3. 教师的教学态度、教学方法，作业批改情况。
> 4. 学生出勤情况、课堂纪律。
> 二、检查时间：20××年××月。
> 三、检查方式：采用教师互评、学生评议、召开学生座谈会、督导抽查等方式。

拟写任务8　决定

决定是在对重要事项或重大行动进行安排、奖惩有关单位及人员、变更或撤销下级机关不适当的决定事项时使用的公文。

请选择某一事件，拟写一篇表彰性决定。文中应体现决定的依据和决定事项。

第四章 文书拟写与处理

拟写任务 9 通报

请根据下列材料,以畅通储运公司的名义拟写一份通报,部分内容可自拟。

> 畅通储运公司南院仓库保管员陈力于20××年××月××日晚值班时违反相关规章制度,私自在仓库内做饭,不慎造成严重火灾,致使5号和7号仓库内的货物被完全烧毁,直接经济损失达160万元人民币。陈力因此受到了严重惩处。

拟写任务 10 意向书

甲、乙、丙三方准备合作开一家教育咨询公司,甲方和乙方各出资30%,丙方出资40%。三方法定代表人已达成合作意向,请就此拟写一份合作意向书,部分内容可自拟。

拟写任务 11 合同

请根据所给材料撰写一份合同,部分内容可自拟。

> 志诚电子科技有限公司(甲方)委托欣惠建筑工程有限公司(乙方)承担志诚电子科技有限公司的办公大楼的装修工程,工期为5个月。甲方在正式施工前1个月内做好"三通一平"工作,并向乙方提供施工图。乙方应提交材料质保书或合格证书。合同签订后,甲方预付50%的费用作为定金;工程完工且甲方验收合格后,甲方再付剩余的费用。甲方委派张磊为常驻现场负责人,乙方委派盖小华为现场施工负责人。

拟写任务 12 招标书

请根据下列材料拟写一篇格式规范的招标书,部分内容可自拟。

> 一、项目基本情况
> 1. 项目名称:20××年物业管理服务。
> 2. 预算金额:247.152万元(人民币)。
> 3. 最高限价:247.152万元(人民币)。
> 4. 招标内容:物业服务机构负责物业综合管理、设施设备运行维护、保洁、室内绿植养护更换等工作,提供优质服务;保证物业全天候服务的同时,要承担临时性任务及紧急任务。
> 5. 合同履行期限:自合同签订后1年。
> 二、资格要求(必须同时满足)
> 1. 满足《中华人民共和国政府采购法》第二十二条规定。
> 2. 提供的服务全部由符合政策要求的小微企业承担。
> 三、本项目的特定资格要求
> 1. 本项目不接受分支机构参与投标。
> 2. 本项目不属于政府购买服务。
> 四、采购人信息
> 名称:××市××区荣华社区卫生服务中心
> 地址:××市××区××街××号
> 联系方式:××××××××××
> 联系人:于××

拟写任务 13　投标书

请根据下面的招标公告写一篇投标书,部分内容可自拟。

后勤综合服务保障公开招标公告

一、项目基本情况

1. 项目名称：后勤综合服务保障。
2. 预算金额：474 万元(人民币)。
3. 采购需求：

(1)聘用后勤综合保障人员 22 人,包括：后勤保障管理人员 2 名,专业电工人员 2 名,专业驾驶人员 18 名。

(2)聘用后勤社会化综合服务人员 21 人,包括：食堂厨师 18 名,食堂管理员 1 名,食堂厨师长和食堂伙工各 1 名。

4. 合同履行期限：20××年 1 月 1 日至 20××年 12 月 31 日。实际的服务期限可能长于约定的履约期限,供应商应承诺持续为采购人提供服务,直至采购人确定新的服务单位为止。

5. 本项目不接受联合体投标。

二、申请人的资格要求

1. 满足《中华人民共和国政府采购法》第二十二条规定。
2. 本项目专门面向小微企业采购。
3. 为本项目提供整体设计、规范编制或项目管理、监理、检测等服务的供应商不得再参加本项目的采购活动。

三、获取招标文件

1. 时间：20××年××月××日至20××年××月××日,每天上午 8:00 至 12:00,下午 13:00 至 18:00(北京时间,法定节假日除外)。

2. 地点：××市政府采购电子交易平台。

3. 方式：供应商持 CA 数字认证证书登录××市政府采购电子交易平台并获取电子版招标文件。

四、提交投标文件截止时间、开标时间和地点

1. 截止时间、开标时间：20××年××月××日 9:00(北京时间)。

2. 地点：××市××区××路××大厦 3 层会议室。

五、相关信息

1. 采购人信息

名称：××市××管理处

地址：××市××区××路××号

联系方式：翟××,×××-××××××××

2. 采购代理机构信息

名称：××工程咨询有限公司

地址：××市××区××路××大厦3层330室
联系方式：张××，×××-××××××××
3．项目联系方式
项目联系人：张××
电话：×××-××××××××

拟写任务14　订货单

新星科技有限公司是一家生产键盘、鼠标等电脑配件的公司，请你以名腾教育咨询有限公司采购员的身份填写下方的订货单，将订货单中的相关信息具体化。

订 货 单

发货方		收货方	
单位名称		单位名称	
发货地址		收货地址	
联系人		联系人	
电话		电话	
传真		传真	
邮政编码		邮政编码	
电子邮箱		电子邮箱	
发货方式		开户行	
结算方式		账号	
商定发货时间		商定收货时间	

产品名称	规格	单位	单价	数量	金额
总金额	大写：	万 仟 佰 拾 元 角 分		（单位：元）	

订货人（签名）：
经办人（签名）：
20　年　月　日

请将货款汇至以下账户
户名：
开户行：
账号：

拟写任务 15　商品说明书

　　商品说明书一般采用的是条款式结构，条款的顺序必须与商品的正确使用方法相匹配，否则会造成用户操作失误的后果。下面是一款微波炉的"微波烹调操作说明"，共有 7 条，但条款的顺序有误，请重新排列条款的顺序。

微波烹调操作说明：
1. 将定时器转到"0"（关闭）的位置上。
2. 选择烹调火力（共有 5 种火力，适用于不同类型的食物）。
3. 若想让微波炉停止工作，打开炉门即可。
4. 根据烹调时间旋转定时旋钮，微波烹调即开始。
5. 将插头插入插座。
6. 定时旋钮回转完毕后，微波炉会发出声响，并自动停止工作。
7. 将食物放入炉内，关上炉门。

上述条款的正确排列顺序为：
（　）—（　）—（　）—（　）—（　）—（　）—（　）

拟写任务 16　调查报告

　　请根据材料中的内容和网上的有关资料写一篇社区老年食堂市场调查报告，市场调查报告应涵盖引言、市场概况、消费者需求分析、面临的问题与挑战等内容。

　　社区老年食堂是为满足老年人饮食需求而设立的一种特殊食堂，它在解决老年人"吃饭难"的问题上发挥着重要的作用。随着老龄化社会的到来，老年人群体对日常饮食的需求日益凸显。他们中的许多人面临做饭难、吃饭难的问题，特别是独居老人、孤寡老人、高龄老人、失独老人等特殊老年人群体。社区老年食堂应运而生，成为解决这一问题的有效途径。它为老年人提供了便捷的饮食服务，提升了他们的生活质量。

　　社区老年食堂通常提供早餐、午餐、晚餐等多样化的餐饮服务。饭菜种类丰富、营养均衡，荤素搭配合理，满足了老年人的膳食要求。同时，一些食堂还根据老年人的身体状况和饮食习惯，提供特定的健康套餐和时令菜品。此外，社区老年食堂还注重食品安全和卫生，确保老年人吃得放心、安心。

　　社区老年食堂的运营模式主要有以下几种。

　　（1）政府主导模式。由政府出资建设、管理和运营社区老年食堂，为老年人提供免费或价格优惠的餐饮服务。这种模式的优点是保障了老年人的就餐权益，但这种模式可能存在管理不善、运营成本高的问题。

　　（2）市场化模式。由企业或社会力量投资建设、管理和运营社区老年食堂，通过提供有偿服务来维持运营。这种模式的优点是服务质量和菜品的口感更好，但这种模式可能存在运营成本较高的问题。一些食堂采用"社区食堂＋"模式，如"社区食堂＋学堂"，通过提供多元化服务满足老年人的需求。

(3) 公建民营模式。企业利用社区养老服务站的场地资源开展助餐服务。这种模式结合了政府建设和市场运营的优势,既保证了食堂的规范化运营,又提高了运营效率。

社区老年食堂的建设和发展对于提升老年人的生活质量具有积极的意义。它的出现不仅使老年人的基本生活需求得到了满足,还促进了社区的发展。同时,社区老年食堂的出现也有助于引导社会各界给予老年人更多的关注和关怀,营造尊老、敬老、爱老的良好社会氛围。

拟写任务17　可行性研究报告

假设你刚刚大学毕业并决定自主创业,请选择一个创业项目并拟写一份可行性研究报告。

拟写任务18　请柬

请根据规范格式对下方请柬的内容进行整理,并将请柬中的人名、公司名称、时间、地点等信息具体化。

请　　柬

×××女士:时光荏苒,岁月如歌,转眼间,××公司已携手各界同仁与广大客户共同走过了辉煌的十年。这十年,是梦想启航、砥砺前行的十年;是创新不止、硕果累累的十年;更是我们心怀感恩、携手共创未来的十年。在公司成立十周年之际,我们诚挚地邀请您参加××公司成立十周年庆典活动,与我们共同回顾过去十年的风雨兼程,展望未来十年的无限可能。地点:××,时间:××。如蒙应允,不胜欣喜。此致敬礼。××公司,20××年××月××日。

拟写任务19　邀请信

请根据规范格式对下方邀请信的内容进行整理,并将邀请信中的人名、公司名称、日期等信息具体化。

邀　请　信

本公司新厂开工典礼兹定于20××年××月××日××时正式开始。×××先生:如您确能参加,请来函或来电告知您抵达的时间,以便我们提前做好接待准备。如您所知,新厂的设立是本公司的一个里程碑。您的出席将是我们莫大的荣幸。20××年××月××日。××公司。联系方式:张××,×××××××××××。

拟写任务20　贺信

请以保园物流有限公司工会的名义,写一封发送给公司员工的新春贺信。

拟写任务 21　感谢信

你上个月向某市生态环境局反馈了发电站噪声的问题。生态环境局在收到你的反馈之后，积极组织工作人员予以处理，并使问题得到了解决。请你写一封感谢信，以表达对生态环境局的工作人员的感谢。

拟写任务 22　备忘录

你是一家互联网公司的人力资源部经理。你打算请启润教育培训有限公司为你所在的公司组织为期 4 天的培训，约有 40 人参加。你需要给你的助理写一份简短的备忘录，让她与培训项目主办方取得联系，说明你想要了解的与培训有关的信息。

拟写任务 23　传真稿

请自行设计一份表格式传真稿的模板，发送传真单位和接收传真单位的相关信息应体现在传真稿中。

拟写任务 24　启事

明达高中要在新的一年里招聘新教师，你负责人力资源方面的工作，请拟写一份招聘启事，具体条件与要求自拟。

拟写任务 25　简报

请根据下面的简报模板写一份简报，应做到格式规范、要素齐全。

保密标志	简　报　名　称　　期　　　号	
编发单位		印发日期
编者按语	标　　题	
正文		
发送范围		共印份数

拟写任务 26　计划

请根据所给材料为某市文化和旅游局编写一份内容完整的旅游工作计划，并将文中的有关信息具体化，部分内容可自拟。

> 20××年全市旅游工作的总体思路是：深化改革旅游业管理体制机制，全面构建智慧旅游管理运营体系，加快建设旅游大项目，积极推动旅游业转型升级，打造东北亚门户型旅游目的地。

> 20××年,我市旅游业发展的预期目标是:游客总量超过5800万人次,同比增长10%;境外游客总量达到125万人次,同比增长5%;旅游总收入过千亿元大关,达到1065亿元,同比增长18%。
> 　　我们要实施三大战略、落实三项措施、做好三方面保障。
> 　　(一)实施三大战略
> 　　1. 实施旅游品质提升战略,打造旅游服务新品牌。
> 　　2. 实施旅游管理体制创新战略,激发旅游产业活力。
> 　　3. 实施旅游产业聚集战略,推动地方经济发展。
> 　　(二)落实三项措施
> 　　1. 全面贯彻落实《中华人民共和国旅游法》,优化旅游市场环境。
> 　　2. 加快建设旅游大项目,进一步扩大旅游产业规模。
> 　　3. 推动旅游宣传和区域合作,提升旅游吸引力。
> 　　(三)做好三方面保障
> 　　1. 加快推进智慧旅游建设,建立旅游管理信息化运作新模式。
> 　　2. 全面开展专项人才培训,提高旅游业人才质量。
> 　　3. 积极出台扶持旅游业发展的优惠政策,进一步推动旅游业转型升级。

拟写任务27　总结

请根据拟写任务26中的有关旅游工作计划的材料,拟写一篇工作总结。

拟写任务28　述职报告

你是某市文化和旅游局负责新闻宣传工作的工作人员,请根据工作的实际情况写一篇个人的年终述职报告。

拟写任务29　讲话稿

某学校准备召开先进教师表彰大会,请帮助该校校长拟写一篇讲话稿。

第二节　审核与签发

理论知识

项目一　公文的审核

一、公文审核的含义

公文审核是指在内容、形式等方面对公文进行全面的检查和修正。

二、审核的要求

（1）必须逐一纠正审核中发现的问题。
（2）一般性问题可以直接修改。
（3）若需要做较大的改动，应附上具体修改意见。

三、审核的工作程序

《党政机关公文处理工作条例》第二十条对公文的审核作出了如下的规定。

公文文稿签发前，应当由发文机关办公厅（室）进行审核。审核的重点是：

（一）行文理由是否充分，行文依据是否准确。

（二）内容是否符合党的理论路线方针政策和国家法律法规；是否完整准确体现发文机关意图；是否同现行有关公文相衔接；所提政策措施和办法是否切实可行。

（三）涉及有关地区或者部门职权范围内的事项是否经过充分协商并达成一致意见。

（四）文种是否正确，格式是否规范；人名、地名、时间、数字、段落顺序、引文等是否准确；文字、数字、计量单位和标点符号等用法是否规范。

（五）其他内容是否符合公文起草的有关要求。

需要发文机关审议的重要公文文稿，审议前由发文机关办公厅（室）进行初核。

《党政机关公文处理工作条例》第二十一条规定："经审核不宜发文的公文文稿，应当退回起草单位并说明理由；符合发文条件但内容需作进一步研究和修改的，由起草单位修改后重新报送。"

项目二　公文的签发

一、公文签发的含义

公文签发是指主管领导审核完公文后，在审核通过的终稿上写明发出此文的意见、签署本人姓名，并正式发出。

二、签发的要求

《党政机关公文处理工作条例》第二十二条规定："公文应当经本机关负责人审批签发。重要公文和上行文由机关主要负责人签发。党委、政府的办公厅（室）根据党委、政府授权制发的公文，由受权机关主要负责人签发或者按照有关规定签发。签发人签发公文，应当签署意见、姓名和完整日期；圈阅或者签名的，视为同意。联合发文由所有联署机关的负责人会签。"

三、签发的注意事项

1. 有关负责人只能签发职权范围内的相关公文，不得越权签发。
2. 有关负责人在签发前应对公文进行全面审核，进行必要的修改和补充，确保公文内容准确、完整且格式规范。

3. 签发意见要具体、明确,如"发""可印发""同意印发""清稿后发"等,避免使用模糊的表述。

4. 若多个机关联合发文,相关工作人员应做好会签工作,保证各机关负责人均履行签发手续,承担相应的责任。

5. 有关负责人应在规定的时间内及时签发公文,避免影响工作进度或错过重要时机。

6. 公文签发后,相关工作人员应妥善保管相关文件和资料,防止文件和资料丢失或损毁。

第三节　公文办理

理论知识

项目一　收文办理

一、公文办理的含义

公文办理是指公文的发出、收进、管理等一系列相互关联、衔接有序的工作。公文办理包括收文办理、发文办理、整理立卷、归档等工作。

二、收文办理的程序

收文办理的程序是:签收→登记→初审→承办→传阅→催办→答复。

（一）签收

1. 签收的含义

签收是指有关人员收到公文后,在送件人指定的单据上签字,表示已经收到。

2. 签收的要求

（1）按照投递单或送文簿对来文进行签收。

（2）若遇到误投、误送或文件损毁等情况,应当拒收。

3. 签收的工作程序

（1）清点。签收人应及时清点收到的公文,核对投递单登记的件数与实际件数是否相符。

（2）检查。签收人需要检查的项目包括:是否由本单位收件,封口是否破损。签收人确认没有问题后方可签收。

（3）签字。检查无误后,签收人应在投递单或送文簿上签字,并注明日期。

（二）登记

1. 登记的含义

登记是指对公文的主要信息和办理情况进行记录。

2. 登记的要求

(1) 根据文件的秘密程度、文件的性质对文件逐一进行登记。

(2) 不能漏登、错登。

(3) 字迹清楚、工整,格式规范。

(4) 不可随意涂抹。

(5) 登记时应填写收文号(或顺序号)、收文日期、发文机关、文件标题(内容)、密级、文件号、份数等内容。

3. 登记的工作程序

(1) 确定登记范围。凡是正式往来的公文和需要答复的公文,登记者都需要逐件进行登记。

(2) 选择登记方法。登记者要根据各种登记方法的优缺点,针对本单位的具体情况,选择适合的登记方法。

(3) 填写收文登记表。

(三) 初审

1. 初审的含义

初审是指对收到的公文进行初次审核。

2. 初审的要求

(1) 明确是否应当由本机关办理。

(2) 审核收到的公文在行文规范上是否符合要求。

(3) 审核文种的选择是否符合要求。

(4) 审核涉及其他部门的事项是否已经协商完毕。

(5) 审核收到的公文是否符合公文起草的其他要求。

3. 初审的工作程序

(1) 对于符合初审要求的公文,相关负责人可依据流程进行办理。

(2) 经初审不符合规定的公文,相关负责人应当将公文及时退给发文机关并说明理由。

(四) 承办

1. 承办的含义

承办是指有关部门或人员按照来文的要求开展具体工作或办理复文。

2. 承办的要求

(1) 对于阅知性公文,相关负责人应当根据公文的内容、要求和工作需要确定分送范围,然后再进行分送。对于批办性公文,相关负责人应当提出拟办意见,报送本机关负责人批示或者转有关部门办理;对于需要多个部门办理的公文,相关负责人应当明确主办部门。

(2) 承办人员要区分轻重缓急,明确紧急公文的办理时限并及时办理。若有明确的办理时限要求,承办人员应当在规定时间内办理完毕。

(3) 若来文内容涉及以前的收文,承办人员要查找或调阅有关文件作为参考。

(4) 对于已经承办完毕或处理完毕的公文,承办人员应及时将有关情况汇报给领导。

(5) 承办人员要妥善保存办理完毕的公文与待办的公文。

3. 承办的工作程序

(1) 阅读公文内容,了解主要精神,明确需要办理的具体事项。

(2) 研究批办意见,领会领导意图,明确领导的基本想法和要求。

(3) 开展有关工作时,承办人员应遵守有关政策、规定,结合本部门的情况,借鉴本部门以往处理相关问题的方法。

(五) 传阅

1. 传阅的含义

传阅是指根据领导批示和工作需要将公文及时发送给传阅对象。

2. 传阅的要求

(1) 迅速、准确地将公文送到接收者手中。

(2) 根据内容的重要程度确定传阅的先后次序。

(3) 先将公文送到领导手中,再发送给一般人员。

3. 传阅的工作程序

(1) 确定需要传阅的公文。需要传阅的公文包括:需要有关部门或人员了解文件精神和领导的批示意见的公文;不需要特别办理,只要求有关单位、部门、人员了解基本信息的公文。

(2) 选择传阅方式。传阅公文的方式有很多。若单位开辟了阅文室,有关人员可以在固定的时间阅文。领导可以在会议上集中传达文件精神。秘书可以复印公文并分发副本,以加快有关人员的阅文速度。秘书可以利用内部刊物发布公文,以便有关人员阅文。为了加快传阅速度,秘书可根据本单位的实际情况和公文的内容,选择合适的传阅方式。

(3) 传递文书。确定了传阅方式后,秘书应将公文准确、及时地送到接收者手中。秘书应当随时掌握公文的去向,不得漏传、误传。

(4) 履行传阅手续。秘书应要求接收者填写传阅登记单,以便掌握传阅情况。

(5) 检查文件,了解退文情况。传阅文件被退回后,秘书要认真检查有无漏传的现象发生,公文有无批办意见。秘书应对退文情况进行记录,以备查考。

(六) 催办

1. 催办的含义

催办是指有关人员在了解了公文的办理情况后督促承办部门或承办人员按期办结。

2. 催办的要求

(1) 催办中发现问题要及时汇报。

(2) 要填写催办记录单。

(3) 紧急公文或重要公文应当由专人负责催办。

3. 催办的工作程序

(1) 确定催办的范围。需要催办的公文一般包括:上级机关主送本机关的需要办理的公文,下级机关主送本机关的请示,平行机关或不相隶属机关发送的用于商洽、征询意见的函件。秘书要对领导交办的公文和急需处理的公文进行催办。

(2) 确定催办的方法。常见的催办方法包括电话催办、发函催办、登门催办、约请承办部门来人汇报等。

(3) 进行催办。对于需要催办的公文,秘书应根据重要程度和办理时限方面的要求适时对承办工作进行督促。对于领导特别关注的公文和紧急公文,秘书要进行重点催办。

（七）答复

1. 答复的含义

答复也称办复，秘书应将公文的办理结果及时告知发文机关，并根据需要告知其他相关单位。

2. 答复的要求

（1）要认真答复发文机关所提出的问题，力争做到事事有回音、件件有着落。

（2）特殊情况特殊处理。有些需要请示或商洽的问题是秘书在短时间内难以答复的。秘书可先通过电话或函件告知发文机关自己正在与有关部门联系、协商，等事情有了结果再正式行文回复。

（3）要记录答复情况，包括答复人员的姓名、答复时间、答复形式和答复的简要内容等。答复后的情况记录是领导检查工作的依据。

3. 答复的注意事项

（1）根据需要选择答复的形式。答复的形式有文复、电复、函复和面复等。

（2）答复后，秘书应将答复的结果整理成书面文件并附在公文后面。

（3）及时完成答复工作。秘书一般应在15日内办理完毕，并答复发文机关。若问题复杂，秘书无法在15日内办结，应向发文机关说明情况。

项目二 发文办理

一、发文办理的含义

发文办理是指机关单位为制发公文而开展的相关工作。

二、发文办理的要求

1. 明确行文方向

秘书应明确行文方向。若多个单位联合行文，秘书要注意区分主次。

2. 重视标题的拟定

标题的拟定要求包括以下几个方面。

（1）事由要明确。

（2）形式要规范。

（3）标题要完整。

3. 严格审核内容

秘书应重点检查以下几个方面。

（1）检查公文要件是否齐全。常见的公文要件包括正式的公文代拟稿、政策文件、领导批示文件、会议纪要等。

（2）明确是否有必要下发公文。如果只有通过下发公文才能使问题得到解决，或与面谈、电话沟通、会议沟通相比，下发文件更有助于问题的解决，秘书可选择下发公文。

（3）检查公文内容是否符合要求。公文内容应符合党和国家的路线、方针、政策和法律法规,体现上级机关的指示精神,同现行有关文件的内容相衔接,不能相互矛盾。同时,公文内容应完整、准确地体现发文机关的意图,全面、准确地反映实际情况,提出的措施和办法要切实可行。

(4) 检查公文语言是否准确、庄重、简练、规范。准确是指公文的内容准确无误,庄重是指公文的语言能够体现公文的严肃性、权威性,简明是指表达清楚明了、简洁、精练,规范是指文中的人名、地名、时间、数字、引文、单位等表述符合规范。

(5) 检查使用的公文文种是否恰当。秘书不可错用文种,不可自造文种,不可并用多个文种。

(6) 检查公文格式是否规范。公文格式包括文面格式、用纸格式、排印格式和装订格式等。秘书应根据要求认真地进行检查。

(7) 检查签发手续是否完备,公文管理信息记录得是否准确。

三、发文办理的程序

发文办理的程序为:复核→登记→印制→核发。

(一) 复核

1. 复核的含义

复核是指对于已经发文机关负责人签批的公文,相关人员在印发前对公文的审批手续、内容、文种、格式进行审核。若需要进行实质性修改,秘书应当请原签批人复审,即对公文进行二次审核。

2. 复核的要求

(1) 检查审批手续是否齐全。

(2) 检查签发手续是否齐全。公文应当经本机关负责人审批签发。重要公文和上行文由机关主要负责人签发。党委、政府的办公厅(室)根据党委、政府授权制发的公文,由受权机关主要负责人签发或者按照有关规定签发。

(3) 检查附件中的材料是否齐全。

(4) 检查公文格式是否统一、规范。

3. 复核的注意事项

(1) 对于复核后需要进行实质性修改的公文,原签批人应按程序复审。实质性修改是指涉及文稿内容的修改。

(2) 原签批人复审后,秘书应再次进行审核,以确保万无一失。

(二) 登记

1. 登记的含义

登记是指对复核后的公文的有关信息(如发文字号、分送范围和印制份数)进行记录。

2. 登记的要求

(1) 按登记簿所列内容逐项进行登记。

(2) 不能漏登、错登。

(3) 字迹清楚、工整。

(4) 不可随意涂抹。

3. 登记的工作程序

(1) 确定登记范围。凡是正式往来的公文和需要答复的公文,登记者都要逐件进行登记。

(2) 选择登记方法。登记者要根据各种登记方法的优缺点,针对本单位的具体情况,选择适合本单位的登记方法。

(3) 填写登记表。登记表的内容要全面,一般包括发文字号、公文标题、主送机关、份数、密级等。

(三) 印制

1. 印制的含义

印制是指对公文进行印刷。印制者应当在符合保密要求的场所印制涉密公文。

2. 印制的要求

(1) 字迹清晰。

(2) 版式美观大方。

(3) 印制时不随意改动原稿。

(4) 注意保密。

3. 印制的工作程序

(1) 确定需要印制的公文。印制公文要以原稿为依据,不得擅自改动原稿。

(2) 确定印制格式,版式应美观大方。印制者应根据相关要求和实际情况确定公文的字号、字体。

(3) 印刷完毕后,印制者应妥善保管印制好的公文。

(四) 核发

1. 核发的含义

核发是指在公文印制完毕后对公文的内容、格式和印刷质量进行检查并分发公文。

2. 核发的要求

(1) 检查有关人员是否按规定程序请有关领导审批公文,审批手续是否完备,审批意见是否明确,审批人是否签署全名。

(2) 检查公文中的人名、地名、时间、引文和密级、印发(传达)范围是否正确,标点符号、计量单位、数字的用法及公文格式是否符合规定。

(3) 检查发文字号是否正确。

(4) 若需要标明密级、紧急程度,应在公文上进行标注。

(5) 确定主送机关和份数。

3. 核发的工作程序

(1) 分装文件前,核发者要先审核主送机关、密级等信息,然后按要求进行分装,并在发文登记簿上进行登记。

(2) 核发者应在信封上准确写明主送机关的邮政编码、地址、名称。字迹要清楚、工整。写主送机关的名称时,核发者要写全称或者通用的简称。

(3) 如果文件属于密件、急件、亲启件,核发者应注明有关信息,在信封上加盖密件戳、急件戳,或写明"亲启"等字样。

(4) 文件封装完毕后，核发者应及时寄出文件。核发者应根据文件的性质选择邮寄方式。《党政机关公文处理工作条例》第二十六条规定："涉密公文应当通过机要交通、邮政机要通信、城市机要文件交换站或者收发件机关机要收发人员进行传递，通过密码电报或者符合国家保密规定的计算机信息系统进行传输。"

项目三 整理立卷、归档

一、立卷工作

在开展立卷工作时，各部门的有关人员需要把本部门在工作中形成的、处理完毕的具有保存价值的文件进行系统的整理，将文件编制成案卷。

二、需要立卷的文件与不需要立卷的文件

（一）需要立卷的文件

1. 上级来文
(1) 与本单位的主要工作有关且需要本单位贯彻执行的法规性文件。
(2) 涉及上级领导检查本单位工作时的重要指示、讲话的文件。
(3) 涉及上级机关召开的重要会议的会议文件。
(4) 上级机关转发给本单位的文件。

2. 下级来文
(1) 工作计划、工作总结、统计报表等文件。
(2) 简报、请示、报告等文件。

3. 同级单位或无隶属关系的单位来文
(1) 需要贯彻执行的法规性文件。
(2) 与检查本单位工作有关的文件。
(3) 涉及商洽、答复工作的文件。

4. 本单位发文
(1) 会议文件。例如，会议通知、会议报告、会议讲话、会议纪要、会议记录等。
(2) 红头文件。例如，印发、转发、合发的红头文件。
(3) 白头文件。例如，工作计划、工作总结、调查报告、统计报表、组织沿革、大事记、年鉴、合同、协议书、重要信件等。

（二）不需要立卷的文件

1. 上级来文
(1) 有关任免、奖惩非本单位人员的文件。
(2) 供下级单位开展工作时参考的文件。
(3) 征求意见稿。

2. 下级来文
(1) 参阅的简报。

(2) 不必备案的文件。
(3) 越级抄送的不需要本单位办理的文件。
3．同级单位或无隶属关系的单位来文
(1) 不需要本单位贯彻执行的会议文件。
(2) 无隶属关系的单位抄送的不需要本单位办理的文件。
4．本单位发文
(1) 临时性文件。
(2) 无利用价值的事务性文件。
(3) 未经领导签发的未生效的文稿。
(4) 一般文件的修改草稿。

三、归档

（一）归档的概念

归档是指秘书部门或业务部门的工作人员将工作中形成的具有保存价值的文件进行整理，并定期移交给档案室或负责管理档案的人员集中保存的行为。

（二）归档的注意事项

(1) 确定归档范围。一般而言，反映本单位工作情况、具有利用价值的文件均应被归档。

(2) 定期完成归档工作。秘书部门和业务部门应在完成立卷工作后定期将需要归档的文件移交给档案管理人员。

(3) 遵守归档要求。秘书部门和业务部门移交给档案管理人员的文件要符合归档标准。

（三）归档的要求

《党政机关公文处理工作条例》第二十七条规定："需要归档的公文及有关材料，应当根据有关档案法律法规以及机关档案管理规定，及时收集齐全、整理归档。两个以上机关联合办理的公文，原件由主办机关归档，相关机关保存复制件。机关负责人兼任其他机关职务的，在履行所兼职务过程中形成的公文，由其兼职机关归档。"

项目四　公文管理

一、公文管理的含义

公文管理是指对单位内部或外部的公文进行的一系列规范化、系统化的处理和保存。它是现代行政管理中不可或缺的一部分。

二、公文管理的目的

公文管理是确保单位内部信息流通顺畅的重要工作环节。规范化、系统化的公文管理有助于提高工作效率，减少工作失误，保障信息安全，为工作的开展提供有力的支持。公文管理还有助于规范工作流程，确保各项工作按照既定的程序和要求有序开展。

三、公文管理的要求

（1）各级党政机关应当建立健全本机关公文管理制度，确保管理严格规范，充分发挥公文效用。

（2）党政机关公文由文秘部门或者专人统一管理。设立党委（党组）的县级以上单位应当建立机要保密室和机要阅文室，并按照有关保密规定配备工作人员和必要的安全保密设施设备。

（3）公文确定密级前，应当按照拟定的密级先行采取保密措施。确定密级后，应当按照所定密级严格管理。绝密级公文应当由专人管理。公文的密级需要变更或者解除的，由原确定密级的机关或者其上级机关决定。

（4）公文的印发传达范围应当按照发文机关的要求执行；需要变更的，应当经发文机关批准。涉密公文公开发布前应当履行解密程序。公开发布的时间、形式和渠道，由发文机关确定。经批准公开发布的公文，同发文机关正式印发的公文具有同等效力。

（5）复制、汇编机密级、秘密级公文，应当符合有关规定并经本机关负责人批准。绝密级公文一般不得复制、汇编，确有工作需要的，应当经发文机关或者其上级机关批准。复制、汇编的公文视同原件管理。复制件应当加盖复制机关戳记。翻印件应当注明翻印的机关名称、日期。汇编本的密级按照编入公文的最高密级标注。

（6）公文的撤销和废止，由发文机关、上级机关或者权力机关根据职权范围和有关法律法规决定。公文被撤销的，视为自始无效；公文被废止的，视为自废止之日起失效。

（7）涉密公文应当按照发文机关的要求和有关规定进行清退或者销毁。

（8）不具备归档和保存价值的公文，经批准后可以销毁。销毁涉密公文必须严格按照有关规定履行审批登记手续，确保不丢失、不漏销。个人不得私自销毁、留存涉密公文。

（9）机关合并时，全部公文应当随之合并管理；机关撤销时，需要归档的公文经整理后按照有关规定移交档案管理部门。工作人员离岗离职时，所在机关应当督促其将暂存、借用的公文按照有关规定移交、清退。

（10）新设立的机关应当向本级党委、政府的办公厅（室）提出发文立户申请。经审查符合条件的，列为发文机关，机关合并或者撤销时，相应进行调整。

思考与实训题

1. 什么是收文办理？收文办理的要求和程序有哪些？
2. 什么是发文办理？发文办理的要求和程序有哪些？

第五章 文书管理、档案管理与信息管理

第一节 文书管理

理论知识

项目一 文书管理的基本知识

一、文书管理的概念和种类

广义的文书管理涉及文书的形成与运转、文书的保管与利用、文书的归档与清退等方面的管理工作。狭义的文书管理主要指有关文书的保管、利用和清退等管理工作。

按照文书管理的工作内容划分，文书管理可分为收文管理和发文管理。按照文书管理的工作形式划分，文书管理可分为集中管理和分散管理。

二、文书管理的作用和意义

文书管理的作用包括：防止文书丢失或泄密，提高文书的阅读率、利用率，为归档工作奠定基础。

加强对文书的管理有利于促进文书工作的科学化、制度化和标准化。因此，各单位应高度重视文书管理工作，不断完善文书管理制度和流程。

三、文书管理的原则和文书管理制度

文书管理的原则包括以下几点。
（1）对文书进行分类管理。
（2）注重安全性和保密性。
（3）文书应便于工作人员阅读。
（4）遵循"管而不死、活而不乱"的原则。

文书管理制度主要包括以下几种。

(1) 收文、发文登记制度。
(2) 传阅、借阅制度。
(3) 核稿签发制度。
(4) 安全保密制度。
(5) 归档制度。
(6) 清退、销毁制度。

项目二　文书的立卷工作

一、文书立卷的概念和意义

文书立卷是指有关人员将已经办理完毕的具有一定利用价值的文书，按照它们在形成过程中的联系组成案卷的过程。做好文书立卷工作有助于文书的保管和利用，有助于确保文书的完整性和系统性。

二、文书立卷工作的要求

各部门的文书立卷人员应当把本部门工作中形成的具有保存价值的文书进行系统整理，将其编制成案卷。文书立卷工作是文书管理的重要环节，它要求文书立卷人员系统、有序地对文书进行整理、分类、归档，以便于后续的查阅和利用。

三、文书立卷的步骤

一般而言，文书立卷由编制立卷类目、平时归卷、调整组卷、编目定卷四个步骤组成。

(一) 编制立卷类目

文书立卷人员应根据文书的内容和性质合理确定案卷的分类体系，通常可以按问题、作者、时间等特征进行分类。文书立卷人员还应对案卷进行编号，以便于后续的管理和查找。编号的编制应遵循一定的规则，如采用层次编号法，以确保编号的唯一性和有序性。

(二) 平时归卷

文书立卷人员应随时清理文书，及时将处理完毕的文书收集起来，避免遗漏或丢失。文书立卷人员还应按照案卷类目将文书放入相应的卷夹或卷盒中，并对已归卷的文书进行定期检查。

(三) 调整组卷

文书立卷人员若发现归卷不准确，要及时进行调整，确保归卷工作的质量。在组合案卷时，文书立卷人员要注意文书之间的内在联系，确保同一案卷内的文书在内容上具有相关性。对于重复或多余的文书，文书立卷人员要及时进行剔除，避免浪费存储空间。文书立卷人员可根据文书的重要性和时间顺序等因素，对案卷内的文书进行合理排序。

(四) 编目定卷

文书立卷人员应为案卷内的每份文书编写页号，并填写卷内文书目录(包括文书的序号、责任者、标题、日期、页次等信息)。案卷标题应准确概括卷内文书的主要内容，便于相关人员查找和利用。

思考与实训题

1. 开展文书管理工作应遵循哪些原则？
2. 文书立卷包括哪几个步骤？

第二节 档案管理

理论知识

项目一 档案的基本知识

一、档案的概念和特征

档案是指国家机构、社会组织和个人在社会实践活动中形成的具有保存价值的原始记录，涉及文字、图像、声音等不同形式。

档案具有社会性、历史性、确定性和原始记录性等特征。原始记录性是档案的主要特征。

二、档案的种类

根据不同的划分标准，档案可分为不同的种类。

（1）公务档案和私人档案。公务档案是指政府机关或其他社会组织在公务活动中形成的档案。私人档案是指个人在私人活动中形成的档案。

（2）历史档案和现行档案。历史档案是指形成时间较早、有关历史事件或人物活动等内容的档案。现行档案是指形成时间较晚、对人们的现实工作和生活能够产生实际作用的档案。

（3）文书档案、科技档案和专门档案。文书档案是指在行政管理活动中由各种行政公文转化而成的档案。科技档案是指在科技活动中由科技文件转化而成的档案，如图纸、设计任务书、科研报告等。专门档案是指在专业性较强的活动中形成的档案，如财务档案、人事档案、诉讼档案、病历档案等。

项目二 档案的分类和检索

一、档案分类

（一）档案分类的含义

档案分类是指根据来源、时间、内容和形式等方面的异同，将档案划分为若干层次和类别。

(二)档案分类的方法

常见的档案分类方法有年度分类法、组织机构分类法和问题分类法。在实际工作中,档案管理人员常常综合使用多个分类方法。常用的分类方法包括以下几种。

(1) 年度-组织机构分类法。档案管理人员需要先将单位的档案按年度进行分类,然后在每个年度内再按组织机构进行分类。

(2) 年度-问题分类法。档案管理人员需要先将单位的档案按年度进行分类,然后在每个年度内再按问题进行分类。

(3) 组织机构-年度分类法。档案管理人员需要先将单位的档案按组织机构进行分类,然后按年度对每个组织机构的档案进行分类。

(4) 问题-年度分类法。档案管理人员需要先将单位的档案按问题进行分类,然后按年度对涉及每个类型的问题的档案进行分类。

有时,档案管理人员还可依据保管期限对档案进行分类。

(三)档案分类的要求

档案分类应当符合档案的自身特点。档案管理人员要从实际出发,科学地选择分类方法,合理地设置类目,准确地归类,使档案能够系统地反映本单位的工作全貌。

二、档案检索

(一)档案检索工作

档案检索是指工作人员根据工作需要查找自己所需的档案。随着信息技术的不断发展,档案检索也不断向着智能化、网络化的方向发展。

(二)档案检索工具

档案检索工具是连接档案管理人员与利用者的纽带。档案管理人员可以借助它迅速、准确地提供档案,利用者可以通过它了解档案的基本情况。

在实际工作中,档案管理人员应当根据需要编制不同类型的档案检索工具。

(1) 归档文件目录。档案管理人员应当按照一定的体系和方法编制归档文件目录,此目录应涵盖件号、责任者、文号、标题、日期、页数和备注等项目。

(2) 分类目录。档案管理人员可根据体系分类法,遵循一定的逻辑编制分类目录。档案管理人员可设计并填写分类卡片,并争取做到"一文一卡"或"一卷一卡"。

(3) 主题目录。档案管理人员可依据主题词编制用于检索的主题目录。

(4) 人名索引。档案管理人员可采用姓氏笔画排列法、汉语拼音排列法等方法编制人名索引。

(5) 全宗指南。档案管理人员可以采用文字叙述的形式编写全宗指南,说明档案的主要情况。

项目三　档案鉴定

一、档案鉴定的工作内容

开展档案鉴定工作时，档案管理人员需要按照一定的原则、方法和标准，判断档案的价值，确定档案的保管期限，剔除失去保存价值的档案并予以销毁。

二、档案鉴定的工作方法

档案管理人员应按照如下方法开展档案鉴定工作。

（一）判断档案是否需要保存

档案管理人员应对档案的价值进行初步判断，确定档案是否有保存的价值。

（二）分析档案价值

（1）分析档案来源。一般来说，涉及重要单位、重要人物的档案的价值相对较大；本单位的档案比外单位的档案更有价值；以单位为名义形成的档案的价值大于单位内部组织机构形成的档案的价值。

（2）分析档案的内容。档案的价值是通过内容体现出来的。反映党和国家有关方针政策、反映本单位主要职能活动的档案的价值较大，内容独特、新颖的档案更具保存价值。

（3）分析档案的形式特征。档案产生的时间越早，相关信息越少，档案越珍贵；与决定、决议、命令、批示、条例、纪要、报告有关的档案的价值要比与通知、简报、来往函件有关的档案的价值高；定稿、正本的保存价值大于草稿、副本。

（4）分析档案的功能。档案所具有的功能直接决定其价值的大小。

（三）确定档案的保管期限

在短期内保管的档案主要是那些在较短时间内对本单位工作的开展有所帮助的档案。这些档案具有一定的利用价值和参考价值。

需要长期保管的档案主要是那些能反映本单位的一般工作情况、在较长时间内对本单位工作的开展有所帮助的档案。

需要永久保管的档案主要是那些能反映本单位主要职能和基本历史面貌的档案，以及有较高利用价值的涉及本单位的发展、国家的建设和历史研究的档案。

（四）对保管的档案进行复审

保管期限届满时，档案管理人员要对档案的价值再次进行评估，审查其是否丧失保存价值，以确定是继续保存还是予以销毁。

三、档案鉴定的工作要求

档案管理人员进行档案鉴定时要逐件、逐页阅读档案内容，综合分析档案的各方面特征，并结合人们对档案的需求判断档案的价值。

项目四 档案的利用、保存和管理

一、档案的利用

档案管理部门及档案管理人员应向希望了解情况、查询问题的利用者提供档案，以满足利用者的需求。档案利用是档案工作的目的和出发点，档案管理人员积极主动地提供档案才能使档案实现自身的价值。

二、档案的保存

档案管理人员需要根据档案的形式和状况科学地管理档案，确保其完整性。档案保存工作主要包括库房管理、对流动中的档案进行保护、为延长档案寿命而对档案进行技术处理。开展档案保存工作时，档案管理人员要注意防火、防水、防潮、防霉、防光、防尘。

三、编写档案参考材料

档案管理人员应根据档案的实际情况编写供人们参考的材料。编写档案参考材料前，档案管理人员必须首先掌握丰富的档案材料。编写出来的档案参考材料应真实、准确、实用，语言应具有概括性。

四、电子档案的管理要求

电子档案是指在计算机系统中形成的具有利用价值的原始记录。档案管理人员在对电子档案进行管理时要做到如下几点。

（1）真实。档案管理人员应保证电子档案的真实性，确保电子档案的内容经过传输、迁移和处理后保持不变，与原始内容一致。

（2）完整。档案管理人员应确保电子档案的完整性，每份电子档案的内容都不能被遗漏。

（3）可读。档案管理人员应确保电子档案在经过存储、传输、压缩、加密、迁移后能够被读取。

五、档案管理制度和模式

档案管理制度是人们科学管理档案、做好档案管理工作的重要依据，也是监督、指导、检查本单位档案管理工作的必要手段。档案管理制度包括档案业务管理制度和档案行政管理制度两大类。档案业务管理制度是有关档案收集、整理、鉴定、保管、统计、利用等业务的制度。档案行政管理制度是指与档案事务的宏观管理有关的规章制度，建立该制度旨在保证档案工作的顺利进行和档案事业的持续发展。档案管理制度的制定要符合有关法律法规的要求，二者不能互相冲突。档案管理制度应具有一定的灵活性，与单位内部其他各项管理制度相衔接，符合本单位工作的实际情况；制度的内容要具体、明确，有可操作性。

一般来说，专门的档案机构会承担单位的档案管理工作。常见的档案机构是档案室和档案馆。档案机构的主要职责包括：贯彻执行有关档案工作的法律法规和相关政策，建立健全本单位档案工作的各项规章制度;统一管理本单位的档案和档案工作;对下属单位的档案工作进行监督和指导;对本单位业务职能部门的文件归档工作进行指导。

思考与实训题

1. 档案包括哪些种类?
2. 在档案管理的实际工作中,档案管理人员可采用哪些档案分类方法?
3. 在进行档案鉴定时,档案管理人员应从哪几个方面分析档案的价值?
4. 怎样理解"档案利用是档案工作的目的和出发点"这句话?

第三节 信 息 管 理

理论知识

项目一 信息和信息工作

一、信息的概念、特征和种类

(一) 信息的概念

信息是指音讯、消息、信息系统传输和处理的对象,泛指人类社会传播的一切内容。

(二) 信息的特征

信息具有客观性、时效性、可塑性、依附性、传递性、共享性、开发性、无限性。

(1) 客观性。客观性是信息的基本特性,因为信息是对事物的客观描述和具体反映。真实的信息往往才是有价值的信息。

(2) 时效性。时效性是指信息的价值和作用会随着时间的推移而发生改变。某些信息只能在一定的时间范围内体现其最大价值,过时的信息往往不具备使用价值。

(3) 可塑性。信息可以被归纳、综合、提炼。人们可以改变信息的形态,以便于利用。

(4) 依附性。信息只有依附于一定的物质载体才能被保存下来。

(5) 传递性。信息可以借助一定的媒介或一定的载体进行传递。

(6) 共享性。由于信息可以依附于不同的载体,并且信息在传播的过程中不会减少或消失,因此,信息在一定的时间内可以供众多主体使用。

(7) 开发性。信息是一种取之不尽、用之不竭的资源,可以被充分开发和利用。

(8) 无限性。随着时间的推移,信息会不断地产生。

(三) 信息的种类

在现实生活和工作中,人们会接触到各种各样的信息。按照不同的标准划分,信息可以分为不同的类型。

（1）按照信息内容涉及的社会领域划分,信息可以分为政治信息、经济信息、文化信息、科技信息、教育信息、军事信息和体育信息等。

（2）按照信息的表现形式划分,信息可以分为文字信息、图像信息、声音信息和多媒体信息。

（3）按照信息源的性质划分,信息可以分为社会信息和自然信息。

（4）按照信息的状态划分,信息可以分为静态信息和动态信息。

（5）按照信息来源划分,信息可以分为横向信息和纵向信息。

（6）按照信息在工作中的作用划分,信息可以分为预测型信息、动态型信息和反馈型信息。

二、信息工作

信息工作是指为了某一特定目的有意识地去收集、整理、传递、存储、反馈和利用信息的一系列活动。信息工作包括以下几个环节。

（1）信息收集。信息收集是指通过各种渠道和方式获取信息。

（2）信息整理。信息整理是指对原始信息进行分类、筛选、审核,使其成为有价值的信息。

（3）信息传递。信息传递是指通过媒介或载体将信息传递给信息接收源。

（4）信息存储。信息存储是指用科学的方法将有价值的信息保存下来,以便日后使用。

（5）信息反馈。信息反馈是指根据信息利用的效果,将相关信息反馈给相关人员或组织,以便其对后续的信息工作进行调整和优化。

（6）信息利用。信息利用是指将处理后的信息应用于实际工作中,为决策提供支持,推动工作的顺利开展。

项目二　信息的收集、筛选和分类

一、信息的收集

（一）收集信息的方法

收集信息的方法是多种多样的,常见的收集信息的方法有如下几种。

（1）观察法。观察法是指观察者直接通过感官或其他工具认识客观事物并获取信息。观察法的特点是简单、灵活,观察者通常能获得较为客观的信息,但通过观察法获得的信息量通常是比较有限的,观察者获得的深层次的信息比较少。该方法适用于对环境、人物、事件的实际状况的了解。

（2）阅读法。阅读者可以通过阅读书籍、报纸、杂志获取信息。阅读法的特点是获取信息方便,获得的信息量大,信息的涉及面广,信息的适用性强;但是书籍、报纸、杂志中的信息未必是准确的,阅读者要对信息的准确性进行判断。

（3）询问法。人们可以通过询问的方式获取信息。询问法包括当面询问、电话询问和书面询问等方式。询问法的特点是灵活、实用。询问者在交流的过程中能获得语言信息和非语言信息,通过询问法获得的信息的价值是比较大的,但时间成本较高、规模较小。询问者需要掌握一定的询问技巧,具备良好的沟通能力。

(4)问卷法。调查者可以向被调查者提供问卷,并请其对问卷中的问题进行回答,并由此获取信息。通过问卷法收集到的信息具有客观性,便于调查者进行定量分析,有助于节省人力、财力和时间,但问卷的质量有时难以得到保证。被调查者通常需要有一定的文化水平。

(5)网络法。人们可以通过网络收集所需的信息。

(6)交换法。人们可以将自己所拥有的信息与他人进行交换,从而实现信息共享。

(二)收集信息的渠道

信息收集者要善于通过多种渠道收集信息。常见的信息收集渠道有以下几种。

(1)传统媒体和互联网。传统媒体包括报纸、杂志、广播、电视等,它们是人们获取信息的重要渠道。人们还可以借助互联网,登录特定行业或领域的网站,了解所需的专业知识和最新动态。

(2)图书馆。图书馆藏书丰富,是人们阅读书籍的重要场所。

(3)信息机构。部分信息机构专门从事市场研究、数据分析等工作,能够提供专业的市场报告、行业分析报告、消费者行为研究报告。

(4)各类会议或活动。人们可以通过参加各种类型的会议或活动与相关人士进行交流,并获得相关信息。

(5)人际关系。人们可以与同事、朋友、家人、行业专家进行交流,并获取第一手的信息。

(6)调查。人们可以通过有目的、有重点地开展调查来收集信息。

(三)收集信息的要求

在现代社会,信息越来越复杂多样。只有收集到的信息有价值,人们才能更好地利用这些信息。因此,人们要收集有价值的信息、具有时效性的信息、针对性强的信息。在收集信息时,收集者要全面、系统地收集各个方面和各个层次的信息,避免遗漏关键信息。同时,收集者要注重信息的内在联系和逻辑关系,确保信息的完整性和连贯性。

二、信息的筛选

(一)信息筛选的含义

信息筛选是指对收集到的大量信息进行鉴别,通过判断信息的价值选出所需的信息。

(二)信息筛选的要求

(1)要选择对工作有指导意义、与业务活动密切相关的信息。

(2)要选择具有时效性的信息。

(3)要选择有助于预见未来发展趋势的信息。

(4)要选择来源可靠的信息。

(5)要剔除虚假的、过时的、重复的、不具有实用性的信息。

三、信息的分类

(一) 信息分类的含义

信息分类是指根据一定的分类原则和方法，按照信息的内容、性质和特征对信息加以分类。

(二) 信息分类的方法

(1) 主题分类法。主题分类法是指根据信息的主题进行分类。

(2) 时间分类法。时间分类法是指根据信息形成的时间进行分类。

(3) 字母分类法。字母分类法是指根据作者姓名、单位名称、标题等项目的拼音的首字母(或其他特定字母)进行分类。

(4) 数字分类法。数字分类法是指根据信息的数值特征进行分类。

(5) 地区分类法。地区分类法是指根据信息所涉及的地区进行分类。

(三) 信息分类的要求

(1) 注重科学性、系统性、逻辑性和实用性。

(2) 在分类前明确分类体系、分类标准和分类层次。

(3) 准确归类，明确各子类的界限。

项目三　信息的校核、传递和存储

一、信息的校核

(一) 信息校核的含义

信息校核是指对经过初步甄别的信息进行进一步的核实，以分析信息的可靠性和准确性，判断信息的真实性。

(二) 信息校核的方法

(1) 溯源法。信息工作者需要对收集到的信息的源头进行追溯，查找信息的最初来源。

(2) 核对法。信息工作者需要将已有信息与最新的权威材料进行对照，发现并纠正信息中存在的某些差错。

(3) 逻辑法。信息工作者需要对信息的内部逻辑进行分析，从而辨别其真伪。

(4) 调查法。信息工作者需要通过开展调查的方式来验证信息的准确性。

(5) 数理统计法。信息工作者需要利用数理统计的原理和方法对信息进行统计和分析，以核实信息的准确性。

(三) 信息校核的要求

(1) 排除主观因素的干扰。

(2) 要以原始信息为基础。

(3) 要根据不同的场景和需要选择合适的校核信息的方法。

二、信息的传递

(一) 信息传递的方向

(1) 内向传递。内向传递是指为了协调工作在单位内部进行信息交流。

(2) 外向传递。外向传递是指为了协调工作向单位外部传递信息。

(二) 信息传递的要素

信息传递的三要素是信源、信道和信宿。

(1) 信源。信源即信息的来源。

(2) 信道。信道即信息传递的通道。

(3) 信宿。信宿是信息的接收者,负责接收、解码和处理从信源发出的信息。

(三) 信息传递的形式和要求

常见的信息传递形式包括文字传递、图像传递、声音传递、网络传递等。

信息传递者在传递信息时应做到如下几点。

(1) 了解信息传递对象、传递方式、传递时间。

(2) 主动、及时地将信息传递给接收者。

(3) 如果传递的是保密信息,应在一定范围内进行传递。

(4) 在传递信息的过程中保证信息不失真。

三、信息的存储

(一) 存储信息的载体

(1) 纸质载体。纸质载体是目前使用最为广泛的信息存储载体,通过纸质载体存储信息具有便于记录和阅读的特点。

(2) 磁性载体。磁性载体是指将磁性材料作为信息存储介质的载体。磁带、磁盘都是较为常见的磁性载体。

(二) 存储信息的流程

(1) 登记。信息工作者需要记录信息的主要情况和特征。

(2) 编码。信息工作者需要对存储的信息进行科学的编码。信息的编码一般由字母或数字组成。

(3) 排列。信息工作者需要对经过编码的信息进行排列。常用的排列方法包括:时序排列法、来源排列法、内容排列法、字顺排列法。

(4) 保存。信息工作者可采用手工存储、计算机存储等方式存储信息。

(5) 管理。信息工作者要妥善管理信息,避免信息泄密。信息工作者还要及时对信息进行更新,删掉失去保存价值的信息,不断扩充新的信息。

(三) 存储信息的要求

(1) 要存储有价值的信息。

(2) 要对信息进行分类存储。

(3) 要选择便于查找和利用信息的存储方式。

(4) 要根据信息内容确定存储期,及时清理过期的信息。

项目四 信息的开发、利用和反馈

一、信息的开发

(一) 信息开发的类型

按照信息的加工程度划分,信息开发可分为一次信息开发、二次信息开发和三次信息开发。

一次信息开发的主要任务是将无序信息转变为有序信息,提高信息的利用率。编制简报属于一次信息开发。编制简报时,信息工作者应根据需要选择材料,对材料中有价值的信息进行筛选、组合、编辑。

二次信息开发的主要任务是对一次信息进行加工和整理,并形成新的信息。编制索引、目录属于二次信息开发。编制索引时,信息工作者需要提取关键信息、建立索引项、为索引项排序。编制目录时,信息工作者需要根据章节内容或标题筛选信息,并设计目录结构。

三次信息开发是指在一次信息开发和二次信息开发的基础之上,通过分析和概括挖掘更深层次的信息。编写简讯和调查报告属于三次信息开发。编写简讯时,信息工作者需要用简明扼要的语言描述最新的动态。编写调查报告时,信息工作者需要对通过调查获取的信息进行分析和整理,使调查报告的内容能够反映事实。

(二) 信息开发的方法及要求

1. 信息开发的方法

信息开发有多种方法,信息工作者在实际工作中要善于选择和运用以下方法。

(1) 汇集法。汇集法即把有关某一主题的信息按照一定的标准汇集在一起。

(2) 归纳法。归纳法即将有关某一主题的信息集中起来,进行系统性分析。

(3) 纵深法。纵深法即把若干具有内在联系的信息或不同时期的信息进行纵向比较,从而形成新的信息材料。

(4) 连横法。连横法即把若干来源不同的信息按照某一主题进行横向比较和分析,从而形成新的信息材料。

(5) 浓缩法。浓缩法即对信息进行压缩,以突出主题。

(6) 转换法。转换法即通过某种转换手段将不易被人们理解的信息转换为易于被人们理解的信息。

(7) 图表法。图表法即将有一定规律的信息以图表的形式呈现出来。

2. 信息开发的要求

(1) 注重调查研究。

(2) 通过各种渠道全面、及时地获取信息。

(3) 充分利用信息网络开发系统和信息开发技术。

(4) 重视对信息的综合分析、提炼和概括。

(5) 开发有特色、利用价值大、可信度高的信息。

二、信息的利用和反馈

(一) 信息的利用

利用信息时,人们要了解信息的内容和利用需求,然后选择利用的途径,以获取自己所需的信息。在利用信息的过程中,人们要严格遵守相关的法律法规,尊重他人的知识产权和隐私权,不能非法获取、传播或使用信息。

(二) 信息的反馈

1. 信息反馈的类型

信息反馈的类型有以下几种。

(1) 纵向反馈和横向反馈。纵向反馈是适用于向上级部门反映执行情况的信息反馈形式,横向反馈是适用于向同级单位或部门反映有关情况的信息反馈形式。

(2) 正反馈和负反馈。有关成绩、经验的信息反馈为正反馈,有关问题、失误的信息反馈为负反馈。

(3) 前反馈和后反馈。信息接收者在信息发出者发出信息前给予的反馈是前反馈,信息接收者在信息发出者发出信息后给予的反馈是后反馈。

2. 信息反馈的形式

常见的信息反馈的形式包括连续型信息反馈、系列型信息反馈和广角型信息反馈。

(1) 连续型信息反馈。连续型信息反馈是指在短期内对工作过程中的某个关键问题连续不断地进行反馈。

(2) 系列型信息反馈。系列型信息反馈是指按不同的发展阶段将工作活动的全过程进行系统的反馈。

(3) 广角型信息反馈。广角型信息反馈是指从不同的角度对工作过程进行反馈。

3. 信息反馈的要求

(1) 反馈时间要短。

(2) 反馈的内容要准确、真实、全面。

(3) 反馈的内容应具有针对性。

项目五　信息决策服务和信息工作制度

一、信息决策服务

(一) 信息决策服务的主要内容

(1) 决策前的信息超前服务。

(2) 决策中的信息跟踪服务。

(3) 决策后的信息反馈服务。

(二) 提供信息决策服务的方法

常见的提供信息决策服务的方法包括调查法、比较法、预测法、综合法、优选法。

（三）提供信息决策服务的要求

（1）提供多渠道的信息。信息提供者要主动、积极地提供通过各种渠道获取的有效信息。

（2）客观、有针对性地提供信息。信息提供者要提供准确、真实、完整的信息，提供能直接反映决策项目有关内容的信息。

（3）及时补充、更新信息。如果信息不完备或条件、环境发生变化，信息提供者要及时补充信息、更新信息。

二、信息工作制度

（一）信息工作制度的内容

信息工作制度是人们需要共同遵守的、有助于确保信息工作正常开展的规则和要求。信息工作制度涉及信息的收集、整理、传递、存储、反馈和利用等各个环节。建立信息工作制度有助于提高管理效率、促进科学决策、优化资源配置、规范工作流程。

（二）信息工作制度的制定要求

（1）明确制定信息工作制度的总体目标。

（2）明确信息收集的范围、渠道、流程，确保信息的全面性、准确性。

（3）明确信息管理部门的具体职责，如制订信息工作计划、组织实施信息收集工作等。

（4）建立信息工作的考核评估机制，以便于对信息工作的质量进行评估。

思考与实训题

1. 信息工作包括哪些环节？
2. 常见的收集信息的方法有哪些？
3. 信息校核的方法有哪些？
4. 常见的信息传递的形式有哪些？
5. 信息开发的方法有哪些？
6. 人们应如何利用信息？
7. 提供信息决策服务的要求有哪些？
8. 筛选信息的要求有哪些？

第六章　秘书理论与实务拓展练习题

一、案例分析题

（一）请在下面的材料中找出秘书初萌的正确行为或错误行为

人物：
秘书初萌　钟苗　李运　王经理　人力资源部刘芳　钟声（初萌的男朋友）

物品：
电脑　打印机　传真机　文件　笔记本　复印纸　笔　绿色植物

场景：
秘书办公室里有桌椅、电脑、传真机、沙发、电话等。

情景 1：
初萌发现窗台上的花有了几个枯叶，就把花盆搬到办公室门外的过道上，给花浇水。电话铃声响起，初萌急忙走进办公室接电话："你好，蓝天公司，我是秘书初萌。"

钟苗："初萌，我这边有点事，现在过不去，把昨天我打印的会议通知通过传真给分公司发过去吧，再帮我打印几份。"

初萌说："啊？我已经给分公司发电子邮件了！"

有人敲门。

初萌："请进！"一位小伙子进来了。

"你好，请坐。"初萌站了起来，热情地用右手示意客人坐下。

小伙子做了自我介绍，并递给初萌一张名片。初萌用右手接过名片，看了看说："谢谢，哦，李运。"之后，她就把名片顺手放在了办公桌上，然后忙着给李运倒水。

李运："我找你们王经理，他在吗？"

初萌："我问问吧，请稍等。"

初萌拨通了王经理的电话。

初萌："王经理，我是初萌，李运先生来公司找您，他现在在办公室呢。"

王经理："哦，他来了，快领他来我办公室。"

情景 2：
初萌领客人去见王经理。初萌轻轻叩门。

王经理："请进！"

客人与初萌走进了王经理的办公室。

初萌先面向李运，右手指向王经理说："李先生，这位是王经理。"之后，初萌又换了个方向，对着王经理，右手指向李运说："这位是方环公司的销售员李先生。"

李运与王经理开始进行业务方面的交流。

送走客人后，初萌在来访者登记表上进行了登记。

情景3：

初萌按照钟苗的要求立即发送传真。分公司的传真机处于自动接收状态，她就一一发送了过去。全部发送完毕后，初萌在发送传真记录本上做了记录。

初萌暂时不用传真机了，便直接将传真机的电源插头拔掉了。

人力资源部刘芳："初萌，把剪刀给我用一下好吗？"

初萌："好的。"初萌左翻右翻，却怎么也找不到。

刘芳："算了，别找了。"

刘芳又说："对了，你不用电脑的话，让我上会儿网行吗？我办公室的电脑都有人用着呢。"

初萌爽快地说："没问题。"

过了一会儿，电话铃声响了，是初萌的男朋友钟声打来的电话。

钟声："小萌，你早出来一会儿，咱们一块吃饭去，去海鲜大排档。"

初萌："这才几点呀，我这儿事儿多着呢，晚上再说吧。"

钟声："要不晚上咱们去体育中心健健身吧。我今天没事，就看你有没有时间了。你快点把事儿忙完，早一点出来，行不？"

这时，钟苗回到了办公室，问初萌："传真都发了吗？"

初萌说："发过了。"

初萌急忙挂断了电话。

钟苗看见办公室门外的过道上有水，就问初萌："哪来的水呢？"

初萌回答："谁知道呢？"

钟苗问初萌："我让你打印的会议通知打印好了吗？"

初萌慌忙地从电脑中调出了会议通知的电子文本。

召开业务检查工作会议的通知

各分公司、部门：

兹定于20××年9月6日8时在总公司第二会议室召开业务检查工作会议，请各分公司、部门的主管领导、主任按时出席，并准备好相关的文件资料。

蓝天公司总经理室

20××年8月6日

初萌在电脑上选择纸张时的操作步骤为：文件→页面设置→纸张→纸张大小→B5。

参考答案：

1. 清理花盆内的枯叶。（正确行为）
2. 将花盆搬到人们必经的过道上，妨碍了人们走路。（错误行为）
3. 电话问候语使用恰当。（正确行为）
4. 未经批准以电子邮件的方式给分公司发会议通知。（错误行为）
5. 接待客人有礼貌，举止得体。（正确行为）
6. 接名片的方式有误。（错误行为）
7. 接待未预约的客人时向领导请示。（正确行为）
8. 进入经理办公室前先敲门。（正确行为）
9. 先把职位高的介绍给了职位低的。（错误行为）
10. 对来访者的相关信息进行了登记。（正确行为）
11. 未确定传真的指定接收人。（错误行为）
12. 乱放物品。（错误行为）
13. 让别人使用自己的电脑。（错误行为）
14. 关闭传真机的操作不规范。（错误行为）
15. 利用工作时间接私人电话。（错误行为）
16. 未在上班时间脱岗。（正确行为）
17. 没能勇于承认错误。（错误行为）
18. 没有及时打印文件。（错误行为）
19. 打印文件时选择使用 B5 纸。（错误行为）
20. 打印文件前未进行整体排版。（错误行为）

（二）请在下面的材料中找出秘书钟苗的正确行为或错误行为

人物：

秘书钟苗　秘书初萌　王总　吴会计　客人

物品：

电脑　复印机　饮水机　A4 复印纸　笔　电话记录本　文件　空白介绍信　印章

场景：

秘书办公室有时钟、电话、桌椅、电脑、复印机、沙发、文件柜等。

情景 1：

周一早晨，秘书钟苗穿着一身运动装走进了办公室，恰巧听见办公室的电话铃声响了起来。她急匆匆地接听电话，慌乱中忘了拔出插在门锁上的钥匙。

王总："钟苗，赶紧到档案室帮我查一下辽政办发〔20××〕16 号和国办发〔20××〕44 号这两个文件，再分别各复印 5 份，一会儿我派人到你那儿取。我在外边谈事呢。"

钟苗用左腮和左肩夹住话筒，两手焦急地在抽屉里翻找钢笔，并回复："我马上办。"

财务部吴会计走进来，看到了门锁上插着的钥匙后说："这是谁的钥匙?"他随手拔出钥匙，并说："钟苗，请帮忙开个介绍信，我明天出差的时候要用。"

钟苗正通过回忆在小纸条上写着王总要的两个文件的发文字号。

钟苗对另一名秘书说:"初萌,你到档案室找找这两个文件,然后各复印 5 份。"她将写好的小纸条递给了初萌。

初萌正准备去档案室,钟苗追上去叮嘱她:"别忘了填写档案跟踪卡呀。"

钟苗拿出空白介绍信并从保险箱里取出印章。

钟苗对吴会计说:"我和小初忙着给王总找文件呢,他急着用。介绍信你就自己开吧,你不是也会弄嘛。"

吴会计:"这样不好吧,还是你来吧,出了问题我可没法担责任。"

于是钟苗写好了介绍信,先盖上了一个落款章,又盖上了骑缝章,然后把介绍信递给了吴会计。

初萌从档案室取来了那两份文件并准备复印,但复印纸用完了。

初萌跟钟苗说:"钟秘书,纸用完了。"

钟苗指了指柜子上面说:"在那儿,拿吧。"

初萌脱下鞋子,站到桌子上面,在柜子的上面翻找。

情景 2:

有人急促地敲门。

钟苗:"请进!"

一位客人走了进来,说:"王总让我来取文件。"

钟苗微笑着走上前去,说:"你好,请坐。"钟苗在说话的同时用右手示意他坐到沙发上。

钟苗:"正在印呢,马上就好了,请稍等。"

钟苗这时已顾不得招待客人了,由于时间紧迫,她也开始帮助初萌装订文件。

情景 3:

钟苗将客人送到电梯间,并帮忙按了下行按钮。电梯开门后,钟苗一手按住下行按钮,另一手挡住电梯侧门,礼貌地说:"请进,再见!"电梯门关上后,她才返回。

钟苗与初萌一起将凌乱的桌面收拾整洁,将装有 A4 纸的大箱子放到了柜子的最下层。

钟苗:"初萌,一会儿你到第二会议室检查检查,看看还缺什么,例会在那儿开。"

初萌:"好的,我马上去。"

钟苗坐在电脑前修改新增加的会议讨论内容,接着给各分公司发电子邮件。

参考答案:

1. 着装不符合秘书职业要求。(错误行为)

2. 能及时接听电话。(正确行为)

3. 把钥匙留在门锁上。(错误行为)

4. 电话应答语不规范。(错误行为)

5. 接电话的动作不规范。(错误行为)

6. 未将用于记录来电内容的笔和本子放在电话旁边。(错误行为)

7. 未将有关信息记在正规的电话记录本上。(错误行为)

8. 能够提醒其他秘书填写档案跟踪卡。(正确行为)

9. 将印章放在保险箱中。(正确行为)

10. 让其他人开具介绍信、盖印章。（错误行为）
11. 介绍信上不但盖上了落款章，还盖上了骑缝章。（正确行为）
12. 用印未经领导批准，未填写用印申请单，用印后未进行用印登记。（错误行为）
13. 体积大的办公用品被放在高处。（错误行为）
14. 接待用语符合要求。（正确行为）
15. 让客人受到冷落，并使客人久等。（错误行为）
16. 没能在客人带走文件之前与王总联系，未确认客人的真实身份。（错误行为）
17. 送客人乘坐电梯时行为恰当。（正确行为）
18. 将较大、较重的办公用品放在了柜子下面。（正确行为）
19. 能够事先做好例会的准备工作。（正确行为）

（三）请在下面的材料中找出秘书高叶的正确行为或错误行为

人物：

秘书高叶　总经理苏明　秘书钟苗　部门负责人　高叶妈妈　技工部同事若干名　小王

物品：

电话　U盘　计算机　投影仪　茶具　矿泉水　文件资料　手机

场景：

高叶办公室　会议室

情景1：

秘书高叶正在电脑前修改着昨天与苏经理商讨过的有关产品销售计划的文稿，电脑主机上摞着一沓报纸和杂志。

电脑屏幕显示下列文本。

蓝天公司20××年度销售工作计划

一、要经常与固定客户保持联系；在有条件的情况下，应以季度为单位与客户进行联系，以便与客户形成良好的关系。

二、在拥有固定客户的同时，还应通过各种渠道获取更多与客户需求有关的信息，各分公司应增设信息机构并配备相应的人员。

三、建立全国销售员网络系统，举办销售员培训班，使销售员能交流经验、开阔视野；销售员应采取多样化销售形式，重视业务学习与技能交流，以取得更好的业绩。

四、各分公司销售计划表（略）

修改到第四项时，高叶给苏经理打了一个电话。

高叶：“您好！苏经理，我是高叶。我觉得销售计划表里应该有'与其他参股公司合作开发新产品'这一项，以增加我们公司产品的销售量。如果我们能加大合作的力度，那我们公司的影响力就会增加。您看怎样？"

苏经理：“有道理，那好吧，先把这项写进计划里，然后大家再在会上讨论。"

高叶:"好的。"

这时,高叶的手机铃声响了。高叶从电脑旁拿起手机接听,但电话被挂断了,于是她用座机打了回去。

高叶:"妈,你给我打电话了?"

高叶妈妈:"叶子,'十一'假期回家吗?你姐准备回来呢。"

高叶:"我现在还不知道要不要加班呢。妈,我现在正忙着呢,晚上再给您打过去。"高叶说完就随即挂掉了电话。

钟苗从外面走了进来。高叶:"会议室布置好了吗?"

钟苗:"我正要和您汇报呢,布置得差不多了,就是投影仪出了些问题,我找技工部同事检修了一遍,他说投影仪的灯泡坏了。"

高叶:"那就赶紧买个灯泡吧,你先去买,下午开会就要用投影仪了。你手里有备用金,先花备用金吧。"

钟苗:"那我现在去买。"

情景 2:

高叶去会议室检查,发现了好多问题:会标有些歪;桌子和椅子的数量不匹配,少了几把椅子;北面的窗玻璃上出现了一个裂痕。

高叶用手机拨打电话,说:"是技工部吗?请派人来一趟会议室,投影仪有点问题……"

技工部同事:"好的,马上派人过去。"

钟苗回来了,把发票递给了高叶,然后说:"这是发票,给您。"

高叶接过发票,看了一眼,说:"怎么没有财务章?你先拿着,明天再去换一张。"

技工部同事把刚买来的投影仪灯泡安装好了,并进行了调试。

钟苗指挥相关人员将椅子配齐,把窗玻璃修好。

高叶:"小钟,等他们走后,你到会议室再演示一遍我做的幻灯片。"

钟苗:"您上午不是在电脑上试过了吗?应该没问题吧!"

高叶:"以防万一呀。"

高叶嘱咐钟苗:"你别忘了填办公设备故障处理日志!"

钟苗:"我一会儿就写,放心吧。"

情景 3:

会议正式开始,高叶通过幻灯片向参会人员展示"蓝天公司20××年度产品销售计划"。幻灯片的内容如下。

蓝天公司 20×× 年度销售工作计划

一、优化销售模式,重视销售员培训

(1)举办销售员培训班;

(2)采取多样化销售形式;

(3)各分公司派业务员结对子,建立销售业务网络系统。

参会人员进行了热烈讨论,并提出了很多建议,高叶仔细地做着记录。

会议结束时,苏经理说:"大家辛苦了,希望各位将自己的意见和建议以书面的形式报给高叶,高叶将这些内容整理成书面材料交给我。"

会议结束后,高叶关掉了电脑和投影仪,却没有切断投影仪的电源。

高叶把钟苗叫到面前说:"钟苗,你在这儿等一会儿吧,5分钟后再关掉电源,把所有东西都带回去。"

钟苗:"好的。"

情景 4:

钟苗走进了高叶的办公室,说:"高秘书,给,这是您的U盘。"

高叶:"会议室桌子上的资料呢?那还只是讨论稿。"

钟苗:"哎呀,坏了,资料都让他们带走了。"

高叶:"距离大家吃饭还有1个小时,赶紧收回来吧。顺便催一下大家,让大家尽快完成苏经理布置的那个任务。让大家给个纲目就行,越快越好。"

高叶开始整理会议记录。

情景 5:

高叶在电脑上编制了一个会议评估表,然后填写了这个表格。

参考答案:

1. 在电脑主机上放置报纸、杂志等杂物,影响机器散热。(错误行为)
2. 能够给领导提合理化建议,起到了参谋的作用。(正确行为)
3. 将手机放在了电脑旁边。(错误行为)
4. 在上班时间使用公司电话聊私事。(错误行为)
5. 能够及时布置会场,检查会议准备工作。(正确行为)
6. 能及时派其他秘书购买设备零件,保证设备的正常使用。(正确行为)
7. 对交代给他人的工作进行了检查,防患于未然。(正确行为)
8. 发现了财务章缺失的问题。(正确行为)
9. 能够安排专业人员解决专业问题。(正确行为)
10. 能够对办公资源进行合理调配。(正确行为)
11. 重视安全问题。(正确行为)
12. 能够及时提醒他人填写办公设备故障处理日志。(正确行为)
13. 未立即切断投影仪的电源。(正确行为)
14. 有保密意识。(正确行为)
15. 能及时办理领导交办的事项。(正确行为)
16. 能够及时收集会议文件。(正确行为)
17. 能够对会议进行评估和总结。(正确行为)

(四)请在下面的材料中找出行政总监施林的正确行为和错误行为(包括会场的布置)

人物:
行政总监施林　秘书高叶　谈判人员若干名　总经理齐玉　科技部主任吕发友　副总经理谭天义　生产部主任谢义国

物品:
计算机　电话　文件柜　饮水机　绿色植物

场景:
施林办公室　会客厅　总经理办公室　签字室

情景1:
办公室干净整洁,门口两侧各放置了一盆万年青。
文件柜中的文件夹被码放得很整齐,每个文件夹的侧面均标有文字。
施林身穿双排扣的藏蓝色职业装,但上衣扣子没有扣好。
施林接了一通电话。
齐总经理:"施林,各部门的固定资产评估报告都交上来了吗?"
施林:"评估报告?我……"
齐总经理:"就是在4号那天的会议上定下来的。不是由你催办这件事吗?"
施林一拍脑门,说:"对呀,这事我早让高叶去做了,应该做得差不多了吧。一会儿我问问高叶吧,回头我再向您汇报,齐总。"
施林拨通了高叶的电话,说:"高叶,你在哪儿?一会儿来我这儿一趟。"
高叶:"施总监,我在等大家交固定资产评估报告呢。就剩3份了,一会儿收得差不多了我再去找您。"

情景2:
施林敲门,得到批准后走进了齐总经理的办公室。
施林:"齐总,这个是我起草的谈判方案的提纲,给您看看,如果有不妥的地方,我去修改一下。"
随后,他将方案提纲轻轻摊放在齐总经理的桌面上。(文件夹敞开着,文件上端向着施林一侧。)
齐总经理:"要将谈判的准备工作做周全,要充分考虑谈判的难度与可能遇到的困难,要仔细挑选谈判人员并进行培训。"
施林边听边做着记录。

情景3:
施林坐回到电脑前,开始起草谈判方案的正式文本。此时刚好有人进门,施林马上将电脑页面切换成空白页面。
高叶:"施总监,固定资产评估报告我收上来了7份,还有1份我一定在下午3点前交上来。"
施林:"好的,这件事你办得挺快,整理完记得做个表并打印出来,明天我交给齐总。"
听到"这件事你办得挺快"时,高叶脸红了。
高叶:"好的,我抓紧去办。"

施林："对了,18号有个商务谈判,在咱们这儿举行,你得把会客厅收拾出来,用品、设备、餐饮、会场的准备工作都由你负责。明天上午我去检查,你抓紧办一下。"

高叶："好的。"

情景4：

红底白字的条幅上印着：新城电子股份有限公司与麦迪克技术开发有限公司太阳能空调"LGA8"新产品研发洽谈会。

谈判桌被横放在谈判室内,5位客方人员面门而坐,5位主方人员背门而坐。双方主谈者居中就座。各方的其他人员则依其具体职位的高低,以"先右后左"为原则自高而低在己方一侧就座。每个人的桌面的左侧放置了名签。每个人的桌面上都有矿泉水、笔和本子。

施林的桌面上放着录音笔、本子和笔。

双方人员热烈地讨论着。

情景5：

签字桌被横放在室内,面向着门。桌面上铺着红色台布。

双方出席仪式的全体人员在签字桌的后面并排排列。双方签字人员居中面门而坐,客方居右,主方居左。

主方的出席人员是齐总经理、科技部主任吕发友、副总经理谭天义、生产部主任谢义国、行政总监施林。

客方的出席人员有5位(名单略)。

靠墙的桌子上摆放着施林准备的香槟酒。

参考答案：

1. 办公室环境干净整洁、物品摆放有序、有绿色植物,合乎要求。（正确行为）
2. 文件分类清晰。（正确行为）
3. 着装不太得体,西装扣子未扣好。（错误行为）
4. 会议工作落实得不到位。（错误行为）
5. 进入领导办公室前敲门。（正确行为）
6. 在不了解催办事项结果的情况下将信息汇报给领导。（错误行为）
7. 将谈判方案交给领导审核,领导提出建议后再起草正式文本。（正确行为）
8. 能够认真记录领导的指示。（正确行为）
9. 保密意识强。（正确行为）
10. 能委婉地鼓励下属。（正确行为）
11. 能细致地部署谈判准备工作。（正确行为）
12. 谈判桌的位置和方向正确。（正确行为）
13. 双方谈判人员的座次正确。（正确行为）
14. 签字桌的位置正确。（正确行为）
15. 为谈判人员准备了办公用品。（正确行为）
16. 签字桌的台布颜色有问题。（错误行为）
17. 签字桌的方向和人员的排列方式正确。（正确行为）
18. 准备了香槟酒。（正确行为）

二、实务练习题

任务 1

长白山食品公司定于20××年12月28日召开产品展销会,本次会议邀请全国客户代表50人,开会地点定为公司总部大楼7层的第五会议室。会议在上午9点开始,由公司曲总经理致辞,向客户表示欢迎;9点30分,由销售主管王军介绍本次展销会的基本情况;10点30分,技术总监胡族放对新产品进行介绍和展示;中午11点30分,参会人员在公司第二餐厅就餐;13点30分,公司负责人组织客户代表参观本公司,由秘书陪同并进行介绍;14点30分,参会人员在公司西园会议室座谈;16点30分,散会。

请帮助张苗秘书编制此次会议的日程表。如果由张苗陪同客户代表参观本公司,她应重点带领大家参观哪些地方?

任务 2

致力于研发和生产电子产品的政远科技有限公司准备于20××年9月15日召开新产品发布会。主办方应当向参会人员发送请柬还是邀请函?确定文种后,请拟写一份请柬或邀请函。请说明请柬与邀请函的不同之处。

任务 3

请把下面这篇会议记录改写为会议简报。

清河煤矿行政办公会议记录

时间:20××年10月5日

地点:办公楼会议室

主持人:副矿长林和平

参加人:矿区副主任赵伟、劳资科科长刘克先、财务科科长魏东田、安全科科长方超、人事科科长张庆怀、办公室主任崔渊

1. 会议议题

(1)第四季度奖金发放办法。

(2)招工方案。

(3)人员的调动问题。

(4)对违反劳动纪律人员的处理。

2. 会议决定事项

(1)第四季度奖金按照总公司20××年12月发布的《奖金发放办法》第五条、第六条进行发放。

(2)根据总公司的要求开展招工工作,由人事科科长负责制订招工方案。

(3)同意将武君调往安全科。

(4)同意景全文与吴强调换工作岗位。

(5)针对矿工王双喜无故旷工8天的行为给予通报批评。

任务 4

××省应急管理厅就20××年冬季暴雪灾情向××省政府申请救灾款2000万元。请以××省应急管理厅的名义拟写一份请示,并以××省政府的名义拟写一份批复。写作要求:内容完整,格式规范,部分内容可自拟。

任务 5

请根据下方电子邮件所提出的要求完成相应的任务。

电子邮件

主题:关于接待计划事宜
发件人:×××××@sina.com
收件人:×××××@126.com
时间:20××年10月29日

近日,长江机电总公司拟召集各分公司负责人召开会议,会期为3天(11月28日至30日),会议地点为公司总部大楼1601室。请通过电子邮件给我发送以下文件。
(1)接待人员安排表。
(2)会议日程表。
(3)接待经费预算表。

行政部经理　李明明
20××年10月29日

任务 6

请根据便条中的内容完成相应的任务。

便　　条

我将于11月25日从北京出发,到上海开会,会期为2天,11月27日早晨返回。请你完成以下两项任务。
(1)制订一份商务旅行计划。
(2)编制一份行程表。

行政部经理　苏明
20××年11月20日

任务 7

请根据便条中的内容完成相应的任务。

便 条

　　下周新文员小李会来办公室,她从下个月开始接替冯秘书的工作。办公室的资料较多,而且工作较为烦琐。希望你能列出各类资料的分类方法,以便小李日后能顺利开展工作。

办公室主任　吴志勇

20××年 11 月 11 日

任务 8

请根据便条中的内容完成相应的任务。

便 条

王丹:

　　由于公司对外业务不断增加,销售人员数量不足的问题愈发明显。为了公司今后的发展壮大,公司决定,在应届高校毕业生中招聘 10 名销售人员。请你拟写一份招聘启事的草稿,然后交我审阅。

　　多谢。

人事部主任　王成功

20××年 10 月 22 日

任务 9

请根据便条中的内容完成相应的任务。

便 条

小萌:

　　公司将于今年 6 月举办新产品推介会,届时将邀请诸多媒体参加。请你将此次会议中有关媒体接待的工作内容及工作程序以电子文件的形式发给我,发到我的邮箱里即可。

　　谢谢。

行政部经理　李宁宇

20××年 4 月 18 日

任务 10

请根据便条中的内容完成相应的任务。

便　条

钟纪：

　　办公室新来了一位大学毕业生，公司暂时安排她负责管理印章和介绍信的工作。请你以提纲的形式将办公室掌管的印章种类、印章的使用程序和介绍信的使用要求拟写出来，今天下班前将整理好的文件交我审阅。我审阅完毕后，你再指导她做此项工作。

　　谢谢。

行政部经理　王小为
20××年 4 月 18 日

任务 11

请根据便条中的内容完成相应的任务。

便　条

陈龙：

　　公司刚刚招聘了一位高级技工，姓名为闫松，公司将安排他专门负责技术指导工作，但公司对他的工作履历不太了解。请你以我公司人力资源部负责人的名义给闫松原工作单位写一封询问函。询问的具体内容包括：闫松的工作履历、主要工作业绩、获奖项目名称及原工作单位领导对他的评价等。

　　谢谢。

人力资源部主任　刘江
20××年 10 月 10 日

任务 12

请根据电子邮件中的内容完成相应的任务。

电子邮件

主题：准备会议应急方案和会议筹备方案

发件人：×××××@126.com

收件人：×××××@126.com

时间：20××年7月19日

高超：

　　你好。

　　公司准备于今年11月召开产品贸易洽谈会。由于会议工作较为复杂，参会人员较多，为了保证会议的顺利召开，请你拟写好以下文件，然后在明天下午4点前通过邮件把文件发给我。

　　（1）会议应急方案（拟写出提纲即可）。

　　（2）会议筹备方案（拟写出提纲即可）。

　　谢谢。

总经理　魏东顺

20××年7月19日

任务 13

请根据便条中的内容完成相应的任务。

便　条

高叶：

　　目前，公司准备对传统的办公模式进行改革，请你对常见办公模式的类型及办公模式发生变化的原因进行阐述，成稿后交我审阅。

　　谢谢。

董事长　吴天明

20××年6月20日

任务 14

请根据电子邮件中的内容完成相应的任务。

电子邮件

主题：草拟文件
发件人：×××××@163.com
收件人：×××××@126.com
时间：20××年6月15日
附件：关于保管员姜涛违反公司有关规定的情况

高昂：

　　你好。

　　请你根据会议精神、决定和附件内容，代表总公司向全国各分公司发文，宣布总公司的处理意见(依据《远达公司员工管理条例》，给予当事人记大过处分)。

行政部经理　王事常
20××年6月15日

附件内容：

　　仓库保管员姜涛，男，出生于1981年10月15日。姜涛未在20××年6月11日晚于仓库值班，违反了公司的有关规定，擅自脱岗，并与几名社会闲杂人员到某麻将馆打麻将，一夜未归，且6月12日上班迟到，致使其他工作人员无法取件，无法正常开展工作。此次事件给公司造成了不良影响。

任务 15

请根据便条中的内容完成相应的任务。

便　　条

施林西：

　　公司将于20××年6月在上海举行公司成立十周年庆典，公司将邀请近500人参加。本次庆典规模大，并且意义重大。为保证本次活动的顺利开展，公司将选出32名员工作为服务人员。公司将对这些员工进行培训，请你就服务人员的培训内容及培训方法拟写一份书面文件并交给我。

　　另外，也请你就培训效果的评估提出自己独到的建议，供我参考。

总经理　林方健
20××年3月9日

任务 16

请根据便条中的内容完成相应的任务。

便　条

师蔚然：

　　公司新研发的空调即将上市，公司准备举办一次华北地区的大型招商活动。请你就招商活动的基本形式提出建议（至少包括两种形式），并进行详细的阐述。请把相关的纸质文件交给我。

总经理　林方健

20××年6月3日

任务 17

请根据便条中的内容完成相应的任务。

便　条

王林：

　　公司决定在本市范围内租用体育场地，以举办秋季运动会。公司已经与育华教育培训中心谈妥，准备租用该培训中心的体育场。请你拟写一份合同文本，供有关人员在会议上讨论。

　　基本情况为：会期为1天，150人参加，场地租金为6000元/天；录像设备由育华教育培训中心提供，设备租赁费为1000元/天；运动设施租赁费为2500元/天。如有未提到的事宜，请你列举周全。

行政部经理　孟凡栋

20××年6月28日

任务 18

请根据便条中的内容完成相应的任务。

便　条

高朋：

　　公司准备将计划于8月召开的线下财务会议改为远程视频会议，总经理决定由你起草会议筹备方案的初稿。需要你完成的其他任务是：

(1) 将远程视频会议筹备方案与一般会议筹备方案的特点加以比较，并形成文本。

(2) 为会议筹备工作的开展提出合理化建议。

行政部经理　苏明

20××年5月30日

任务 19

请根据所给材料拟写一篇公文。

要求：

(1) 选用正确的文种。

(2) 标题格式规范。

(3) 正文内容完整。

(4) 部分内容可自拟。

事由：举办20××年××市优秀科普作品大赛

主办单位：××市科学技术局

承办单位：××市创新创业创投服务中心

参选作品应为20××年1月1日至20××年12月31日正式出版发行的图书(含译著和再版图书，未曾被××市评为优秀科普作品或读物)。

具体要求：

1. 坚持正确的政治方向、价值取向和舆论导向。

2. 具备普及科学技术知识、倡导科学方法、传播科学思想、弘扬科学精神的内涵。

3. 富有科学性、知识性、艺术性、通俗性、趣味性。

4. 内容丰富、形式活泼、图文并茂，公众喜闻乐见。

参赛材料：

1. 优秀科普作品推荐表。

2. 优秀科普作品简介。

3. 作品实物。

报名受理截止日期：20××年8月16日(以收到邮寄材料日期为准)

联系人及联系方式：崔××，×××××××××

邮箱：×××××××@qq.com

参赛材料邮寄地址：××市××区××路××号

任务 20

请根据便条中的内容完成相应的任务。

便　条

师晟：

　　根据公司本年度工作计划，王总经理将于今年 6 月访问美国的一家科技公司，你也会随行出访，出访人数为 8 人。请你完成以下任务。

　　（1）拟写一份出访准备工作计划书。

　　（2）拟写一份个人的陪同工作计划书。

　　请通过电子邮件将以上材料发给我。

　　谢谢。

行政部经理　胡周知
20××年 5 月 30 日

任务 21

　　隆嘉国际商城是隆嘉房地产开发有限公司倾力打造的大型综合商业项目，位于市区的繁华商圈，靠近本市的火车站。隆嘉国际商城有地上 6 层、地下 2 层，占地面积约为 23 万平方米，包括购物中心、室外商业街等业态。该项目被市委、市政府列入重点工程之一。如今，隆嘉国际商城即将建成，领导让你策划一场庆典活动。请你拟写一份切实可行的庆典活动策划方案，部分内容可自拟。

三、演讲训练

　　（1）在职场上，女秘书的数量远远多于男秘书。你怎么看待这种现象？

　　（2）有人认为如果一位秘书爱交际，那么这位秘书的人缘就会很好。你如何看待这种观点？

　　（3）随着科技的发展，现代秘书需要具备的技能不只包括文书处理和行政管理。你认为现代秘书需要在哪些方面提升个人能力？

　　（4）你认为在当前的社会环境下，秘书在工作中会遇到哪些挑战？秘书该如何应对这些挑战？

资源拓展

　　为帮助读者更好地巩固本书的核心知识点，编者精心编制了和秘书理论与实务相关的选择题。读者可扫描右侧二维码自行下载。

拓展习题

参 考 文 献

[1] 邓云川,李海舟,刘纯怡,等. 秘书实务项目化实训[M]. 上海：同济大学出版社,2023.
[2] 张轶楠. 秘书职业能力新论：模型建构与应用策略. 北京：北京大学出版社,2024.
[3] 李力. 秘书应用写作[M]. 上海：华东师范大学出版社,2022.
[4] 郭冬. 秘书写作[M]. 4版. 北京：高等教育出版社,2021.
[5] 朱利萍,斯静亚. 应用写作实务[M]. 3版. 北京：机械工业出版社,2023.
[6] 孟庆荣,王雪琪,秦静. 应用文写作[M]. 3版. 大连：大连理工大学出版社,2020.
[7] 张同钦. 秘书学概论[M]. 4版. 北京：中国人民大学出版社,2023.